FLORES *para* MARÍA SUCEL

FLORES
para
MARÍA SUCEL

WILLIAM CASTAÑO-BEDOYA

Novela

BOOK&BILIAS
Coral Gables

Esta es una obra de ficción. Nombres, personajes, lugares e incidentes son producto de la imaginación del autor o se utilizan ficticiamente. Cualquier parecido con personas reales, vivas o muertas, eventos o lugares es totalmente coincidente.

Copyright © 2023 William Castaño-Bedoya

Todos los derechos reservados. Esta publicación no puede ser reproducida, ni en todo, ni en parte, ni registrada o trasmitida por un sistema de recuperación de información, en ninguna forma ni por ningún medio, sea mecánico, fotomecánico, electrónico, magnético, electroóptico, por fotocopia, o cualquier otro, sin el permiso previo por escrito de Book&Bilias LLC.

Para solicitar permisos, póngase en contacto con Book&Bilias en literaryworld@bookandbilias.us

ISBN 978-1-7369168-8-9 (Paperback English edition)
ISBN 978-1-7369168-9-6 (Hardcover English edition)
ISBN 978-0-9788452-4-7 (e-Book English edition)
ISBN 978-1-7369168-0-3 (Paperback Spanish edition)
ISBN 978-1-7369168-1-0 (Hardcover Spanish edition)
ISBN 978-1-7369168-2-7 (e-Book Spanish edition)
ISBN 978-1-7369168-3-4 (Audiobook Spanish edition)

Información de catalogación de publicaciones disponible en la Biblioteca del Congreso de los Estados Unidos

Dirección General: Camila Castaño
Escritura y edición: William Castaño-Bedoya
Imagen (portada y diagramación general): B&B
Fotografía de portada cortesía de la familia Castaño-Bedoya

Impreso en los Estados Unidos de América

Book&Bilias
www.bookandbilias.us

A Gilberto y a María Sucel por toda la eternidad.

A Dora-Luz y a mis hijos, Willie y Camila, con toda mi alma.

A mis hermanos, también huérfanos.

¿Quien soy yo para opinar sobre ese par de viejos?

Indice

Gilberto	13
Café Asfalto	23
Cuando Hitler y otras cosas	45
Mediums y espíritus	57
No les vendían	71
Entre Bogotá y los llanos	89
El acróstico	101
Flores	119
Juan de Dios	133
Folio novecientos setenta y…	153
Los latones de un viejo bus	167
…en El Paraíso	177
Ofir… Ofir…	191
Algo diferente a un rezo	205
Cuando murió Picasso	223
Los adioses de los viejos	237
Agua yerta	251
La puerta se abrió	273

Gilberto

... 1938

Gilberto, como lo bautizó Doña Sara, tenía unos veinte años cuando ella le pegó la muenda más significativa de su vida; nadie se enteró porque se la dio a puerta cerrada, pero a él se le quedaría grabada en la memoria porque, además de sentir que se le partía el pescuezo casi hasta el desmayo, una vez concluida, ella lo puso de patitas en la calle. Su madre se sentía justificada porque él se había gastado la plata del mercado de un mes alquilando un carro americano que un vividor dominguero había llevado como novedad al pueblo donde nadie conocía un carro mecánico.

Se convirtió en una especie de exiliado y se dedicó a andar por pueblos y caseríos del Viejo Caldas ejerciendo cuanto oficio callejero se le presentaba. De todos ellos el que más le agradaba era ayudar en los bares para mantenerse cerca de las mujeres que los frecuentaban y, como prefería las noches para el rebusque, le cobraba a los borrachitos incapaces de guiarse solos, por acompañarlos hasta su casa. Dormía en "hoteluchos" que rodeaban los burdeles a los que las vagabundas llevaban a sus clientes, y en los que, aunque no quisiera, bien por los sonidos o bien por las hendijas de las paredes, terminaba siendo testigo mudo de los encuentros sexuales de los noctámbulos infieles. A pesar de la vida disipada que vivía circunstancialmente, era un personaje que no debía nada a nadie más que a su propia conciencia; Sin embargo, no sabía cuántos hijos tenía ni dónde estaban.

Un día de exilio, temprano para estar despierto, Gilberto se hallaba recorriendo las calles de un pueblito llamado Salamina, al que desde hacía ya unos meses había llegado, y decidió entrar en la iglesia de la Inmaculada Concepción. Notó que las bancas comenzaban a llenarse de feligreses que conversaban de manera muy animada y familiar, aunque en voz baja. Concluyó que pronto se celebraría una ceremonia especial porque seguían llegando y llegando personas vestidas con esmero.

Eso de ir a misa no le llamaba mucho la atención por aquellos días, aunque pasaba por las iglesias, depositaba algunas monedas en las alcancías de las veladoras, encendía alguna de ellas, se santiguaba y salía. Pero esa mañana se distrajo viendo las mujeres que entraban en grupo, vestidas con trajes oscuros de discreta elegancia y con mantos negros de encajes sobre la cabeza. Los hombres que las acompañaban también estaban vestidos de negro o gris rata, con camisas blancas de cuello pequeño, pero almidonado que abrazaban unas corbatas lánguidas, también oscuras. La mayoría de ellos sostenía entre las manos sombreros de fieltro que se quitaban para entrar a la iglesia.

Cuando el templo estaba casi lleno, vio ingresar a una mujer muy agraciada, de cabello lacio, acunando una criatura entre sus brazos que dormía plácidamente. Iba acompañada por el que al parecer era su marido, junto con quien, entre gestos tímidos y sonrojos, saludaba a los conocidos mientras se dirigía al altar. Gilberto los siguió sin perderles detalle y no pudo evitar sentir una sana envidia. Se recostó en una de las columnas que se repetían a lo largo de la iglesia y se dedicó a apreciar cuanto sucedía.

De pronto, el bebé emitió un casi imperceptible llanto. De inmediato la dama lo meció y con un sonoro y dulce shh... shh... shh..., logró que guardara silencio, aunque continuaba despierto.

De la sacristía fueron saliendo monaguillos y señoras que se ocupaban de los preparativos de la misa y no dudaban en arrimarse a saludar a la dama con la criatura en brazos. Luego de mirar la balbuciente carita se apartaban sonrientes y haciendo felices comentarios. En el momento menos pensado, el bebé escupió el chupón de entretención, que fue a dar al suelo sin que su madre lo notara. Entonces Gilberto, con la caballerosidad que lo caracterizaba, lo recogió y se lo entregó a la dama; él sabía que era agraciado y que ruborizaba a las muchachas y, aunque esta vez obró sin malicia, su mirada dejó inquieta a la mujer al momento de recibirle el chupón y mirarlo a los ojos. Atento, el papá de la criatura llegó a socorrer a su mujer y caballeroso le dio las gracias a Gilberto.

—Qué niño más bonito, comentó Gilberto.

—Es una niña y hoy es su bautizo —contestó el otro sin mayores reparos—.

Gilberto lamentó no haber atinado el sexo de la criatura y se excusó avergonzado. Luego se escabulló para irse a sentar en una de las bancas. Al parecer, la criatura lo había enternecido, porque, dizque vio la cara de alguna hija que no conocía y decidió quedarse en la celebración. Cuando el cura comenzó a mencionar detalles del bautismo, tomó un bolígrafo que llevaba en el bolsillo de la camisa y escribió mientras el cura vertía el agua bendita rezando: —Yo te bautizo María Sucel Baroja Sánchez en el nombre del Padre, del Hijo y del Espíritu Santo, para que des luz y alegría al hogar de don Elías Baroja y doña Isabelina Sánchez. Gilberto recordó a sus padres y por un instante se imaginó de niño. Solo cuando la ceremonia iba a concluir abandonó la iglesia, dio de limosna unas monedas a algunos mendigos y se quedó parado en las escalinatas del atrio donde encendió un cigarrillo y terminó por confundirse con la gente que comenzaba a salir. La joven con la pequeña en brazos lo vio entre el gentío y se interesó en hablarle. Él se despedía con una leve inclinación de cabeza de aquellos que le hacían gestos de amistad e Isabelina se le acercó y le dio las gracias por molestarse.

—¡Por nada, mi señora!, que Dios bendiga a su hija —respondió; matizando sus palabras con una voz gruesa, imponente—.

Isabelina quedó gratamente impresionada pese a que no lograba dilucidar el porqué de su afinidad con aquel personaje en quien podía adivinar una marcada nostalgia en la mirada. Intrigado, también el joven la siguió con los ojos, mientras ella buscaba la forma de volverse y mirarlo en la medida en que avanzaba. Finalmente él arrojó el cigarrillo al piso y caminó por la acera de unos establecimientos de los que salía música de guitarras rasgadas y violines entreverados en milongas que no le llamaron tanto la atención como un bar en el que un puñado de hombres departían acomodados en taburetes de madera. En medio del grupo reconoció a Elías haciendo gracias. Al comprender que por algún azar aún le quedaban nexos con la pareja de la iglesia, decidió sentarse cerca de los hombres en una mesa para dos. Elías lo vio y vino hacia él. Lo saludó esta vez de mano. Gilberto agradeció este día tan diferente a todos los de sus meses de destierro y el ser tan bien recibido por gentes que ni lo conocían. Arrastró su silla hasta la mesa de Elías y dio gracias a todos mientras los miraba fijamente a los ojos.

—¡Gracias, señor!, mi nombre es Gilberto Cervantes y soy de Neira. El hombre reculó con todo y silla y luego se paró cortés dibujando una sonrisa amplia y generosa.

—Mucho gusto muchacho, soy Elías Baroja y de verdad me satisface conocerlo. ¡Bienvenido a nuestra mesa! Llegaron las estrechadas de mano y las presentaciones de los más allegados, incluyendo a su suegro y a su padre. La reunión se prolongó tan solo por veinte minutos porque la finalidad de Elías era entretener a algunos conocidos importantes; mientras Isabelina, junto a algunas vecinas, alistaba el almuerzo para los invitados. En consideración a que era un forastero, Gilberto decidió despedirse agradecido. Elías le recomendó pasar por el campamento para ver qué tipo de trabajo le convenía. Gilberto ya sabía, por la conversación que habían sostenido, que el papá de la bautizada era un respetado capataz a cargo de una cuadrilla de más de cien hombres que a punta de pala construían las carreteras por las que habría de salir hacia el mundo el café de las fincas del Viejo Caldas.

Caminando por la misma calle, Gilberto entró al bar donde usualmente tomaba el café del desayuno y se encontró con una copera llamada Nélida que, desde semanas antes, ya había hecho su amiga. Al verlo, ella se le acercó discretamente y le señaló a un par de hombres que charlaban y se embriagaban con aguardiente. Le susurró al oído que se trataba de militares que quizás estaban reclutando muchachos para el Ejército. Gilberto palideció y se mordió los labios. Esta novedad no estaba acorde con la alegría que había acabado de experimentar. «Al que le van a dar, le guardan, y si lo mío es el Ejército, pues no tengo otro destino y no me voy a esconder, ¡ahí está Dios que todo lo define!», pensó con determinación mientras se acercaba a la barra donde se sentó y le pidió a Nélida un trago fuerte. Ella le sirvió primero un vaso con agua, luego un aguardiente doble, unos casquillos de limón y un salero. Gilberto tomó un casquillo de limón, lo espolvoreó con sal y de un solo envión se bebió el aguardiente seguido por un buen trago de agua. Concluyó exprimiendo el casco de limón salado dentro de la boca; luego, se viró un poco hacia la izquierda, extrajo del bolsillo trasero del pantalón un pañuelo blanco arrugado, se limpió la boca y el bigote varias veces y le guiñó el ojo a la copera, que angustiada le hacía señas de que se marchara.

Pasados los minutos, ya tenía en su haber media botella de aguardiente y en la frente mucho sudor. Tomaba, escupía y fumaba. Los causantes de sus temores hacían lo propio mientras le echaban monedas a un traganíquel para sacarle música de cantina.

—¿Creen ustedes que yo soy bueno para prestar servicio militar?—preguntó Gilberto, con cierta irreverencia, en la medida en que se acercaba a la mesa donde el par de tipos departían—. Los hombres se miraron, comprendieron que el anisado licor le daba exagerado ánimo y displicentes continuaron platicando.

—¿Me pueden decir si soy apto para el ejército?, ¿dónde está la bola para meterme bien adentro?

—¿Cuál es su afán? —respondió, despectivo, uno de ellos.

—No tengo dónde dormir hoy ni mañana y aunque ni me da hambre no tengo dónde comer —manifestó envalentonado—.

—¿Y no cree que en el ejército tampoco hay dónde dormir y no hay mucho que comer? —acotó el oficial molesto y le apartó la mirada.

El otro militar soltó una mísera carcajada que solo consiguió envalentonar más al muchacho.

—¡No me interesa! —contestó desafiante.

—Siéntese jovencito —dijo uno de ellos tomándole el brazo con cierta confidencia. ¡No estamos reclutando!, es nuestro día de descanso y lo aprovechamos para tomar aguardiente. Acompáñenos mejor y nos cuenta de este pueblo, no nos eche a perder este día tan agradable. Gilberto se sentó y volteó a mirar a Nélida con disimulo, dándole a comprender, con un leve levantamiento de ceja y gesto malicioso, que nada malo pasaba.

—Si ustedes no conocen este Caldas maravilloso, ¿entonces de dónde vienen?.

Uno de ellos comentó, mientras daba golpes a una cajetilla de cigarrillos sin filtro, antes de extraer uno y golpear su punta repetidas veces en la uña del pulgar izquierdo, que provenían de cerca de Bogotá y que estaban en la zona en misión de reclutamiento.

—Ya veo por qué no conocen Caldas. Es que ustedes no son de esta tierra. ¿Y… cómo les ha parecido? —pregunto Gilberto—.

El más parco insinuó, con un puchero, que se sentía bien y le dejó saber que de la zona cafetera prefería sus mujeres, porque, según él, estaban como para morirse.

—¿Quieren que les traiga muchachas para que los acompañen? —preguntó Gilberto con cierta mofa, mientras ellos enrojecían y ponían ojos de picardía—. Así las cosas, el jayán iba a terminar de celestina. Una señal a Nélida fue suficiente para que esta se le acercara y escuchara la orden.

Ella salió del bar y poco después regresó acompañada de dos lindas jovencitas de apenas catorce o quince años. Al ver a las féminas Gilberto se levantó, acercó dos taburetes y las invitó a sentarse. Los hombres enmudecieron mirándose entre sí. Alzando la botella de aguardiente y sirviendo sendos tragos, Gilberto hizo el brindis:

—Celebremos este día sin angustias. Que viva la felicidad, que vivan los amigos y que las muchachas sean bien buenas con los generales. Pronto la conversación tomó divertida fuerza. Durante largo rato los oficiales comentaron anécdotas de la milicia y sucesos de la Madre Patria en su pugna interna, mientras eran mimados por las muchachas que asumieron la tarea de servirles los tragos. Los oficiales llegaron a narrar cómo, en aquel entonces, Franco había entrado a Madrid después de haber hecho renunciar al general José Miaja, presidente de la Junta Republicana de Defensa Española.

A las tres de la madrugada, el lugar quedó casi vacío. Gilberto fumaba mientras una agobiada tragamonedas, tocaba persistentes canciones de despecho. Nélida, recogía docenas de botellas de cerveza y de aguardiente, vaciaba las colillas de cigarrillos de los ceniceros, a la vez que limpiaba las mesas con el trapo que enjugaba en un cubo con agua. Demacrado por el trasnocho y callado por largos minutos, Gilberto apoyaba los codos en la mesa con la cara entre sus manos. Los militares y las ficheras hacía algún tiempo se habían marchado.

—¿Se piensa quedar aquí? ¡Se le van a aplanar los codos! —dijo compasiva Nélida demacrada por la noche y sus quehaceres—.

—¿Y para dónde cree que puedo ir?..., hoy no tengo

dónde llegar —sostuvo Gilberto inexpresivo—. Con sutileza la mujer le acarició el cabello y lo invitó a quedarse en el cuartucho donde se arrumaban las cajas de cerveza.

—¿Qué pasó con los militares?

—Son buenos tipos, no estaban de servicio y se fueron contentos. Iban con las muchachas. Nélida lo tomó de uno de los brazos y se lo colgó en el hombro, aunque él caminaba por sí mismo.

—Ponerles muchachas para que se divirtieran fue un bonito gesto de su parte, ¿no cree?... ¿Y qué le dijeron del servicio militar?.

—La verdad es que no me tomaron en serio. Extrajo un pequeño papel del bolsillo de la camisa en el que podían verse dos líneas escritas: teniente coronel Stricker; capitán Bonet, batallón Tolemaida, y se lo mostró. Nélida sonrió con picardía. Triunfalista, Gilberto, esta vez levantó la ceja derecha para rubricar su heroico acto. Ella le desabrochó uno a uno los botones de la camisa, dejó caer su mano hasta la entrepierna del pantalón y le hizo estimulantes movimientos. Luego levantó su falda larga, de encajes, como lo hacía con sus clientes, y dejó que el joven la poseyera con salvaje lascivia.

Café Asfalto

... 1966

La lluvia no cesó en Armenia durante todo el día. Fue tan profusa que ni los vecinos notaron que unos forajidos desocuparon la casa de los Cervantes. Dijeron los policías que nadie se percató de nada. Pero según Galilea, la hija del bombero y de doña Inés Ahumada, unos señores sacaron todos los corotos en un camión destartalado. Ella se imaginó que se trataba de un trasteo porque no vio ninguna alharaca. De todas maneras, Galilea no se interesó demasiado en el asunto porque poco o nada le importaban unos vecinos que nunca se fijaban en ella.

Era martes, un día de descanso de Gilberto que este aprovechó para irse de paseo a una finca lejana. La llegada de la familia a casa fue más que triste. Todo había sido robado, hasta los trastes de la cocina, la ropa de los niños y las bata-locas de María Sucel. El cuadro era tan desolador que Gilberto lloró igual que cuando era un "culicagado" y doña Sara no lo dejaba hacer lo que le daba la gana. Don Juvenal, que había ido al paseo con la familia, trataba de darles ánimo. No quedó ni siquiera una sábana, pues los ladrones las usaron para envolver la ropa en atados. Ni el radio de tubos para escuchar el partido del atlético Quindío o la hípica o la música que acompañaba las horas de oficio de María Sucel. No se salvó siquiera la plancha para la ropa, ni las blancas camisas de algodón egipcio que Gilberto usaba para ir a trabajar a El Marqués todos los días, ni los útiles que los pequeños llevaban a la escuela de doña Amparo. Solo quedó uno de los armarios, aunque casi vacío, porque hasta el sofá de cuero, donde él también hacía cosquillas a sus hijos, se lo llevaron. El delito fue tan perfecto que debió ser planeado con mucho tiempo y cuidado.

Galilea dio a Gilberto una descripción extremadamente detallada del robo, lo hizo impulsada por su propio padre, el bombero Ahumada, quien a pesar de ser conocido como un hombre de pocas palabras, fue útil frente a estas circunstancias. Ella le describió a cada uno de los tres hombres que vio sacando cosas de la casa. Cuando detalló que uno era áspero, de piel cobriza, algo calvo, con cabello castaño lacio y dientes grandes como los de un conejo, Gilberto concluyó que era Ulises.

Los días siguientes al robo Gilberto estaba atrapado y lo menos que quería era pedirle la plata a las malas a Ofir, pensando que ella podría crearle otro conflicto si ponía al descubierto las cosas ante su esposa. Es decir, evitaba por todos los medios un efecto dominó en su vida, pues a eso era justamente a lo que él le tenía pánico. Algo que nunca ignoró fue que esta era bien jodida y una mujer bien jodida y despechada es una bomba de tiempo que puede estallar en cualquier momento. Así que le tocó atragantarse con sus contradicciones y laberintos. Además, ella lo tenía enredado con el cuento de que tenía guardada la plata a término fijo en la Caja Agraria y que dizque había prestado otra parte a intereses y que solo hasta el otro mes se la pagarían. Razones más, razones menos, una sarta de mentiras o verdades que mantenían en el fondo del caos al pobre Gilberto.

María Sucel, por su parte, solo quería recuperar todo lo que los ladrones se llevaron de la casa y se aferró a rezar, por aquello de que la esperanza es lo último que se pierde. Pero los días le diluyeron ese fervor y de la policía no se volvió a saber. Por milagro de Dios, tal y como lo expresó Isabelina mirando al cielo y santiguándose, en aquel armario quedaron intactos los dos vestidos de paño, colgados en ganchos, junto con las camisas blancas y los corbatines negros con los que Toñito y Tomás harían la primera comunión en la iglesia del Sagrado Corazón.

María Sucel quedó sumida en una depresión que apenas si la dejaba dormir por ratos, pues despertaba sobresaltada y bañada en sudor frío. A los niños les dijeron que las cosas habían sido regaladas a unos amigos y que se reemplazarían con nuevas. Oportuna razón del porqué todo había desaparecido, pues, en ese trance, no importaba si con el tiempo iban a olvidar semejante explicación sin extrañar que las cosas nuevas jamás llegaran de vuelta.

Un fogón de petróleo, dos sillas, una mesa de madera y hasta un radio les fueron facilitados por Analdo, Dora y Romelia, hermanos de Gilberto, días después del saqueo. Isabelina se echó al hombro la preparación de los alimentos que llevaba a casa todos los días en un portacomidas de los que usaba para enviarle los almuerzos a Elías. Rubí, la buena amiga, llevó prendas de vestir a la familia. Gilberto se sintió más tranquilo. Tantas muestras de cariño hicieron que la paranoia le menguara. De todas maneras, exhausto de tanta pendejada, se desilusionó mucho de Ofir por lo de la plata, pero no la mandó para la mierda por puro miedo.

Don Juvenal ofreció darle una liquidación por si le faltaba dinero en efectivo para sacar a su familia del atolladero. Eso sirvió de mucho porque se hizo a nuevos chécheres, aunque muy provisionales, es decir, unos muebles baratos para la sala, ropa y algunos enseres muy insignificantes, ya que a esas alturas se le había metido en la cabeza la idea de escapar de toda la mierda que tenía encima y le hacía oler a peste la mismísima palabra Armenia.

La búsqueda de renovadas fortunas trasegaba como una obsesión por la mente de Gilberto, sin importar la lejanía del lugar al que imaginaba llegar y del que poco o nada conocía. Su percepción de la gran ciudad provenía únicamente de su imaginación, alimentada por exiguas referencias y comentarios escuchados en radioemisoras y por una que otra fotografía de prensa repasada sin falla durante las últimas mañanas. La idea de emigrar retaba su estima, pero le despertaba la adrenalina. Pensó hacerlo con la manta al hombro como los caracoles o con su sarta de hijos pegados al cuerpo como los marsupiales. En todo caso, con las angarillas al lomo como las mulas, por caminos más quebrados que su misma vida. Todo pintaba bien entonces. ¿Por qué no hacerlo si hasta ahora todo en su vida le había salido tan bien? Anheló echarle montañas de tierra a su infidelidad perpetua. Solo faltaba que Ofir, en un acto de genuina solidaridad, le entregara la plata que tenía a su cuidado, no importaba qué precio tuviera que pagarle por el favor. ¡Qué ironía!

Cuando María Sucel escuchó de boca de Gilberto su idea de emigrar, el asunto no le pareció tan descabellado.

Al menos, no tan duro después del pánico que le produjo el saqueo de la casa. Lo que sí la entristeció fue la imagen de su deteriorado Elías, quien, decrépito ya, luchaba contra la tos persistente que lo hacía irascible y cada vez más solitario. Pensó en Isabelina, su madre incondicional, diligente, piadosa y rezandera a la santísima Virgen. Se la imaginó guardando restos de cigarrillo en los huecos de las paredes de bareque de su casa en las lomas de Corbones. La memoró en su sabiduría y abnegación y juró dentro de sí no dejarla desprotegida nunca. Guardó la esperanza de que su sobrino Gabriel, que habitaba bajo su mismo techo, continuara velando por sus padres, que ya cansados, necesitaban más atención.

La idea de partir a respirar otros aires era aceptaba cada día, más como un hecho, que como un propósito. Ya se tenía menos desconfianza porque Gilberto, en una de esas charlas domingueras, había escuchado de don Juvenal que, por allá, lejos, cruzando la cordillera, montando todo el día en un bus como el de don Nacianceno, se llegaba a Bogotá, donde había colegios y más trabajo y eso era halagüeño y prometedor. Pero aquello no era suficiente para él porque de boca de otros, menos ilusos, supo que las cosas en Bogotá no le serían fáciles con tantos muchachitos y con su mujer pariendo cada año. Tendría que trabajar como un animal para sacar adelante a la familia. Es decir, que salir del campo, donde todo se obtiene por sentido común y de manera sencilla, a la gran ciudad, sería una prueba de fuego que podría quemarlos a todos. A Gilberto le contaron que, en la ciudad grande, las mujeres deben trabajar porque la plata no alcanza y María Sucel jamás había trabajado. Otra amenaza era que él no conocía a nadie. Bueno, casi a nadie, porque la misma Ofir le habló de un tal Tejada y de su mujer. María Sucel, mucho más ingenua, guardaba la esperanza de que en la capital sus hijos alcanzarían un desarrollo ideal en buenas escuelas y rodeados de cuidados. De todas maneras, era un destino que se abría para bien o para mal, apoyado en los designios de Dios, como dijo el cura el día de su matrimonio cuando la comprometió acompañar hasta la muerte a Gilberto en las buenas y en las malas, en la salud y en la enfermedad, aunque ni se imaginaba que la vida de su esposo era más borrascosa que la del mismo diablo.

Partió con el alma ilusionada en viaje de exploración. Partió solo, motivado por un destino que debía enseñarle a manejar las circunstancias de su vida en la capital. Según sus ilusiones debía haber escuelas para sus hijos al igual que buenos amigos y amigas para la familia y muchas oportunidades para ser felices. La vida de todos podría mejorar montando algún negocio con los ahorros que debía tenerle Ofir, más lo que le quedara de la venta de la casa y de los cafetales de las casas vecinas.

Pasados apenas dos días de la estadía de Gilberto en la gélida Bogotá, María Sucel empezó a sufrir de vómitos y aversión a los olores de algunas especias. Tenía una nueva cita con la gestación. Acacio Elías habría de llamarse el muchachito, como sus dos abuelos, si llegara a nacer varón, o Sara Isabelina, como las dos abuelas, de ser una hembrita. Fue una especie de homenaje que desde hacía meses habían acordado ellos dos por si acaso ella quedaba preñada nuevamente. Según cuentas alegres, el parto sucedería en marzo o abril del sesenta y siete. Por ese entonces, en pleno octubre del sesenta y seis, los Cervantes Baroja eran ya ocho, es decir seis hijos y ellos dos, y lo celebraron, pese al fatigoso entusiasmo de María Sucel, que a sus escasos veintiocho años se consideraba demasiado usada como mamá.

    María Sucel se sentía exhausta. Su vientre crecía cada vez para el disfrute de Gilberto, a quien no quería rechazar. Deseaba rebelarse contra Dios y la Iglesia, pero guardó silencio cuando vio que casi todas las mujeres del barrio y de la ciudad tenían diez o doce hijos. Su abnegación era tal que ni siquiera expresaba sus sentimientos amotinados. Un día había trató de sugerirle a Isabelina la idea de evitar más embarazos, y el regaño fue tan grande, sintió que merecía la excomunión. Según los sacerdotes de San Francisco, los bebés no podían evitarse porque eran signos de la gracia divina; así lo predicaba el Papa Pablo VI en todo el mundo.

    A su regreso de Bogotá, pasado un mes, Gilberto se enteró del embarazo y se llenó de dicha. Sería el primer rolo, como se les dice a los bogotanos. Nacería con olor a habas y almojábanas, pues, según él, los que habían nacido en Armenia estaban infestados de café. En pocos días empezó a promover entre los más allegados la venta de la casa de El Paraíso y a solicitar su liquidación de El Marqués. Esos ahorros, más los guardados por Ofir, le ayudarían a echar raíces a ese exilio voluntario en la capital del país. Ni los Cervantes ni los Baroja conocían a Santa Fe de Bogotá ni la inmensidad de sus complejidades. Jamás se imaginaron que allí vivirían una segunda vida y que, del terruño autóctono y la formalidad de los paisanos, mutarían tan abruptamente a la polución y la hostilidad de tanta gente que ni saluda por desconfianza.

    Intrigado por saber de Ofir, golpeó la puerta y esperó que le abriera. Lo hizo tres veces antes de preguntarle al arrendador, que habitaba en el mismo edificio. El tipo le contó que ella le había desocupado el apartamento y que se fue con la cara muy amoratada, un brazo fracturado y un hombro dislocado. Dijo que a la señora Ofir se le metió un tipo en el apartamento y que él solo pudo darse por enterado cuando escuchó el alboroto que solo concluyó cuando el personaje salió tirando la puerta. Le contó también que prefirió no meterse en el tropel porque temió salir afectado y que, al parecer, el tipo, era una persona conocida de ella, pero que ella no les quiso contar nada sobre la situación. «El bastardo de Ulises debió ser», pensó Gilberto, indignado.

—Hubo una gritadera tan fuerte que hasta hizo salir a los vecinos preocupados, agregó el arrendador. —Todo ese meollo duró más de una hora, hasta que el hombre salió como enloquecido. Yo pensé que la iba a matar. Cuando corrimos a socorrerla, se quejaba, aunque sin llorar. Estaba casi desmayada, sin aliento y gemía de dolor.

—¿Y cómo era el tipo ese?, preguntó Gilberto preocupado.

—Era un señor muy extraño, más bien moreno y con los dientes tirados hacia fuera, contestó. Fue entonces cuando Gilberto definitivamente lo asoció con Ulises.

Ofir había dejado de vivir allí desde hacía un par de semanas y según el propietario del apartamento, antes de partir, le pagó todo cuanto le debía. Se había ido dejándolo todo en el más completo silencio. Gilberto recordó cuando ella le pidió tiempo para olvidarlo y hacerse a la idea de que no se iba a morir, quizás unos meses o unos años. Sin embargo, también pensó que ella había huido para protegerse de Ulises. Relacionaba unas razones con otras para no acabar de confundirse. Recordó que ella le había pedido que no fuera a verla tan seguido hasta que ya no necesitara verlo, hasta que pudiera olvidarlo sin que le doliera tanto. Se acordó de que Ofir le dijo que algún día él llegaría y ella ya no estaría esperándolo. Y con todo y premoniciones y advertencias no aseguró la plata.

Gilberto se derrumbó ante tanto drama. Desesperado, vendió la casa de Armenia con todo y los cafetales y obtuvo una suma nada despreciable para iniciar el comercio de mercancías en Bogotá con don Octavio Tejada. Según sus cábalas y compromisos, compraría mercancía para dotación de hogar a precios al por mayor y un ejército de vendedores ambulantes, que proveería don Octavio, la vendería en vecindarios populares de la ciudad, a plazos y con un rendimiento de un doscientos por ciento en un año, momento en el que él ya podría manejar su negocio con trabajadores propios.

La suerte estaba echada. Al día siguiente, muy de madrugada, partirían para Bogotá. Las maletas y los atados quedaron listos para que solo fuese cuestión de atender a los niños y salir. Gilberto había camuflado una pequeña porción del dinero, como reserva, en una bolsa de papel dentro del cabezote de la cama que llevaría consigo, donde era imperceptible. La mayoría de su pequeña gran fortuna la llevaba consigo en un maletín que no descuidaba ni para orinar.

La partida era inminente y, como si asistieran a un funeral, los amigos de siempre reservaban sus comentarios de pesar. Isabelina sabía que el adiós sería triste y lleno de sentimiento, sobre todo al momento de repartir bendiciones a cada uno de los ocho que abordaban ese exilio para ella incomprensible. Los papás y los chiquitos, como les decían cuando se referían a todos ellos, eran el principal entretenimiento de sus vidas. El abuelo Elías estaba acongojado, pero con esperanzas. Confiaba que la lejanía le devolviera la dignidad al hogar de sus amores. Aunque hacía muchos días que no pensaba en Dios porque se le olvidaba, le pidió que acompañara a María Sucel e iluminara su camino. Igual le pidió a Isabelina que le rezara una oración de su parte.

María Sucel no podía evitar el remordimiento de dejar solos a sus padres, justo ahora que estaban longevos. Sus ojos enrojecidos de tanto llorar desde hacía días, continuaban mojados por las angustias de su alma. Pensó en ofrecer un café a su padre como un último gesto de agradecimiento por haberla hecho tan feliz desde que nació. Él, que observaba callado, siguió buscando unos instantes de soledad junto a ella. Su voz la sorprendió: "mija, no debería estar triste".

María Sucel volteó con sus ojos llenos de lágrimas. Tragó saliva y corrió a abrazar al padre que también lloró como lloran los viejitos, sin tanto drama y completamente serios. Los dos no quisieron soltar aquel abrazo sino hasta que la hija fue capaz de decir:

—Cuánto los extrañaré.

Elías no quiso contestar. Ese taco en la garganta le hacía imposible hacerlo. Su hija, sin embargo, le ofreció el café.

—Es la primera vez en mis veintiocho años que por más de una noche estaremos alejados y eso me parte el alma — dijo ella—.

—Recuérdenos siempre como las dos personas que más la hemos querido y que más la extrañaremos en su ausencia —respondió Elías tomándole las manos, un poco más reconfortado de su pesar—. Cuando yo falte, solo le pido que no desampare a Isabelina y si el destino le permite asistir a mi entierro lleve consigo una flor y, antes de que me echen tierra encima, tírela sobre mí. Eso me alegrará. María Sucel nuevamente se abrazó al anciano. Sintió que sus palabras presagiaban días tristes para todos. Le estampó un beso sentido en la mejilla a medio rasurar y con sus dedos limpió los lagrimones que manaban de sus párpados.

—Rezaré por ustedes y a los niños les inculcaré su ejemplo. Los recordaremos como dos personas maravillosas. Me siento muy orgullosa de ser una Baroja Sánchez y de haber sido testigo de sus días de capataz en el campamento. De sus rabietas y celos. De su bondad… Elías besó sus manos y luego su frente.

—Deles un beso a los niños de mi parte y a su marido un abrazo. Se alejó tosiendo. María Sucel siguió con la mirada su lerdo caminar. Lo vio hermoso, aunque decrépito y enfermo. Se conmovió y lo bendijo sin que él se diera cuenta. Conociendo a Elías sabía que no voltearía a mirar porque el viejo ya había decidido partir. Secó sus lágrimas y recordó aquellos días de celos y prohibiciones de los años cincuenta. No pudo evitar reflexionar acerca de las ironías de la vida que sentía tan circunstancial como intensa. Pensó que la alegría siempre estaba acompañada de sufrimiento y que el dolor servía de puente para una gratificación, que aun sin alcanzarse, se manifestaba como su más firme aliciente. Sin embargo, lo que más le causaba tristeza era sentir que dejaba a quienes más la necesitaban por buscar estabilidad en otras tierras.

Isabelina, callada en su tristeza, se encontraba preparando biberones y pañaleras para el viaje cuando

María Sucel la abordó para despedirse.

—Mi viejito ya se despidió —dijo lastimera—. Ella sonrió melancólica, pero prefirió no hacer comentario alguno. Sabía que era hora de expresar cuánto los iba a extrañar y que de su alma se escaparía una porción grande de su razón de ser en esta tierra. Sabía también que "Marujita", como le decía cariñosamente a María Sucel, sufría tanto como ella y prefirió hablar primero.

—Estas novenas de oración son para que los niños se conserven sanos y aunque son libros pequeños tienen letras grandes para que las pueda leer. Esta otra es para que su matrimonio siempre esté lleno de felicidad como hasta ahora. Esta es para que le pida a Dios porque Gilberto siempre tenga trabajito. De todas maneras, ahí le anoté para qué sirve cada una. Recuerde mija que antes de rezar usted debe prender una vela a la Virgen y echarse la bendición.

—Lo sé madre. Muchas gracias y que Dios también la bendiga junto a mi papá y a Gabriel.

Isabelina acomodó el paquete de novenas en uno de los compartimentos de la maleta, cerciorándose de que su hija los encontrara con facilidad.

—Tengo el presentimiento de que su partida será para siempre y que mis últimos días junto a Elías serán de soledad —Dijo Isabelina—. Tengo el presentimiento de que las horas, los días y los años harán languidecer la esperanza de envejecer cerca de mi manada de nietos y que a partir de esta despedida mi imagen de abuela será solo como un bonito recuerdo en la distancia, como una anécdota de alguien que los quiere mucho, pero que no los disfrutará por el resto de sus vidas. Me quedaré con mis memorias, albergando en mi corazón la esperanza de que algún día volveré a verlos y en mi espíritu la ilusión de que Dios les concederá con una vida larga y ejemplar. María Sucel escuchó en silencio, emocionada e impotente ante la gran humildad de su madre. Quiso escapar de aquella penosa realidad, pero prefirió abrazarla. Se le acercó y la rodeó con sus brazos en medio de un sollozo.

—Sus nietos crecerán amándolos y hablarán orgullosos de ustedes por generaciones. Desearán verlos y nosotros los traeremos cuando sea posible, las veces que sea necesario, y ustedes nos visitarán también cuando quieran, no importa que estemos al otro lado de las montañas —expresó asida a su cuerpo—. Se dedicaron a hacerse recomendaciones mutuas. Se dijeron palabras hermosas con una sarta de nudos en la garganta.

—Escríbame de vez en cuando —dijo Isabelina haciéndose la valiente y también considerando que María Sucel estaba embarazada—. Para terminar del todo con esa partida ingrata Isabelina prefirió dibujarse una sonrisa con un pincel que encontró por ahí oculto en su alma. Gilberto y María Sucel cumplieron con la despedida de todos aquellos que hasta ese primero de febrero del sesenta y siete les habían hecho más pasaderos sus días en El Paraíso, en la galería, en cada rincón de la ciudad que dejaban. El bus debería partir a las seis de la mañana. Era uno bien equipado para los largos viajes.

Gilberto y María Sucel terminaron de despedirse de todos los que, hasta aquel primer día de febrero de 1967, habían hecho más cómodos sus días en cada rincón de la ciudad que dejaban atrás. El autobús, era uno equipado para viajes largos y saldría a las seis de la mañana.

Minutos antes de la partida, estaban todos sentados

llenos de ansiedad por la despedida. Tratando de llevarse la última mirada de Elías y de Isabelina. En ese momento, Ulises y otros dos matones rodearon a Gilberto fuera del autobús, amenazándolo con una pistola y le arrebataron el maletín con el dinero. De eso nadie se enteró.

—Súbase al autobús, imbécil, y cállate, o te mataremos aquí mismo, al igual que a tu mujer. ¿Quieres que tus hijos se conviertan en huérfanos tan chiquiticos? Ni siquiera se te ocurra volver a estas tierras porque tu esposa descubrirá qué tipo de marido tiene.

Eso fue jaque mate para el rey, y para toda su familia. Allí mismo perdieron el juego de sus propias vidas. Gilberto se resistia a aceptar de que Ulises y Ofir fueran ese mal que lo estaba llevando a su perdición y que lo tenía realmente acabado. Sin superar su extrema desesperación, decepcionado, logró subir al autobús; se hizo el alegre y fingió entusiasmo con María Sucel mientras trataba desesperadamente de pensar cómo manejar su vida en los próximos minutos o segundos.

El bus intermunicipal partió llevándose a los ocho que detrás de sus ventanillas, con un gesto de adiós con las manos, enfrentaban su temor a lo desconocido. En los ojos de los viajantes quedó sellado el dulce recuerdo de la figura lánguida de Isabelina, que abrigada con su manto se dirigió a San Francisco a rezar.

Gilberto aún no había tenido tiempo de exhalar el aire de la partida cuando cayó en la cuenta de que en las bodegas del bus quedaban algunos vestigios de su fortuna y respiró un poco aliviado. Cabizbajo, se dejó llevar por la tristeza. Recorrió con la mirada los rostros de sus hijos, miró nuevamente a su esposa, le tomó la mano y se la besó.

Tierna y piadosa, ella se santiguó e igual lo hizo con cada uno sus pequeños. Luego santiguó a Gilberto y dijo "Dios nos proteja".

Fue un largo viaje rebosante de expectativas y asombros ante los abismos y los barrancos. Un viaje con paradas para el fiambre y con mucha charlatanería infantil, pues los carros que desfilaban por la carretera los distraían, al igual que la gente de los pueblos que se acercaba a ofrecerles manjar blanco y bizcochuelos de queso en sartas de hasta cien, o algunos chontaduros o piña en trozos o avena helada. Él aparentaba entusiasmo para darles ánimo, actitud que hacía feliz a ella que, soportando las agrieras y las náuseas, pudo sobrellevar las exigencias del viaje. Gilberto pensó y pensó qué hacer con su familia a la deriva, acercándose al frío y dejando atrás la tibieza de Armenia. Supuso que el dinero guardado en la cama solo alcanzaría para respaldar en parte lo prometido a don Octavio y que tal vez no podría llegar a esa casa tan fina que había palabreado. Sin embargo, no le dijo nada a María Sucel para no angustiarla. Pensó que podría persuadir al camionero que contratara para que los esperara con los corotos y los llevara a algún lugar decente.

A eso de las dos de la tarde, el bus arribó a una gris Santa Fe de Bogotá que les dio la bienvenida con una llovizna pertinaz y un frío intenso. Gilberto había logrado localizar al camionero que en su pequeño vehículo había de transportar los pocos corotos y la pesada cama en que habría de nacer el nuevo hijo y otros serían encargados. Las maletas no llevaban muchas cosas, más bien ropa y trastes de la cocina. Al igual que el otrora simpático bus de don Nacianceno, este que los llevó a Bogotá también se convirtió en historia cuando se bajaron y quedaron engurruñados de frío en una de las calles en donde estaba la terminal de la flota. La madre hacía esfuerzos para cobijar a los hijos mientras sus ojos no apartaban la mirada de sus pertenencias tal y como se lo había indicado Gilberto cuando le advirtió que en los predios de la flota pululaban los ladrones que, según le habían dicho, eran mucho más voraces que los del Quindío. Por fortuna él regresó pronto y los reconfortó.

Gilberto le pidió a María Sucel que le permitiera hablar con el camionero por unos minuticos. Fue cuando ella le preguntó por el maletín con el dinero. Entonces él se vio obligado a contarle que unos forajidos, pistola en mano, se lo habían robado a la salida de Armenia y que él había preferido no contárselo para no amargarle el viaje. Le dijo además que tan solo contaban con lo que venía pegado a la cama. El drama los gobernó. Ella no pudo articular palabra y como narcotizada entró en shock. ¿Qué malo habían hecho para merecer tan terribles castigos?, se preguntaba en su letargo.

El camión estuvo dando vueltas por barrios demostrándoles con ironía que estaban inmersos en una ciudad muchísimo más grande que Armenia, con una cantidad inmensa de buses más nuevos y mucho más bonitos que el de don Nacianceno y con mucha gente que vestía trajes oscuros y gruesos para protegerse del frío. Ni el propio Gilberto, que ya había estado en Bogotá, sabía por dónde los llevaba el conductor y no se atrevía a preguntarle. La verdad es que tenía cara de bravo, por no decir que de preocupado. Los llevó al lugar, que sabrá Dios por qué, le pareció el mejor para las condiciones que había ya intuido de palabras de Gilberto cuando en confidencia le habló de la situación que venía atravesando desde que partió de

Armenia. Un inquilinato de mala muerte que conocía o que quizás hasta él mismo había tenido por residencia. Estaba ubicado en un vecindario popular. Se trataba de una casa de tres pisos más una azotea, levantada al frente de la panadería de un tal don Alirio, en el corazón de un barrio llamado La Granja. Era una casona de ladrillo colorado, sin ninguna planta en su exterior, pues el concreto acaparaba todo el espacio a manera de andén. Para sorpresa de todos, en aquel lugar vivían unas catorce familias que compartían un solo lavadero de ropa y un baño por piso. El panorama era desconcertante e inseguro, especialmente para María Sucel, que al comprender que ese sería su nuevo hogar, no pudo esconder su inconformidad. La suciedad de las paredes y los exagerados herrajes en la entrada principal, con las cuatro chapas de la única puerta por donde todos circularían, la aterraban. Pensaba que había salido a pagar una condena en una cárcel urbana donde los presos eran gente como ella, con hijos y marido.

Gilberto, que bien apaleado estaba, negoció con la dueña del lugar y después de un buen rato los condujo hasta una pieza grande, con piso de concreto teñido con anilina verde y de paredes pintadas de blanco, que al entrar parecían grises por la penumbra. Debido a su ubicación tan escondida dentro de la casa, la pieza lucía apesadumbrada. El único rayo de luz natural provenía de una ventanilla de cuatro celosías, de unos veinticinco centímetros cada una, que daba al patio central donde correteaban los hijos más pequeños de los arrendatarios. Ya en el cuarto, les pidió que esperaran sin moverse de ahí mientras arrumaba las maletas y los corotos, ayudado por un señor que salió de uno de los apartamentos y que gentilmente se ofreció a colaborar. Este gesto de nobleza agradó le agradó a ella y, por un momento, le hizo olvidar el frío y la incertidumbre. De todas maneras, volvió a sentirse deprimida y hasta pensó reclamar un lugar más parecido al que había conocido durante toda su vida, pero guardó discreción en medio del silente remordimiento que le producía traer a sus hijos a un lugar tan hacinado y frío.

—¡Viviremos aquí! — exclamó Gilberto, jadeando por el trabajo de recomponer la cama—. Usted y yo, junto a Sarita y Cesariano, dormiremos en la cama; en este somier dormirán Maru y Piedad, y sobre la ropa que está en las maletas, lo harían los dos grandes. Por hoy dormiremos incómodos, pero compraré unos cobertores y cobijas bien pesados y de lana virgen. ¿Sabe mija que esta tierra es la tierra de las ovejas y que de su lana se hace mucha ropa para espantar el frío?

—Nunca creí vivir de esta manera — fue lo único que se le ocurrió comentar a ella—.

Él la miró y guardó silencio al comprender que en su cara afligida quizá nunca afloraría la resignación. Con las manos expuestas hacia ella y los hombros recogidos trató de justificar sus planes:

—Será solo mientras logro ubicar una casa más apropiada. Por ahora debemos comprender que lo más importante es que estamos juntos y que juntos viviremos por toda una eternidad. Juntos progresaremos. Además, aún tenemos la plata que traemos pegada a la cama. ¿Qué tal mija si destináramos ese dinerito para pagar una casa lujosa? ¿Con qué subsistiríamos mientras aprendemos a vivir en esta Bogotá? Le pido a Dios que no nos tire tan rápido el desaliento. Tengamos paciencia solo por unos días. Ya usted verá cómo las cosas mejoran. Yo sé que en esta casa habita mucha gente y que es gente pobre, humilde, gente que nunca ha tenido nada, pero es de la gente que aprenderemos a vivir en esta ciudad.

—Devolvámonos para Armenia, mijo —le suplicó ella—. Gilberto buscó en lo más profundo de su ser otra mentira, es decir, otra verdad, una tan poderosa que le hiciera desistir a su esposa de regresar a Armenia y la empujara a empezar a luchar por el futuro en la ciudad grande. Le recordó las grandes oportunidades que tendría la familia en una ciudad donde los niños podrían estudiar y mejorar, una ciudad a la que la mayoría de los campesinos del país estaban llegando para rehacer sus vidas. Pero estos argumentos no resultaron muy convincentes para María Sucel. Entonces Gilberto arremetió haciéndole una nueva confesión, más contundente, sorpresiva o solapada. De todas maneras, necesitaba, para no reventarse solo, drenar el tremendo impacto que le había causado el atraco horas antes.

—Mija, yo no quería decírselo por no confundirla, pero prométame que lo va a tomar con calma. Sumisa no contestó, pero con su mirada le otorgó cierta tranquilidad para que le explicara.

—Esos hijueputas que me asaltaron fueron muy claros en amenazarme con que si regresaba nos iban a hacer daño a todos, inclusive a usted y a los niños. Pareciera que me conocieran y me estaban siguiendo —acotó—. Yo la seguridad de todos no la cambio por nada en la vida. Mija, le pido por Dios que tengamos paciencia. Los niños están muy chiquitos y ya se acostumbrarán. Nosotros también lo haremos porque para eso somos grandes y maduros. Con la misma sumisión de siempre María Sucel acató sus ruegos con desgano, de pie, inmóvil, con el diminuto Cesarino en los brazos, mientras acomodaba algunas cascadas de cabellos sueltos detrás de sus orejas, comprendiendo que en medio de la llegada y el acomodo de los chécheres poco o nada podía decir. Caminó hasta un rincón de la pieza y acostó al pequeño sobre el echarpe que ella misma traía puesto. Él se le acercó sutilmente por la espalda y le habló al oído para lograr su confianza.

—No sufra por hoy —dijo Gilberto—. Ayúdeme a no hacer tan difícil esta situación. Las familias que aquí habitan solo han cometido el pecado de ser humildes, pero nos permitirán conocer sus rutinas en esta ciudad tan grande y compleja. Armenia es el edén, lo sabemos bien. Nuestro querido paraíso es tan bello como nuestra familia. Jamás olvidaremos que lo levantamos con los vecinos, pero aquí también llegaremos lejos. No se desaliente tan ligerito que estoy seguro de que toda la vida que traemos calentará estas paredes. Es más…, cuando nuestra primera agua de panela hierva en esta casona su aroma atraerá la amistad de todos. Los vecinos nos dejarán aprender algo útil cada día para echar a rodar el destino de nuestros hijos. Le pido perdón por exponerla a este sacrificio. Gilberto le hablaba implorando comprensión. Estaba protagonizando la primera crisis de su vida, en la que su mujer y sus hijos estaban involucrados, o peor aún, estaban afectados directamente. Callaron para no incomodarlos pese a que ellos, por chiquitos, estaban desprevenidos de cualquier sentimiento de gusto o disgusto y flirteaban con otros niños del lugar que entre timidez y curiosidad habían llegado a conocerlos.

Aunque Gilberto era tal vez quien estaba más aporreado en su interior, sabía que debía luchar por recomponer el bajón de ánimo de María Sucel. Jamás pensó que ella le expresara algún sentimiento de inconformidad. Arremetió a mimarla con un nuevo susurro bajo y lastimero.

—Usted sabe cuánto la amo, mija. Mientras estemos juntos todo será maravilloso. Qué importa vernos como un aluvión de montañeros recién llegados. Con tanta gente a nuestro alrededor poco tiempo tendrá la soledad para hacer estragos en nuestros ánimos. En unos días o quizás en unas horas habremos logrado conocer, aunque sea un poquito sus costumbres. Aprenderemos cosas que nos servirán cuando vivamos solos. Conociendo lo alegre y emprendedora que usted ha sido, supuse que sería mejor que estuviera rodeada de gente, mientras yo salgo a luchar la vida. En unos días ya usted verá que tendrá algunas vecinas de amigas y los niños jugutearán con otros en el patio común. Ella lo escuchó sin modular palabra y sin quitar la vista de sus pequeños que brincaban con los vecinos más contemporáneos. Al cabo de las horas, luego de mucho arreglo y acomodamiento, las cosas dejaron de estar tan amontonadas como al principio, y en la cocina un reverbero de gasolina expulsada por aire comprimido, que había sido facilitado temporalmente a Gilberto por una de las vecinas, calentaba el rabo de una olleta donde él mismo batía, con el molinillo estropeado de madera traído de Armenia, un espumoso chocolate que tomaron con fresca y humeante parva bogotana de la panadería de don Alirio.

A las nueve de la noche de aquel fatídico día, la energía de sus cuerpos naufragó. La familia amontonada pasó la noche bajo muchas cobijas cálidas que combatían un frío avasallador. Hasta la misma madre disfrutó como nunca el calor que los brazos protectores de su marido le brindaron bajo la lana virgen. Al día siguiente los niños ya tenían los cachetes bien colorados y las narices invadidas de mocos que María Sucel trataba de limpiar con inusitada preocupación.

Uno de los vecinos le dijo que lo de los mocos en los niños no era tan raro en el altiplano siempre y cuando no aparecieran vestigios de fiebre u otros síntomas de catarro. Esta aclaración oportuna hizo reflexionar a María Sucel por la sabiduría que le aportarían las personas ahora cercanas y dio crédito en parte a las palabras de Gilberto el día anterior. Los días siguientes llegaron con nuevos personajes en las vidas de aquellos novatos del asfalto. Don Antonio, el robusto tendero de la esquina que vendía viandas y granos a precios inflados de reventa en el barrio; los Pinto, que, a unas dos cuadras, en un improvisado garaje, vendían a buen precio leche espumosa recién ordeñada y huevos colorados que llegaban de la sabana de Bogotá todas las madrugadas junto a los diarios; los Velarde, que manejaban la única carnicería y que abrían todos los días hasta las siete de la noche.

Cuando Hitler y otras cosas

... 1939

—¡Patrón, patrón!..., ¿nueve millones es mucho, patrón? —llegó preguntándole a Elías un peón llamado Asdrúbal, una mañana de septiembre, cuando este coordinaba trabajos de demolición de rocas—. Sorprendido y picado por la curiosidad, Elías frunció la frente y contestó:
—Eso depende de qué, Asdrúbal. Si se refiere a las veces que hemos picado piedras abriendo caminos... yo diría que es poco, pero si hablamos de...
—Es que dijeron en la radio que en Colombia vivimos nueve millones de personas, pero no dijeron si es, mucho o poco —replicó Asdrúbal—.
—Yo diría que poco, pues esta tierra es grande y generosa — respondió Elías sin mayores explicaciones—, hay oportunidades para todos, por fortuna, no se pelea en Colombia como si se hace en Europa. Con experimentada sutileza lo instó a trabajar como los otros, que sudorosos, picaban piedras y volteaban cemento que chorreaban a borbotones sobre las plantillas de madera que daban forma a las orillas de las carreteras.

Cada media hora aproximadamente el ruido de las detonaciones sacudían el ambiente. Grandes peñascos eran magistralmente echados abajo por Eliseo Soto, un ojiazul de más o menos la edad de Elías, que acostumbraba a trabajar solo. Todos lo admiraban por su dedicación y férrea personalidad y nadie le conocía familia. Toda la cuadrilla dependía de su trabajo, pues siendo el único dinamitero de la región, hacía posible que la carretera avanzara. Eliseo trabajaba casi siempre un kilómetro más adelante del campamento, donde después de marcar las guías de explosión, se aperaba de buenos cinceles y macetas y abría decenas de orificios en los que embutía con maestría los tacos de dinamita y sus respectivas mechas. Era un tipo meticuloso por naturaleza, pues de otra manera no habría podido manejar semejante peligro. Por esta razón no se emborrachaba ni asistía a juergas jamás. Se comportaba como un ermitaño que sabía hacer una sola cosa, pero la hacía bien. Esa mañana llegó y como de costumbre se reportó frente a Elías a quien saludó quitándose un tanto el sombrero.

—¿Cómo le va Eliseo? ¿Qué se comenta por ahí? —dijo Elías sin mirarlo—.

—Hombre don Elías..., las cosas van, pero uno nunca sabe hasta dónde llegarán. El mundo está tan convulsionado que apenas me aterro cuando detono las cargas. Yo lo hago para destrozar peñascos, pero los alemanes avanzan en tumulto y las detonan para destrozar a sus semejantes —comentó apesadumbrado y trascendental—. Qué ironía. El mundo no ha parado de luchar, complementó, apretando los labios por varios segundos. Cuentan que Hitler avanza en persona empleando una estrategia que les funcionó de maravilla a los alemanes en el año catorce. La llaman dizque "Estrategia de Batalla", lo sé, porque en las mañanas, cuando salgo de mi casa, paso por la tienda de la esquina y me encuentro con un militar vecino que se conoce muy bien las cosas europeas. Uhm… me parece que esta guerra no dejará sino desesperación esparcida por la tierra, agregó. Según él, la estrategia era una ofensiva que ocupaba cien kilómetros por todo el Sarre y el sector central del Rihn. ¡Esa va a ser una batalla muy grande!

—A propósito, don Elías. ¿Ya se enteró de que nueve millones de cristianos habitamos esta Colombia querida? —Preguntó Eliseo—. Elías asintió con un gesto y gritó para que le trajeran dos cafés tintos.

—Con esas me llegó Asdrúbal esta mañana, preguntándome que, si nueve millones era mucho o poco, ¿cómo le parece hombre?, ese Asdrúbal es curioso.

—¿Acaso es que él no sabe dimensionar el tamaño de los números? —acucioso, preguntó Eliseo—.

—Qué va a saber hombre si a duras penas sabe firmar. Las cifras nos están invadiendo. Cómo le parece Eliseo que en mil ochocientos éramos apenas dos millones y en cien años nos convertimos en cuatro o sea que nos duplicamos y en los últimos cuarenta ya somos algo más de nueve. Eliseo llenó el tórax de oxígeno y tiró la cabeza hacia atrás, relajándose.

—Parecemos conejos y no nos damos cuenta —respondió Eliseo, mientras exhalaba el aire de sus pulmones— a este paso sí que tendremos que dinamitar peñascos, porque la cantidad de gente que pasará por aquí va a ser grande. Elías quedó algo absorto, imaginándose la situación europea. Pensó en Isabelina y en sus hijas. Sintió escalofrío al pensar en las cosas que pasaban y que intuía podrían afectar su entorno. Tomó el periódico, ávido de leer avances de la situación que le preocupaba. Dedicó largos minutos a ojear el diario leyendo con atención los acontecimientos de la situación en Europa relacionados con la sovietización de la Polonia Oriental y hasta se enteró de la muerte del legendario Sigmund Freud, a quien muchos ignorantes tildaban de baladí, pero que él reconocía como un símbolo del más austero cientificismo. Algo que siempre buscaba con esmero era el precio del café en Nueva York, que, aunque se mantenía con precios halagüeños, registraba una baja. Se quedó pensativo a pesar de que no interrumpía su trabajo. Por su mente pasaban las noticias y las imágenes de sus pequeñas hijas. Las palabras de Eliseo refiriéndose a los explosivos avances de los alemanes presagiaban tiempos borrascosos para toda la región porque pensaba que las obras pararían algún día por falta de inversión extranjera o tal vez porque el país también iría a la guerra a dar soporte a alguna nación aliada o a la que le debiera favores. Lo que no sabía era a quién le debía lealtad Colombia y cuál sería el costo del pago de esa lealtad para la sociedad sencilla en la que él vivía. Terminó de organizar unos papeles y se dirigió a Asdrúbal de con cordialidad:

—Hágame el favor de localizar a un muchacho en la galería, no sé si de Salamina o de Neira, pero debe estar en alguno de los cafetines. Su nombre es Gilberto Cervantes-

Cervantes. Dígale que pase por el campamento. Que es de parte de Elías, el señor que conoció en la iglesia cuando el bautizo de la niña.

Después de lavar las camisas blancas de Elías, Isabelina las remojaba con almidón de yuca antes de pasarles una pesada plancha que calentaba con carbón vegetal. A su lado, tres pequeñas hijas jugueteaban con muñecas que ella misma les hacía con trozos de ropa vieja y medias que su marido iba dando de baja. Alternaba el oficio de la casa y el cuidado de las niñas con el arreglo de los pantalones de paño de su esposo a los que planchaba y dejaba quiebres impecables. "Un marido bien vestido es señal de una intachable mujer en su casa", era su consigna. Según sus padres, las mujeres eran responsables de la imagen de la familia y los hombres de la robustez de sus componentes.

La llegada de Elías de sus lejanos lugares de trabajo a Salamina traía felicidad al hogar. Isabelina lo recibía con una ponchera de agua caliente y luego lo invitaba a sentarse en un pesado sillón. Lo despojaba de zapatos y calcetines y le zambullía en ella los pies cansados para proporcionarle sosiego. Lo más importante para él era poder disfrutar en sus brazos a María Sucel, quien lo llenaba de paz mientras lidiaba con los celos de sus otras hijas. Isabelina no escatimaba pretextos para ponerle en la boca mimosos bocados a tiempo que los iba preparando para la cena. Al anochecer del día que nos ocupaba, ya bajo sábanas, Elías le comentó que había mandado a buscar a Gilberto con Asdrúbal porque quería ofrecerle un trabajo de ayudante en la oficina del campamento, pues necesitaba un secretario que le ayudara a hacer los pedidos del material y a preparar los pagos de la nómina. Entonces comentaron que algo extraño habían visto en el muchacho y hasta asumieron que lucía aporreado por la vida, pero que no le notaron malicias. Sin embargo, de Gilberto nada supieron pese a los intentos de Asdrúbal por localizarlo. Y poco a poco fueron olvidándose de él.

Las niñas crecían y la familia había vuelto en su totalidad al campamento, trayendo de su mano la armonía. Nuevamente, Isabelina coordinaba los quehaceres domésticos con gran exactitud, y la rutina de la madrugada volvió a tener el entusiasmo que tenía antes de ella irse a parir.

Una mañana de octubre de mil novecientos cuarenta y dos Isabelina salió hacia Manizales a comprar suministros para el campamento, pues Elías pasaba por un delicado resfriado que alivianaba con infusiones de enjundia en el pecho. Iba acompañada por trabajadores de confianza que él le asignó después del desayuno. A las nueve de la mañana abordó un vehículo de las empresas públicas al servicio del campamento. El día estaba soleado como casi todos los de la geografía caldense, y dejaba ver en su esplendor una perfecta comunión entre el cielo y la tierra. La camioneta transitaba solitaria haciendo un esfuerzo ensordecedor por ganarle terreno a las empinadas pendientes que conducían a Manizales. El viaje estaba marcado por el silencio de todos. Isabelina miraba al frente sin emitir palabra. Suponía que por ser la mujer del capataz y por estar frente a una gestión solitaria no era bien visto que entablara conversación con los hombres que la acompañaban. El camino era sinuoso y en su mayor parte no estaba pavimentado. La monotonía cambió cuando el trabajador que iba a su lado derecho comenzó a agacharse para mirar por el espejo retrovisor del vehículo. Lo hizo varias veces y luego mantuvo la posición fija, sin retirarle la mirada.

—¿Pasa algo, joven? —preguntó Isabelina—. El trabajador se rascó la nariz más bien preocupado como queriendo estar seguro de lo que veía.

—No estoy seguro, Señora, pero creo que el carro que viene es la bola.

Isabelina giró la cabeza y corroboró lo que el trabajador creía estar viendo. El polvo que dejaba la camioneta era espeso e impedía ver con certeza el tipo de vehículo que la seguía y aunque se esforzó, por identificarlo, prefirió seguir mirando al frente. Los carros no eran su especialidad y menos aquellos que identificaban a autoridades. El vehículo continuó la marcha y a la casi media hora empezó a ser sobrepasado por un camión verde oscuro, de estacas en el planchón trasero, manejado por militares. En el trance de pasada, arrojó mucho polvo dentro de la camioneta. El chofer de esta y el otro trabajador se apresuraron a cerrar las ventanas mientras Isabelina se tapaba la boca para no inhalar el polvo invasivo. A Isabelina le llamaba la atención conocer la bola a que todos temían.

—¿Este camión es la bola? —preguntó—.

—Sí señora, y la llevan para Manizales repleta de jóvenes. El camión, que estaba pasando al lado izquierdo de la camioneta, dejaba ver cómo una veintena de muchachos se aferraban al entramado de madera debido a los bruscos vaivenes a que lo obligaban las imperfecciones de la carretera. Junto a ellos, armados con fusiles, iban ocho soldados de cara adusta que ni siquiera volteaban a mirar a la camioneta ni a su cargamento. Involucrada completamente en la situación, Isabelina notaba la tristeza en cada uno de los muchachos del camión y en sus cabellos la película terrosa que el polvo les iba dejando durante el trayecto.

—¿Y para dónde los llevan?

—Para el ejército —contestaron al unísono—.

—Son los nuevos reclutas del batallón —agregó nervioso uno de ellos—.

Isabelina comprendió la angustia de los detenidos y se sintió afortunada de no tener hijos varones. El camión rebasó por completo la camioneta y cuando empezó a acomodarse a la derecha para asumir la delantera, Isabelina vio por un instante a un muchacho acurrucado junto a otros dos, al lado derecho del camión. Le llamó la atención porque a diferencia de la mayoría, no estaba parado. El muchacho miró hacia la camioneta, atraído por el ruido del motor. Isabelina, que miraba una a una las caras de los muchachos en silencio, vio dibujaba la angustia en su rostro. El drama de aquellos muchachos le tocaba el alma y le hacía comprender el sufrimiento de sus familias. En instantes el polvo volvió a borrar la imagen de los desvalidos y ella entrelazó los dedos y rezó una susurrada plegaria.

—No se aflija doña Isabelina, podría hacerle daño — espetó compasivo el chofer—. Ella, lo miró y sin decir nada y volvió su vista al frente, tratando, con sus ojos bien abiertos y empapados, de descubrir algo más. Se cubrió la boca y dos lagrimones rodaron por sus mejillas. Su garganta dejó escapar un gemido de dolor y angustia. Sus ojos, encharcados, miraban fijamente el rostro golpeado y ensangrentado de aquel joven que iba agachado y en completo silencio. Por segundos se cruzaron las dos miradas y el joven se incorporó cuando se percató de que la conocía y que lo miraba con conmiseración. Al ponerse de pie un soldado le golpeó nuevamente con la culata del fusil en la cara y el estómago. El muchacho rodó por el piso del camión e inmediatamente fue inmovilizado por otros cuatro soldados a punta de culatazos. Isabelina lloraba para sí viendo como el camión se alejaba y con él el rostro del golpeado. Algo le decía que había sido reconocida, pero no lograba precisarlo. Trató de relacionar ese rostro con los hijos de las mujeres del campamento, pero no despejó sus dudas. Todo era confuso. Se quedó buscando en la memoria durante todo el camino. A la llegada a Manizales pidió al chofer que la llevara a la catedral donde quería entrar para desahogarse elevando alguna plegaria. Se dirigió al altar al tiempo que acomodaba en su cabeza el echarpe que se había terciado antes de salir.

—Apiádate señor de los que sufren —exclamó en voz baja y rezó: "Padre nuestro que estás en los cielos, mira hacia él y socórrelo"—. Mirando a la Virgen del Carmen imploró por todos y oró por su familia. Evocó la mirada del muchacho del camión y trató de encontrarla en sus recuerdos. Recorría con sus ojos uno a uno los detalles de la catedral, mientras trataba de encontrar su identidad. Por un momento pensó en María Sucel y sus instantes más preciados. Invocó a Dios y se dispuso a salir cuando su rostro se frunció con pánico al descubrir la similitud en la mirada de aquel muchacho con los ojos grisáceos del apuesto joven que le ayudó a levantar el chupo de María Sucel el día del bautizo. Enmudeció y lloró sola en la catedral. Lloró y limpió sus lágrimas. Trató de calmarse como para no llamar la atención de sus acompañantes y salió a su encuentro. Dirigiéndose al chofer le pidió hacer las compras en su nombre y le aseguró que en un par de horas se encontrarían en el mismo lugar. Regresó a la catedral y con una veladora prendió otras que estaban disponibles frente a la Virgen del Perpetuo Socorro y rezó en silencio por veinte minutos. Se levantó, se santiguó y dirigió sus pasos hacia la puerta principal. Nuevamente volteó a mirar hacia el altar principal y se hincó para santiguarse antes de salir. El día era soleado, aunque el frío de páramo proveniente del Nevado del Ruiz rozaba el rostro de Isabelina con un viento suave. Los visitantes de la plaza se dedicaban a mercadear en los comercios vecinos. Las calles eran frecuentadas por caballistas y carruajes que se mezclaban con los escasos vehículos y la mayoría de las mujeres que rondaban el lugar estaban acompañadas por sus maridos. Caminaba lentamente por el andén sin definir su destino. De todos modos, sabía que no podía exceder los límites de la plaza pues tenía claro que no debía entrar en alguna zona prohibida para mujeres honorables.

Su mirada se perdía entre los transeúntes y su perturbada mente solo veía con angustia la imagen de aquel muchacho que ya era más que un enigmático protagonista de sus pensamientos. «Dios mío, ¿qué nos tiene tan atados a este personaje que aparece y desaparece tan furtivamente?... ¿Debemos ayudarle? ¿Será eso lo que quieres Dios, o será que prefieres hacerlo hombre con amargas y sufridas experiencias? No sé qué pensar. Ayúdame Señor a no llenar más mi cabeza con angustiosas obligaciones para con el prójimo no conocido; ayúdame a no ser tan profundamente humana; ayúdeme a no pensar en él con su rostro golpeado y con sus ojos anhelantes de ayuda», pensaba sin dejar de buscar afanosa y sin mucho éxito a cualquier fulano que la motivara a entablar alguna conversación relacionada con asuntos de militares. Seguía caminando cuando vio pasar una bola en la que viajaban dos personajes vestidos con uniformes camuflados. La siguió caminando cada vez más rápido para no perderla de vista. El camión entró a la plaza y se estacionó frente a un almacén de venta de telas y paños importados. Los militares se bajaron del vehículo e ingresaron al almacén. Isabelina corrió por más de una cuadra y entró apresurada. Allí estaban los militares. Procuró relajarse del agotamiento y con un delicado paño limpió su frente y el mentón que dejaban ver el sudor a flor de piel.

—En unos minutos estoy con usted —dijo al verla, el dueño del lugar—.

—No se afane señor —contestó, al tiempo que le aclaró que aunque él tenía unas lindas telas en venta, lo único que necesitaba era hablar con los señores militares. El dueño del negocio se desentendió con un puchero de comprensión. Isabelina se acercó a los militares y les preguntó con respeto acerca del lugar donde deberían estar los reclutados para el ejército. En cualquier batallón del país, contestó uno de ellos haciendo gala de poder. Días después, anónimo, Elías abordó la camioneta y viajó durante largo rato hasta llegar a la zona de los cafés en Salamina. Entró a uno de ellos, se sentó en la barra y ordenó una cerveza y una cajetilla de cigarrillos. El lugar estaba más o menos frecuentado a las nueve de la mañana y aunque en las mesas había grupos de personas tomando cafés tintos en su mayoría, pidió una cerveza. Aprovechó para pedirle cerillos al mesero y para indagar por Gilberto. El hombre se rascó el mentón y levantó las cejas tratando de evocar alguna figura que se acoplara a ese nombre y finalmente contestó que no. Elías insistió describiéndolo como un muchacho de unos veinte años, de cabello crespo, bigote y bien vestido, que frecuentaba esos lugares. El hombre se quedó pensando mientras repetía el nombre en voz baja y como no lograba recordarlo instó a Elías a dar una pasada por los bares de la plaza y le propuso regresar más tarde, como a eso de las tres, cuando las muchachas de la noche empezaran el turno. Elías terminó la cerveza con un par de sorbos y luego de pagarla emprendió la visita a diferentes lugares sin éxito. Después de varios tintos y sendas cervezas en diferentes lugares, resignado, se dirigió a la municipalidad a completar algunas gestiones que también se había propuesto realizar.

Mediums y espíritus
... 1967

La fuerza que le puso el cartero al golpe en la puerta, seguido por un silbato ensordecedor y el grito de "carta para Isabelina Sánchez", le dio tal susto a Isabelina que casi la deja en el suelo con un ataque al corazón. Pero cuando tuvo tiempo de discernir que se trataba del cartero prefirió cambiar su sobresalto por el encanto de saberse destinataria de una carta de su hija ausente. Acudió sonriente a la puerta aunque con la intención de evitar que el cartero volviera a desbaratar su puerta con nuevos golpes.

—Señor, soy yo, Isabelina Sánchez —le dijo, extendiendo entusiasmada la mano—.

El cartero tomó el lapicero que llevaba terciado en la oreja derecha. Iba montado en una bicicleta de hierros, de esas que llevan ruedas con guardabarros, timbre y claxon en el manubrio, y una caja plástica sobre la parrilla trasera. Sin contestarle tomó la planilla de entregas y anotó algo antes de poner en manos de Isabelina la carta y desaparecer loma abajo. La felicidad embargó tanto a Isabelina que besó el sobre al comprobar que la remitente era su hija, de quien no sabía desde el día de su partida. Abrió con afán rasgando el borde izquierdo del sobre, cuidando no dañar la dirección del remitente y comenzó a leer sentada en la cama, amparada con la luz de un bombillo de veinticinco bujías que pendía enroscado de un benjamín, de donde también se extraía corriente para la plancha y el radio. Ese bombillo, que hacía las veces de lámpara de techo, pese a que producía más penumbras que iluminación, se convertía muchas veces en el único compañero de los dos viejos en sus días de soledad. Sin embargo, eso era lo buscado por ella, pues, presumía que la luz excesiva hacía doler la cabeza a Elías, que permanecía casi todo el tiempo recostado tosiendo cuando no estaba sentado en un taburete contemplando la ciudad desde el patio. Con celeridad buscó los anteojos sobre la mesita del novenario, se los puso y leyó alborozadamente en silencio.

» Bogotá, junio 3 de 1967

Querida madre: espero que al recibo de esta se encuentre bien junto a mi papá y a Gabriel. El niño ya nació y tal como lo teníamos hablado, lo hemos nombrado Acasio Elías, aunque una joven muchacha huérfana que recogimos de la calle llamada Rosalía, quien me ayuda con los quehaceres de la cocina y el lavado de la ropa, le puso el apodo de Chinche dizque por chiquitito. El niño es hermoso y pocos problemas nos trae porque es juicioso en las noches. Los niños y las niñas están embobados con él. Hasta este momento hemos cambiado de casa tres veces todas en el mismo barrio pues aquí está la escuela donde los niños entraron a primaria. Ahora vivimos en un apartamentico independiente de dos piezas y un baño y estamos más organizados que al comienzo cuando nos tocó llegar a un inquilinato incómodo porque Gilberto había hecho mal las cuentas y aquí la plata poco alcanza, ya usted se imaginará lo que debimos vivir, pero no se preocupe porque mi Dios es grande. Hemos conocido gente buena que nos ha brindado su amistad y cariño. Gilberto logró entrar a trabajar con un matrimonio paisa dueño de un restaurante y un negocio de ventas de mercancías para el hogar en carritos ambulantes, él es ahora un vendedor que surca las calles. Algo así como los vendedores de aguacates o de pescado salado de esos que pasan todas las mañanas perifoneando su mercancía. Bueno, la única diferencia es que Gilberto sí lo hace de andariego, pero no grita, solo toca puertas. Gracias a Dios y a sus oraciones no le ha ido nada mal porque trabaja cinco horas diarias caminando la ciudad ofreciendo la mercancía a amas de casa que compran para pagar a plazos. Lo peor es que todo el tiempo camina las calles empujando un pesado coche de hierro sobre cuatro ruedas de metal donde lleva cobijas de lana, suéteres, ropa de cama, ollas de aluminio, vajillas y otras cosas, por encargo. Los sábados y los domingos los dedica a cobrar pedaleando una gran bicicleta negra más pesada que nuestra misma cama y como usted sabe él es tan orientado que ya se conoce Bogotá caminándoselo de pe a pa. Ustedes me han hecho mucha falta sobre todo por la comida que nos preparaba, por la visita de todos los días y por tanto cariño que nos brindaba. Cuénteme en una cartica cómo está mi papá y todos los que conozco. Espere una cartita nueva de su hija que los quiere y extraña. A usted un beso y abrazo a mi papá y a Gabriel también. Saludes de mi parte a Rubí, a mi suegra y a mis cuñadas. Cuénteles todo lo que le mando decir y deles la dirección para que también me escriban. Un beso... María Sucel.

Isabelina retiró sus gafas, entrecerró los ojos cansados y suspiró profundamente, descansando del estrés que le había producido la falta de noticias y la lejanía. Caminó hasta el patio donde Elías reposaba y con alborozo le entregó la carta: "usted se va a poner contento", le dijo con una sonrisa. Elías, intrigado, estiró la mano sin comprender.

—¿Esto qué significa, mija? —preguntó—

—Lea no más, le va a gustar —ella le respondió—

Elías leyó las primeras líneas. Sonrió desconfiado y para estar seguro volvió a preguntar:

—¿Carta de Marujita?

—Cómo le parece mijo, dice que están bien, pero, por favor, no comience a leer hasta que no me indique por dónde queda Bogotá. Elías arrugó la frente. Su esposa venía indagando hacía días la ubicación de la capital, con el fin de enviar bendiciones en esa dirección, suponiendo que Dios obraría con más misericordia sobre los ahora cafeteros exiliados. También, repetidamente, preguntaba la ubicación de Manizales para orar por Bertha, casada con Eliseo, y la de Salento, un pueblo del Quindío, donde habría de estar Amada, de quien nunca más volvió a saberse. De todas maneras, Elías tendría que contestarle algo convincente para evitar su enfado, fue así como abandonó suavemente el escabel y caminó unos pasos buscando con la mirada uno de los picos de la mayestática cordillera y fijó su mirada en varios puntos con la ceja izquierda más empinada. Apuntó con el índice diciendo:

—No sé con certeza, mija. Creo que por allá, en la cumbre más alta, por el lado de *La Línea*, en el alto de la cordillera. Tengo entendido que Bogotá está en un barranco alto y plano y por eso es tan frío. Pero..., ya basta de preguntas. Déjeme leer la cartica bien tranquilo y tráigame un tintico mejor, como para embriagarme del todo. Sí mija, por allá debe ser. Isabelina asumió como cierta la respuesta del viejo. Ingresó al cuarto, encendió un cerillo y dio lumbre a una veladora. Luego se aseguró de pararse frente a la dirección señalada por su esposo y dibujó con sus manos en el aire nueve bendiciones mientras rezaba con fervor casi en silencio por cada uno de sus nietos, por su hija y por el yerno. Al terminar, puso a calentar la olleta del café, sirvió dos tazas y corrió a acompañar a Elías que estaba contento con lo leído. Las cartas continuaban su ir y venir aunque cada vez con una periodicidad más larga. Parecía que la rutina de la gran ciudad mermaba la intensidad del cariño que se profesaba en las cartas. La verdad, los dos viejos cada día estaban más aislados y contaban con más posibilidades de afrontar penurias. La ciudad grande, y siempre gris, había logrado hipnotizar a los cafeteros y la conformidad comulgaba con la forma en que los más pequeños asimilaban el trote acelerado de las enseñanzas de la maestra.

Gilberto continuaba trabajando para su ahora patrón, don Octavio Tejada, a quien encomiaba por sus éxitos como restaurantero y jefe de un séquito de ocho vendedores ambulantes. Era don Octavio un hombre de Medellín, robusto, de gruesas gafas y bigote encanecido que aparentemente amasaba una fortuna y ejercía un alto control sobre sus vendedores y otros personajes que frecuentaba. En todo momento estaba acompañado por su mujer, doña Marina, a quien le faltaba la pierna derecha de la rodilla para abajo —dizque porque se le gangrenó y tuvieron que amputársela—, pero se la pasaba de mesa en mesa fumándose los minutos, apoyada en un bastón y acomodando en las paredes su prótesis de acrílico, que nadie reconocía como tal cuando la llevaba puesta. Aquel matrimonio logró despertar la confianza de Gilberto quien, a pesar de no haberle podido cumplir con la promesa de volverse un inversionista, logró que le dieran trabajo. De todas maneras él resultó facilitándoles una gran parte del poco capital que logró salvar en el fatídico viaje.

Tanto el restaurante como las bodegas para la mercancía funcionaban en una casona de un barrio popular de los tantos del noroeste de Bogotá. Sin embargo, y pese a que su ubicación, no estaba en el encopetado norte, lograba ser visitado por distinguidos clientes, amantes de la buena comida típica antioqueña y de otras exquisiteces del menú, que se acompañaban de merenderos que interpretaban a los Panchos a cambio de propinas para su sustento. En la noche, pasadas las nueve, La Embajada Paisa, como se le llamaba el restaurante, se convertía en una especie de taberna con visos de decencia y aristocracia, donde la cena se servía acompañada de excéntricos cócteles que facilitaban los aplausos que arrancaba un show de tanguistas de barrio y boleristas aficionados y que remataba al filo de la media noche una revista musical con vedette a bordo.

Uno de esos días, el sol salió fiero como nunca antes en Bogotá. Estaba tan bravo que picaba en los omoplatos de Gilberto luego de traspasarle el vestido de paño, el único que se ponía para trabajar en la calle y que ya en nada se parecía a los elegantes que usaba en El Marqués. Era un vestido que había destinado, de común acuerdo con María Sucel, para trabajar como si se tratase de un uniforme. El paño ya estaba mareado por el sol, pues contaba con más de un aguacero encima, un tufo de axilas acumulado y el salpicado de aguas sucias que —algunos choferes imbéciles—, de adrede, le tiraban. Pese a que María Sucel se lo lavaba con agua y jabón y se lo planchaba semanalmente, el pobre vestido estaba condenado a lucir percudido y arrugado.

Un día muy acalorado regresó Gilberto pasadas las dos de la tarde para rendir cuentas de sus ventas y poner a buen recaudo el pesado coche. Al ver a don Octavio arreglando cuentas con otros vendedores, aprovechó para acomodarse en una silla por unos veinte minutos y para darse el placer de fumarse un cigarrillo. Lo hizo en un rincón de uno de los tres salones del restaurante, pasadas las cuatro de la tarde, hora acostumbrada para la apertura del establecimiento. No se imaginó encontrar a alguien dentro del restaurante en ese momento, razón por la cual se relajó. Tomó una de las sillas que recostó en la pared sobre dos patas, de la misma manera que lo hacía en El Marqués cuando se sentaba a devorar las noticias del periódico. De pronto notó que no era el único presente. Atisbó con timidez y se fijó en cómo doña Marina, que estaba sentada en una mesa ubicada en un salón contiguo, convulsionaba ante unas sorprendidas personas a quienes él no conocía y que permanecían atentas, pero inmóviles. Se sorprendió tanto que cuando la señora hizo una mortal y epiléptica mueca, casi se viene al piso con todo y taburete. Por fortuna no se tragó el cigarrillo, ya que reaccionó con reflejos de quinceañero evitando pegarse un trastazo. Con esfuerzo y sin hacer más alboroto se reacomodó, pero ya no tan relajado como antes. Lo visto le había despertado la atención y se acomodó como espectador codicioso de fisgonear la situación y nunca más apartó su mirada de cada uno de los mohines de doña Marina, aunque no le entendía lo que balbuceaba.

Mientras tanto, quienes rodeaban a la señora, agarrados de las manos, proferían confusas palabras que él no lograba entender. Luego se quedaron en silencio y doña Marina comenzó a hablarles con la voz de un chiquillo de escasos nueve años. Gilberto, turulato por tanta rareza acumulada, juntó las manos cruzando los dedos y las descansó sobre la barriga. Abrió más los ojos y aspiró profundamente el cigarro sin moverse. Pensó que perturbarlos con su presencia era inadecuado. Entonces se quedó estático y atónito, como una cucaracha pillada por un gato y obligada a esperar que las circunstancias marcaran la pauta a seguir. Lo que veían sus ojos nunca se lo había imaginado.

Doña Marina estuvo hablando como un rapazuelo por unos cinco minutos. Los concurrentes lucían complacidos y respetuosos. Se miraban entre ellos tomando sus caras con las manos, extasiados por algo que Gilberto desde la distancia no lograba descifrar. Llegaron a reír por curiosidades expresadas. Todo volvió a quedar en silencio hasta que doña Marina, nuevamente, empezó sus grotescas convulsiones y se le enjalbegaron los ojos. Gilberto llegó a pensar que tenía un infarto del cual no podía sobrevivir, pero se desmentía pues de ser así no era razonable que nadie la ayudara. Pasaron unos cinco segundos cuando doña Marina encorvó el cuerpo hacia adelante, como si tuviera una dolorosa mutación corporal, y asumió una posición maltrecha a la vez que comenzó a hablar con voz de viejo malhumorado. Los asistentes se asustaron, pero no salieron corriendo. Se miraron y escucharon con respeto. Gilberto ya tenía los ojos bien abiertos, los oídos a prueba de todo sonido que no fuera el de la voz de la mujer y su corazón en la mano. No se imaginaba qué extraño portento ocurría a la mujer de su patrón que, sin una pierna y con su cara manchada, atraía tanto la atención de todos. Inclusive llegó a pensar que la señora aquella se preparaba para una función de teatro esa misma noche en el restaurante a la hora del show. Pasaron los minutos y después de un último estrujón en su cuerpo doña Marina volvió a sonreír con su frente sudorosa, atontada como el que vuelve de un porrazo en la cabeza. Le echó mano a una cajetilla de Marlboro con filtro y encendió uno con ansiedad. El vendedor se tranquilizó al ver a su patrona tan bien como en días anteriores. Don Octavio ingresó al restaurante al notar que su mujer estaba allí reunida preguntándole si había visto a Gilberto por ahí. Al escucharlo, este aprovechó para dejarse ver y sin dejar que doña Marina le contestara interrumpió diciendo:

—Buenas tardes tengan todos, ¿cómo está, doña Marina?, discúlpeme don Octavio, ¿hace mucho tiempo que me estaba buscando? Qué pena hacerlo esperar. Aproveché para entrar al baño y me distraje descansando estos pies. Los presentes saludaron casi al unísono. Don Octavio le contestó apartándose un poco del grupo para guardar alguna confidencialidad.

—No hombre. Acabo de entrar, pero vamos a hacer cuentas que me está cogiendo la noche para abrir este negocio y ni hemos almorzado. A propósito ¿quisiera almorzar con nosotros?, tenemos un mondongo rico y nos gustaría que usted nos acompañara, bueno, si no tiene algo que hacer en su casa ahora temprano.

—Qué amabilidad don Octavio. Cómo podría negarme, ¡no faltaba más! Pasaron a la oficina, donde conciliaron las ventas del día e inventariaron la mercancía del coche dejándolo abastecido con unos encargos especiales que deberían ser entregados a una buena clienta el día siguiente. Terminados los asuntos, pasaron al restaurante donde se encontraban servidos exquisitos manjares paisas hechos de panza, bonete, librillo y cuajar de bovino picado en pedacitos y aderezados con carne de marrano y papas en trozos entre otras ambrosías rodeadas de bananos, aguacates, encurtidos, cilantro picado y salsa de ají. Se deleitaron en medio de remembranzas y una agradable charla que los llevó a contarse muchas cosas del pasado. Gilberto, con mucho orgullo, comentó acerca de la anécdota más importante de su vida: las peripecias que hubo de hacer por ganarse el amor de María Sucel hasta hacerla su esposa. Los Tejada, por su parte, dejaron conocer aspectos de su pasado y presente en una mezcla de dulce amargo por lo de la gangrena de la pierna de doña Marina contrastando con la bienaventuranza de haber pelechado en los negocios, según ellos, ayudados por las fuerzas del bien y su infinita fe en Dios. El vendedor ambulante se enteró de que sus patrones pertenecían a una congregación espiritista, ratificando la razón de ser de las extrañas actitudes de la señora. Gilberto quedó satisfecho y entusiasmado. Se enteró también de que en horas no hábiles del restaurante, en un pequeño santuario ubicado en la parte trasera de la casona, se realizaban sesiones de espiritismo y se atendían consultas asociadas con estas prácticas. Según el propio don Octavio, su mujer tenía facultades de médium y en ella se incorporaban espíritus como los de José Gregorio Hernández y el hermano Carlos, un coronel del Ejército colombiano que se caracterizó por su filantropía, a quienes se les atribuían entre otras potestades, capacidades curativas y milagrosas.

Un día de abril, próximo a su cumpleaños veintinueve, María Sucel se encontraba en una sala de espera atiborrada de dolientes en un centro de salud comunitario. Tenía la esperanza de que uno de los médicos atendiera a Acasio Elías, el recién nacido, que le hacía suponer que padecía de cólicos pese al agua con anís estrellado que ella misma le dio a beber en tetero por los últimos tres días. Preocupada, pero dueña de una paciencia a toda prueba, cargaba al niño alternando continuamente su posición para hacerle más llevadero el tormento. Junto a ella una señora consolaba a una jovencita pálida y sollozante que le llamó mucho la atención. Luego de intercambiar miradas con todos los pacientes y con algunos de sus tutores la confianza se fue apoderando de las personas que resultaban hablando de cualquier tema para disipar el tedio de la larga espera. Intrigada, pero con mesura, María Sucel resolvió preguntar:

—Señora, ¿qué tiene la joven? Se nota tan decaída...

Apesadumbrada, la señora se aseguró de que ningún impertinente la estuviera escuchando y le respondió, casi entre murmullos:

—Le practicaron un aborto hace una semana, pero aún continúa con sangrado.

— ¡Dios la proteja! ¿Y ya la vio el médico? — exclamó conmovida María Sucel—.

—No aún, esto es demorado.

— ¿Es su hija?

—¿Cómo le parece?—respondió la señora con desilusión—. Tan solo tiene quince años y se embarazó con el noviecito de toda la vida y por temor a contarnos prefirió abortar. Casi se mata…

—Gracias a Dios está viva —dijo María Sucel—. Tenga fe de que todo estará bien en unos días. La vida nos pone en el camino dolores que afectan el espíritu y ahí es donde más duele. La señora aprobó lo escuchado. Se envolvieron en la charla y departieron comenzando una amistad de esas que se intensifican con la proximidad del vecindario.

—La niña se llama Lía y yo Ifigenia Mendieta —expresó la señora presentándose—. Nos da mucho gusto conocerla. La gente paisa es atenta y educada. Ojalá que aquí fuéramos tan formales… Simpatizaron y comentaron algunas vivencias y prometieron frecuentarse para compartir asuntos del día a día. Lía fue atendida primero por haber llegado más temprano. Casi dos horas después una mujer vestida de enfermera llamó a Acasio Elías Cervantes. María Sucel se apresuró a hacerse notar. Displicente, mirando a cualquier parte menos a María Sucel, la mujer sostuvo la puerta abierta para que ingresara y la hizo seguir hasta un cuarto donde le pidió esperar. Pasados veinte minutos ingresó un médico joven, un practicante en pasantía conversador y animado que la saludó sin dejarse ver el rostro, pese a que ella se lo buscaba con esmero. Examinó al pequeño, dio algunas explicaciones sobre la causa de su malestar y luego le aconsejó algunos remedios caseros y le recomendó cambiar algunos hábitos alimenticios. El galeno le explicó que algunas ingestiones de la mamá alteraban la calidad de la leche que proveía al pequeño Acasio. Más tranquila y con mucha timidez, impulsada por la necesidad, aprovechó el buen humor del internista para pedirle que le dijera cómo podía evitar el embarazo. El galeno se sintió complacido por la pregunta y muy amable se dispuso a informarle. Se acercó a un escritorio pequeño de dónde sacó un panfleto doblado en tres cuerpos de un montón de papeles arrumados. Lo abrió y dejó expuestas las imágenes de varios métodos. Uno a uno se los explicó, resolviendo repetidas preguntas que con candidez ella le hacía. Cada vez estaba más convencida de haber abandonado, en parte, la ignorancia arraigada en su mente por siempre y de estar abriendo una ventana esperanzadora. El médico le aconsejó una receta de píldoras anticonceptivas, pero ella no se atrevió a aceptarlas. Su curiosidad era aún más grande y poderosa que su determinación. El temor se expandía por su mente con el solo hecho de tener que consultar esa soberana determinación con su marido, que andaba por esos tiempos envuelto en el negocio de ventas ambulantes e inmerso en la fascinación que le producía su relación con los Tejada.

En la medida que el tiempo transcurría, los momentos de Gilberto en el hogar eran más escasos, aunque nunca llegó a descuidar su atención por sus hijos y los ayudaba a hacer las tareas escolares. También procuraba ser cumplidor con su esposa en las noches. Aunque ella había comenzado a adaptar sus insinuaciones al método del ritmo que le había enseñado el doctor aquel día, había empezado a manejar su sexualidad con mayor entusiasmo, acomodo y placer. Ese ímpetu era el producto de su charla con el médico y de haber observado a Lía y a doña Ifigenia en su traumático momento de embarazo interrumpido.

Era innegable, la gran ciudad daba a la joven madre

visiones modernas acerca de su abnegación y sometimiento sexual. Eso era lo que ella lograba comprender, influida por el reciente alumbramiento de Acasio Elías, que la había dejado exhausta. Estaba decidida a no quedar preñada de nuevo y a continuar disfrutando su vida a plenitud con Gilberto. Por fortuna para ella, esos días él andaba distraído leyendo durante largas horas, por recomendación de los patrones, libros de Allan Kardec, escritos a mediados del siglo diecinueve a manera de método único para sacar a la luz las manifestaciones de los espíritus, con observaciones sobre ese fenómeno y sus consecuencias filosóficas. Gilberto, autodidacta, devoraba los principios de las leyes naturales que rigen las relaciones entre el mundo visible y el invisible. El llamado al espiritismo fue tan seductor para él que, pasados dos meses, sus periódicos matutinos, sus siestas y salidas a jugar billar con conocidos de La Granja fueron relevados por la lectura de extensas obras espíritas legadas por Kardec: *El libro de los espíritus; El libro de los médiums; El evangelio según el espiritismo; El cielo y el infierno o la justicia de Dios según el espiritismo; La génesis, los milagros y las predicciones; ¿Qué es el espiritismo?; Viaje espírita.*

María Sucel nunca llegó a desatender los embates teóricos en materia de espiritismo que Gilberto le comentaba. Él justificada cada párrafo de lo que le leía sin que ella se lo hubiese refutado, enfrascado en interpretaciones filosóficas que lo ponían ansioso. Ella le seguía la corriente con cariño y admiración, sabiéndolo dedicado a algo espiritual que en nada perjudicaba su entorno. Total lo hacía un hombre bueno al que no le veía perversidad ni otras desviaciones. Más bien le divertía polemizar acerca de la emancipación del alma, el dormir y los sueños, las visitas espiritistas entre personas vivas, la transmisión oculta del pensamiento, el letargo, la catalepsia, las muertes aparentes, el sonambulismo y hasta el éxtasis que encontraban justificaciones espiritistas que su marido pregonaba cada vez que ella le daba el chance para tocar el tema.

Pasadas unas semanas Gilberto anunció que junto con los Tejada había decidido salir a colonizar los llanos orientales para inseminar el mercado con más ventas de mercancías a crédito. Según su patrón, esa plaza estaba virgen y el momento para sembrar una cartera de clientes debía ser aprovechado. La verdad era que detrás del beneficio del trabajo, el tema del espiritismo se profundizaría en el llano siguiendo los pasos del Hermano Carlos, un místico personaje que seguía los pasos de otros médiums enraizados en Acacias, Cumaral, Puerto López y otros poblados míticos de los llanos orientales cerca de Venezuela. Había entusiasmo en la familia, que a pocos meses de habitar tierra fría vivía en concordia y conocía otros oficios, nuevas rutinas y menesteres. Gilberto partió al llano pleno de ilusiones y renovada pujanza. María Sucel quedó con los hijos protagonizando el rol de cuidandera en una especie de jardín infantil donde los inscritos habían sido matriculados de por vida. Dos semanas después su esposo envió con los Tejada una primera remesa de dinero para su sustento y una carta para su esposa donde le explicaba cuánto la extrañaba al igual que a los hijos y le prometía de regresar el próximo mes, aunque sin fecha.

No les vendían...

... 1943

—¡Mesera! ¡Será que aquí no atienden!, o ¿qué carajo pasa? —gritaba un borrachito frente a un bar de Salamina, como a las dos de la mañana—. El hombre, bien vestido, de buena apariencia, alto, crespo y de cabeza rubia aunque casi calvo, renegaba en la calle frente al bar del que no quería marcharse porque su borrachera lo tenía aletargado y hablando incongruencias con palabras entrecortadas e inoportunos hipos.

—Por eso los diplomáticos aliados se reunieron en Moscú..., porque no les vendían más cervecita —dijo— se recostó en un poste de madera, sacó un pañuelo sucio y se limpió la boca babosa.

—Por eso los aliados bombardearon a los japoneses en Nueva Guinea..., porque no les vendían cervecita. Dejó pasar unos minutos. Luego levantó la mirada hacia la puerta por donde salía un haz de luz y replicó en voz baja señalando hacia ninguna parte.

—Por eso Alemania está bombardeando a Inglaterra..., porque no les vendían cervecita. Esa noche la juerga había sido intensa e implacable. Era apenas uno de esos que llegaban a altas horas de la madrugada al bar. Parecía un extranjero o alguien de otro pueblo. Los visitantes noctámbulos y que llegaban pasados de tragos no eran bienvenidos en los bares, porque no llevaban dinero encima y porque eran considerados aves de mal agüero y hablantinosos. Llegaban reclamando por alguna cerveza de más que les cobraron justa o injustamente en el lugar de donde los expulsaron.

— ¡Por eso el doctor Alfonso López sí es nuestro presidente a partir de hoy... porque él sí se toma sus cervecitas con todos sus ministros! Aparentemente era un personaje que se interesaba por las noticias del mundo, pues todo lo que expresaba era congruente pese a su borrachera y acento disparatado.

—"Tengo el placer de felicitar de manera sincera y entusiasta a vuestra excelencia al asumir la presidencia de Colombia. La invariable devoción del pueblo colombiano a las formas democráticas es uno de los aspectos más..." ¡hic!... Por eso lo felicitó Roosevelt..., porque a él también le gusta la cervecita que se ha tomado con los presidentes Olaya y Santos —decía, refiriéndose al saludo de Roosevelt al presidente electo para esa época en Colombia— Pero a ellos sí no los sacaron del bar ni les cobraron cervecitas de más —replicó rencoroso—. Luego se sentó sobre el andén de la calle, se esculcó los bolsillos, sacó algunos restos de dinero que le quedaban, se incorporó maltrecho y se dirigió a la puerta del bar. Con la mano derecha y con mucha dificultad para sostenerse en pie, llamó a una de las coperas, que le contestó de mala gana:

— ¿Qué quiere?

—Una cervecita... y un cigarrillo... y un fosforito,

mi bella trasnochadora. La mujer se acercó al ver que tenía algún dinero en las manos y se lo pidió por adelantado. Le entregó el dinero y la mujer lo contó. Luego le dijo:

— ¿Y usted cree que esto le alcanza para todo lo que quiere? El borrachito no contestó y agachó la cabeza sin quitarle de encima la mirada venosa.

—Le voy a traer lo que alcanza a comprar con esto —replicó la mujer—. Pero eso sí, no vaya a entrar porque me regañan. Él se quedó mirando a otros borrachos de la madrugada, se refregó el mentón, se rascó la cabeza y expresó:

—Por eso Japón va a atacar a Rusia…, porque los rusos no le quisieron enviar cervecita…, por eso es que los japoneses tienen más de mil aviones en la Manchuria — afirmó—. Continuó parado, hasta que la mujer regresó con una cerveza que había completado con sobras de otras cervezas en mesas de borrachos, ya dormidos. Se la entregó junto con un cigarrillo sin filtro que ella misma le encendió. Impávido, el hombre ni se dio cuenta del favor, ni le agradeció, ni se emocionó, tomó la cerveza con la mano derecha y se dejó el cigarrillo en la boca para que se consumiera. Se sentó en el borde de la puerta y con la mirada perdida reparó en el resto de borrachos.

—Por eso en Milán evacuaron a cincuenta mil niños y van a evacuar a cien mil más — murmulló para sí— Pasaban los minutos y la mujer sentía que tenía bajo control al dócil borrachín.

— ¡Uy, pero que filósofo está! —expresó ella con una burlona carcajada—.

—Tranquila mamacita. No hay problema. Por eso los franceses hundieron sus propios barcos…, porque los alemanes no les vendían cervecita hasta la madrugada.

—Bueno… ¿Y cuál es su bobada con alemanes, italianos, franceses? ¿Es que usted es de por allá o qué?. El borrachito no contestó, solo la miró, tomó un sorbo de cerveza y trató de incorporarse preguntando:

—¿será que puedo entrar a mear o usted prefiere que lo haga aquí?, la mujer sonrió y con la cara le hizo una seña para que siguiera. Él, logró levantarse con mucha dificultad mientras ella, internándose en el bar, le advertía que no podía quedarse dentro del local donde otras coperas atendían a algunos borrachos que aún estaban despiertos. Aunque era de madrugada, la música de las máquinas tragamonedas no se rendía, ni el sonido de las botellas, que se enrarecían con el humo de los cigarrillos que impregnaba cada vez más la ropa de los presentes, dejándolos con un tufo nauseabundo. El borrachito, que había terminado de orinar, se dirigió nuevamente hacia la puerta donde volvió a acomodarse. Tal obediencia llamó la atención a la muchacha, que se acercó a los cigarrillos y prendió uno que después le entregó.

—Váyase pues para la casa que lo deben estar esperando — le dijo la copera— el borrachito le hizo caso no sin antes expresar su última oración:

—Por eso a Gilberto se lo llevaron los militares…, porque a él también le gustaba la cervecita. Ella le preguntó burlona si se refería a algún conocido. Él no le contestó, pero le guiñó exageradamente un ojo. Se dirigió a la calle y se perdió en la oscuridad. Nélida escuchó los comentarios que suscitó el borrachín en la mesera y quedó perpleja al enterarse de que mencionó a un tal Gilberto como alguien reclutado para el ejército.

Días después, a las cuatro de la madrugada, en un lugar lejano de aquel bar, un pelotón trotaba agotado mientras cantaba en voz alta: "ay, ay, ay, uy, uy, uy, estoy mamado, qué será, como mierda, no me joda, estoy cansado, sí señor…". Estas frases, y otras que se le ocurrían al capitán, acompañaban a los recién llegados al batallón todas las madrugadas antes de hacerlos pasar al desayuno y a las labores propias de la milicia. Gilberto era uno de los soldados que estaban allí y su situación no era la más cómoda. Entre los planes del general de brigada estaba su traslado a una fuerza internacional de emergencia que iría a combatir como bastión de apoyo a los aliados, si estos le pidiesen ayuda al gobierno de López. Se rumoraba en los rincones del fortín, que esta podría ser una ayuda secreta porque ni la prensa la había notificado. Era un rumor que corría entre los soldados, pero del que se desconocía el origen. Esto, sin lugar a dudas, calaba hondo en las mentes de aquellos potenciales patriotas. Gilberto llevaba dos meses en el batallón y ya empezaba a no ser tan novato. Su fisonomía había cambiado, ya que con su cabeza rapada y su indumentaria épica, era difícil recordar su acostumbrada pinta.

Una tarde de domingo se encontraba recostado en el camarote. Se acompañaba de un cigarrillo que le permitía hacer un paneo mental por una serie de personajes que le interesaban. Su familia era importante y dentro de ella su madre Sara, quien toda la vida le había brindado apoyo. También añoraba sus conocidos, sus mujeres, las cervezas y el billar. Extrañaba con quien hablar de cosas mundanas, por lo que pensaba en Analdo, su hermano menor. La idea de ir a luchar fuera del país, por alguien a quien no conocía y frente a otros que no tenían ni arte ni parte con él, era algo que lo agobiada. En el ejército se hablaba mucho de la guerra en Europa y Gilberto ya era un conocedor de su temática. Ya se había consumido dos meses de servicio y para su parecer la guarnición era tediosa aunque excitante y plagada de sorpresas diarias, casi todas cercanas al sacrificio. Era el único de los reservistas que no recibía visitantes los domingos, pues su exilio familiar y sus andanzas de pueblo en pueblo tenían a su familia y a sus amigos de billar completamente distante de sus actos. Mientras todos sus compañeros compartían con allegados durante el tiempo de visitas, recostado en una pequeña mesa que separaba los camarotes, escribía haciendo gala de su inspiración poética nada refinada. Digamos más bien, que trataba de hilvanar frases con alguna rima que le dieran sentido a su pensamiento espontáneo. Quería exteriorizar su sentir, sus buenos momentos, para revitalizar el espíritu y armonizar la mente. Pensó en algo que le aportara mucha paz y escribió unos versos repentinos que evocaron la carita de María Sucel recién nacida. Mientras escribía, llenaba su mente con la imagen de ella que llevaba imborrable en su memoria desde el día de su bautizo. Después de juguetear con el papel doblado se inclinó, extrajo de la parte inferior de su camarote un cajón con sus pertenencias y lo guardó dentro con cuidado. Acto seguido procedió a lustrar las pesadas botas negras. Unas pisadas cada vez más cercanas eliminaron el silencio del recinto. Se trataba de un soldado que dejaba ver con satisfacción un gesto, por demás halagüeño.

—¡Lo buscan en el salón de visitas! —espetó sin más el recién llegado—.

—¿A quién? ¿A mí? —preguntó prevenido Gilberto, pensando que le jugaban una de esas bromas que los más antiguos solían hacer, pues sabía que estaba lejos de recibir la visita de alguien—.

—¿Y a quién más si no? —contestó el otro con visible alegría—. Gilberto no estaba seguro de aquello y temía ser el hazmerreír de la unidad. Sin embargo, replicó:

—¿Cómo sé yo que no me están ridiculizando una vez más?

—Bueno, compruébelo usted mismo y vaya rápido porque las visitas no van a durar todo el día. Decidió no insistir y con paso firme se dirigió al salón de visitas del batallón. Al entrar por el umbral principal vio la figura de la incondicional Nélida, a quien se le encharcaron los ojos al verlo. Simultáneamente, sus labios dejaron florecer una sonrisa que animó al soldado a correr hacia ella mientras se limpiaba los lagrimones que amenazaban rodar mejillas abajo. Con voz sofocada por la emoción, alcanzó a decirle:

—¡Qué hace aquí mujer, por Dios! Nélida no contestó, sus ojos no dejaron de observar a su amigo con ese aspecto tan cambiado. Gilberto la abrazó fuertemente.

—Qué hace aquí mujer, por Dios —repitió Gilberto— Nélida no lograba articular palabra así que ambos prefirieron seguir abrazados por unos minutos sin decir nada. Respiraban tan solo, sin atreverse a mirarse a la cara. De pronto él la besó en el cuello y la apartó para mirarle a los ojos. Nélida se limpió la nariz mientras lo miraba incrédula.

—¿Por qué no me avisó de esto?

—No quería que nadie se enterara. Se iban a preocupar y no es justo para nadie, es parte de mi destino.

—¿Y para qué somos los amigos entonces? —replicó ella, aparentándole un golpe en el pecho—. Más tranquilo, Gilberto la besó en la boca y melosos se sentaron a charlar. Solo quedaban treinta minutos de visita y Nélida ya explicaba cómo había llegado al batallón y todas las peripecias que sorteó para encontrarlo. También le contó de qué manera se había enterado de su detención. Le mencionó que un tal Elías lo había nombrado una vez en el bar hacía unos dos meses y que también un borrachito que había pasado por el bar lo nombró en medio de la fuma. Con extrañeza recibió la noticia de Elías aunque no le dio mayor importancia, pero quedó intrigado con lo del otro personaje porque no lograba precisar quién era y qué relación tenía con él. Cuando el timbre indicó el final de las visitas, la mayoría de reclutas se entremezclaban en besos con noviecillas o familiares.

—Regresaré dentro de dos semanas —fue lo último que le dijo Nélida—.

—Si no estoy es porque me llevaron a combatir con los aliados— expresó él resignado—. Ella extrajo de la cartera dos paquetes de cigarrillos, unas cuantas monedas y se las ofreció. Él se resistió infructuosamente.

— ¡Recluta Cervantes! —gritó uno de los comandantes del batallón una tarde de febrero del cuarenta y tres—.

—A sus órdenes mi comandante —contestó Gilberto, presto y poseedor de un sobrado estilo de choque de botas y mano en la frente.

—Descanse soldado.

—Sí Señor, gracias, Señor —respondió, con tono alto

y decidido— entonces, relajó la postura. El comandante, algo confidente, se le acercó y le dijo que se presentara en la oficina general de la guarnición del Secretariado Comando del Distrito y preguntara por el oficial Restrepo.

—Como usted ordene mi comandante —Le contestó Gilberto— luego, se dirigió a la oficina indicada renegando de su suerte. Tenía la amarga sensación de que aquel llamado tenía que ver con su embarque para la guerra a servir a los aliados. Se persignó y rezó para sí un Padre Nuestro y un Credo. Le pidió a la Virgen que lo protegiera y que le permitiera volver a ver su madre a quien debía pedir perdón. Pensó en Nélida con tristeza y con resignación. Evocó sus días de niño haciendo picardías por los cafetales. En Don Acasio, su padre, fumando un grueso tabaco, escuchando la radio y escupiendo en su bacinilla esmaltada. Pensó en su hermana Romelia y en sus bellos ojos verdes que siempre se acercaba a él a brindarle un tintico o claros de maíz trillado. Pensó en Dora, su hermana mayor, y en sus oportunas defensas ante doña Sara cuando lo castigaba. Pensó en sus aventuras con muchachas de las fincas, en las chapoleras que le brindaban cariño y en sus amigos los arrieros a quienes acompañaba con las recuas que robustecían la economía del sector. Pensó, pensó y pensó. Cuando llegó al lugar de la citación se presentó siguiendo los cánones de lo aprendido.

— ¡A sus órdenes, mi comandante!

—¡Descanse soldado!. El militar le pidió contestar las preguntas que un subordinado le haría y luego se retiró. Gilberto no gesticuló y momentáneamente entró en pánico. Su rostro palideció y el color de los labios se le tornó blanco. Sus manos sudaban y sus pies se enfriaron. Estaba a punto de sufrir un desmayo, pero su voluntad no le permitía demostrarlo, pues pese a todo, estaba ya convencido que una manifestación de miedo era casi una sentencia de muerte en el batallón. No llegó a extrañar la frialdad con la que el comandante le había hablado. Estaba convencido de que su fatídica reseña era por causa del traslado a los rumorados campos de guerra europeos. Se dirigió hacia el subalterno y se sentó en una silla frente a su escritorio. El subalterno contaba con un pequeño, aunque robusto, frasco de tinta china negra con el que alimentaba una delgada plumilla. «Seguramente, este huevón fue escogido como ayudante del comandante por su bonita letra», pensó en medio de su congoja. Cuando se sentó, el privilegiado oficinista se encontraba limpiando con minuciosidad las pequeñas aspas de la plumilla. Lo miró inexpresivo y comenzó a interrogarlo mientras iba escribiendo sobre una pequeña cartilla.

— ¡Nombre!

—Gilberto —contestó aclarando la voz—.

—¿Primer apellido?

—Cervantes.

—¿Segundo apellido?

—Cervantes. El subalterno le miró serio y le volvió a preguntar:

—¿Segundo apellido?

—Cervantes, mis padres son primos hermanos y tienen el mismo apellido— aclaró Gilberto—

—¿Nombre de su padre?

—Acasio Jesús.

—¿Nombre de su madre?

—Sara.

—¿Fecha de nacimiento?
—Tres de noviembre de mil novecientos veintiuno. El subalterno limpió la pluma con una pequeña pañoleta de algodón, la alimentó con más tinta y siguió.
—¿Lugar de nacimiento?
—Neira.
—¿Lugar de residencia? Gilberto pensó qué contestar. De todas maneras, ante la mirada expectante del entrevistador, optó por decir:
—Manizales.
—¿En qué domicilio?
—En el Barrio Estrada. El subalterno se levantó del asiento y se dirigió hacia un archivador de madera de donde extrajo una carpeta con varios formularios a medio llenar. Abrió también una de las gavetas del escritorio y tomó algunos sellos de caucho y varias almohadillas de tinta. Se dirigió hacia una pequeña mesa en un costado, donde había un aparato cubierto con hule gris. Lo destapó y dejó al descubierto una bonita máquina de escribir *Remington* de color negro. Sin afán, retiró sus carretes de cinta de tela y los ajustó para reciclar su uso. Acto seguido, tomó la copia que venía llenando a mano y sopló sobre la tinta húmeda hasta cerciorarse de que estaba completamente seca. Gilberto lo observó relajado aunque internamente su intriga se acrecentaba. El soldado se dispuso a montar el papel en la máquina y después de enrollarlo y justificar sus márgenes comenzó nuevamente a preguntar.
— ¿Estado civil?
—Soltero. El hombre giró el rodillo dos veces para subir el formulario hasta un título que decía Datos Morfológicos y

Cromáticos. Miró a Gilberto y usando tan solo los dos dedos índice, escribió: color de la piel: trigueña oscura. Forma del rostro: ovalada. Cabello: abundante, crespo. Color: castaño oscuro. Hizo una pausa para hacer un comentario de no muy buen gusto:

—Parece que todo lo suyo es oscuro... Sonrió con una mueca burlona y continuó escribiendo mientras repasaba las facciones del entrevistado. Frente, características: vertical, alta, ancha. Cejas: arqueadas. Y tachó con sendas equis las opciones: escasas, pobladas, depiladas. Continuó mirándolo y escribiendo por espacio de veinte minutos que a él se le convirtieron en horas. Luego lo llamó a una esquina del recinto, le pidió su mano izquierda, le tomó el índice y se lo embadurnó con tinta de una de las almohadillas. Sobre una forma cuadrada estampó su huella. Hizo lo mismo con su dedo pulgar y con los dedos de su otra mano. Le pidió que se sentara y continuó escribiendo sobre la forma, bajo el título, Pases a la Reserva: el señor Gilberto Cervantes-Cervantes, mayor de edad, pertenece a la reserva de segunda clase del Ejército de primera línea desde el primero de enero de mil novecientos cuarenta y dos, cuando cumple los veintiún años de edad, hasta el treinta y uno de diciembre de mil novecientos cincuenta y uno, año en que cumple los treinta... Una vez terminó de llenar el formulario pidió a Gilberto que firmara y agregó unos cuantos sellos. El soldado se retiró y al poco tiempo llegó el comandante:

—Lo espero mañana a las diez, con sus pertenencias. Aproveche para despedirse de sus mejores compañeros.

—Gracias mi comandante —replicó Gilberto—, que

ya se disponía a marchar, pero que quiso aprovechar la oportunidad para preguntarle:

—Mi comandante, ¿pudiera yo saber cuál es el significado de todo este trámite?

—Mañana se dará cuenta soldado— contestó escuetamente su superior. Gilberto asumió una actitud rígida y con voz alta le dijo mientras hacía el peculiar saludo militar:

— ¡Sí, señor! ¿Puedo retirarme, señor? El comandante llevó la mano a la frente en señal de aprobación. Gilberto giró sobre el pie izquierdo y se retiró preocupado rumbo hacia donde el pelotón trotaba. Uno de los superiores encargados lo llamó a reportarse, le ordenó incorporarse y asumir los ejercicios que estaban en desarrollo. Sus compañeros buscaban la forma de indagarle el porqué del llamado misterioso. Él, aprovechando descuidos del superior, les contaba, a cuenta gotas, algunos detalles. Cuando terminó la práctica ya la mayoría de los soldados sabían que había sido citado para el día siguiente a las diez de la mañana. El rumor se hizo popular. Era tal vez el primero de los reclutas que debería partir para la guerra. Al anochecer, la mayoría escribió cartas notificando a familiares y amigos la posibilidad de no continuar en el batallón sino en tierras lejanas. Resignado, Gilberto empacó sus pertenencias y se aprestó a descansar. «¿Así se prepararán los condenados para la pena capital? ¿Así pasarán la última noche? Qué horrible destino me ha tocado», pensaba sin notar que algunos reclutas lo miraban compasivos. Uno de ellos se le acercó y le tomó el hombro con firmeza diciendo:

—Tranquilo lanza, que Dios sabe cómo hace sus

cosas. Gilberto no respondió y todo volvió a quedar en silencio. Se recostó en el camarote, cruzó las manos bajo la nuca y continuó pensando callado. «Si he de morir que sea combatiendo a Hitler…, si he de morir, moriré defendiendo a no sé quién». Llegó el insomnio, miles de situaciones desfilaban en desorden por la mente de quien solo logró conciliar el sueño a las tres y media de la madrugada. Algo así como un pestañear porque a las cuatro fue despertado por uno de sus compañeros, que afanosamente se ponía las botas:

—Levántese que ya nos están llamando a trotar. Gilberto se incorporó y animoso se puso el uniforme. «En la guerra todo será más difícil», pensó para darse ánimo. Antes de salir se arrodilló frente al camarote y oró por unos segundos. Se santiguó y salió a alcanzar al pelotón que ya estaba haciendo formación. Al terminar los ejercicios el capitán dio la orden de descanso aunque sin romper filas.

— ¡Hoy, el reservista Cervantes será retirado de este batallón! —expresó sin más explicaciones— Debemos desearle la mejor de las suertes en su nueva vida. ¡Pueden retirarse a desayunar! Dirigió la mirada a Gilberto y con tono más bien despectivo le deseó suerte. Él, permaneció callado. Miró cómo sus compañeros se iban alejando y acudió al comedor donde solo probó una taza de chocolate aguado. Tomó unos sorbos, regresó a las duchas y se bañó. Luego se cercioró de que todo estaba bien organizado para la partida. Ojeó el reloj, que ya marcaba las diez menos cuarto, y con una maleta de mano fue hacia su superior y le pidió permiso para ausentarse. Llegó a la oficina y vio a un comandante llamado Arcesio Restrepo impartiendo instrucciones a varios soldados. Esperó vigilando que el reloj no sobrepasara las diez. Pensó incluso interrumpir al comandante si este demoraba mucho para atenderlo, pero no fue necesario porque faltando dos minutos para las diez el comandante lo miró y levantó la mano haciéndole una señal para que lo esperara. Una vez terminadas las instrucciones el comandante caminó hasta el escritorio y de la gaveta superior derecha sacó un pequeño librillo adornado con un escudo de la República de Colombia con varias hojas escritas a máquina y algunas notas en tinta china.

—Aproveche de la mejor manera este documento —dijo acercándosele—. Le ayudará a identificarse en caso de que lo detengan en cualquier lugar. Estas palabras hacían sentir a Gilberto el más infeliz de los mortales, pues, presagiaban situaciones difíciles. El comandante le extendió su mano y Gilberto la estrechó. Acto seguido, le señaló la puerta por donde debía salir.

—Vaya usted con Dios soldado, afuera lo están esperando. Se despidió alardeando el consabido protocolo y abrió la puerta que lo condujo al exterior.

El rostro de su madre, doña Sara, se iluminó al verlo salir. Gilberto por su parte se quedó lelo mirándola, sin comprender el porqué de su presencia. Esperaba ver un autobús cargado de soldados que partirían como él para la guerra en Europa. Miró hacia todos lados y descubrió rostros que lo hicieron saltar de alegría. La peculiar imagen de su padre fumándose un puro y a cada una de sus hermanas. Se resistió a creer que antes de ir a la guerra le hubieran permitido ver a sus seres queridos. Volteó a mirar hacia la puerta de donde había salido para corroborar que era cierto que estaba afuera y volvió a mirar a su madre quien ya le brindaba una tierna sonrisa. Aturdido por la sorpresa negó con la cabeza que todo cuanto pasaba en su presente fuera verdad. Sin embargo, al comprender lo cierto de la situación abrazó a doña Sara con fuerza. Ella se empinó para besarle la frente. Continuó aferrado a ella pese a que los demás esperaban saludarlo. Al cabo de unos segundos se abalanzó a su padre, que con su tabaco entre los dedos lo abrazó. Gilberto le pidió la bendición y don Acasio se la dio con los mismos dedos con los que entrelazaba el humeante puro. Pasaron las hermanas y por último Sigifredo, el menor, a quien no veía desde hacía mucho tiempo, pues, se había convertido en un tahúr que casi no permanecía en casa y se la pasaba de billar en billar apostando hasta lo que no tenía para tomar cerveza. Gilberto llegó a ponerse muy excitado por tanto abrazo y alborozo, aunque dentro aún le rondaba el fantasma de la partida hacia la guerra. Pidió la bendición a doña Sara y ella lo santiguó sin reparos ni mayores recomendaciones. No comprendió verla tan tranquila y más bien sonriente en un momento tan trascendental para él. Tampoco comprendió por qué las caras de todos sus hermanos estaban rebosantes de alegría. Entonces notó la ausencia de Analdo y preguntó por él.

—Está adentro con unos militares y con una muchacha. Él fue quien nos trajo hasta aquí pues yo ni siquiera sabía que usted estaba prestando servicio —expresó doña Sara—.

Poco después vio a Analdo saliendo sonriente del batallón y acompañado de Nélida, el teniente coronel Stricker y el capitán Bonet. Todos, jacarandosos, llegaron hasta él. Atónito por tal suceso abrazó a su hermano y le dijo desconcertado:

—¿Qué hubo hermano, ahora usted se entregó al ejército o qué? Analdo soltó una risotada y miró a todos que reían alborozados.

—¡Bienvenido a la libertad, bienvenido al hogar! —exclamó con fuerza—, mientras Gilberto miraba sin comprender aún la presencia de Nélida, que para la ocasión, en contraste con su indumentaria usual, vestía como una dama de la sociedad manizaleña. Solo Analdo, los militares y Gilberto sabían de ella, de sus asuntos profesionales y que hasta de Analdo se había convertido en amiga de cama antes de descubrir que era el borracho aquel que renegaba esa noche porque no lo dejaban entrar al bar ni le vendían cerveza. Para los demás Cervantes, Nélida era una respetable mujer que apreciaba a Gilberto y que se había valido de sus influencias para sacarlo libre del ejército. Gilberto comprendió por fin que toda la evolución de sus angustias terminaron gracias a las gestiones de su buena amiga, que digna, se había acercado a la familia para anunciarles acerca de su salida del Ejército por recomendación de los militares a quienes había logrado localizar luego de viajar largas horas hasta Tolemaida, donde ellos eran oficiales.

—Esta sí me la debe y yo me la cobro a mi manera —le susurró Nélida al oído con picardía cuando él se le acercó a abrazarla—. Gilberto sonrió al comprender la clase de premio que le reclamaba. Luego agradeció, con la debida solemnidad, al teniente coronel Stricker y al capitán Bonet su intercesión ante las autoridades de brigada a su favor *dizque por falta de peso,* según rezaba en la libreta militar, y que le había entregado ese mismo día el comandante Restrepo. Abordaron en montón una camioneta del Ejército, manejada por el capitán Bonet, y se dirigieron a casa de los Cervantes en Neira, donde comenzaron una parranda que se prolongó hasta el amanecer.

Entre Bogotá y Los Llanos

... 1968

María Sucel esperaba con ansiedad una mancha vital en sus prendas, pero eso no sucedía. Recordó cuando a sus trece años pensó que moriría porque le llegó su primera menstruación sin que ella supiera qué era eso. Lo recordó con ironía porque era la señal que ahora más anhelaba recibir. Doña Ifigenia, la vecina más querida, había acudido todos los días de esa última semana a conocer noticias del posible embarazo.

—Cómase esta ruda con huevo blando cocinado —le expresó—, es posible que esto la haga ovular doña María. Puede que el atraso no tenga que ver con embarazo, complementó cariñosa, mientras le servía el bebedizo en un pocillo de tinto que acompañó con una cucharita.

—Quiera Dios que así sea —contestó resignada—. Pasó un día más, otro y otro y nada sucedía. Se dirigió al centro de salud y allí confirmó su embarazo. Salió triste, acomodándose una balaca floreada que le sostenía el cabello lacio que se le escurría sedoso por su pecho y espalda. Escondió su cuerpo en un pesado suéter de lana virgen, lo más que pudo, para protegerse del frío de la mañana.

Caminó acongojada por el pesimismo, pensando en su hijo más pequeño y en la lejanía de Gilberto. Encontró un pequeño lugar con interior cálido e ingresó en él sin dudar. Se trataba de un café adornado con apliques de luces ocultas en las paredes y escasas seis mesas. Se sentó junto a una que tenía un ajedrez listo para entretener a repentinos jugadores que mientras tomaban una taza se enfrascaban en una partida, y esperó ser atendida. La señorita del mostrador le ofreció cambiarse a una mesita cercana, prometiéndole que la atendería con celeridad. María Sucel cambió de mesa sin protestar. Se sentó, apoyó sus codos sobre la superficie plana, tomó sus cabellos y los apretó para sentir cómo la fuerza de sus manos espantaba la pesadumbre de su cerebro. De la parte interior del local llegó una mesera portando una bandeja de aluminio con una azucarera y una cucharita para revolver café, y mientras las colocaba sobre la mesa, sonriente, se puso a sus órdenes.

—Buenos días, señora. ¿En qué puedo servirla?

—Algo caliente por favor. Tráigame un café bien caliente, que esté hirviendo, que bulla hasta que me quite este frío del alma. Bien caliente por favor porque debo dedicar mucho tiempo a tomarlo mientras pienso qué hacer con esta hilacha de vida. La camarera soltó la carcajada. Era la primera vez que le pedían un café de una manera tan graciosa o para un fin tan urgente y su risa no se hizo esperar. María Sucel también lo hizo cuando cayó en la cuenta de que de su desesperación surgió algo chistoso. Sonrieron, aumentando chanzas a la jocosa pero sentida orden. La mesera jamás imaginó las peculiaridades que merodeaban la vida de su clienta que enfrentaba su octavo embarazo en serie, cansada de tantos partos. De todas maneras, tomó el pedido y al regresar lo sirvió en silencio al notar a la clienta sumida en sus pensamientos. María Sucel retornó al hogar pellizcándose el vientre con brusquedad. Al llegar, y con tan solo mirarla, doña Ifigenia comprendió los resultados de su diligencia.

En medio de las tinieblas gemía por el dolor. Delgada como siempre y muy demacrada, luchaba contra el malestar que le provocó el aborto inducido en el mismo lugar que lo hizo Lía unos días antes. Luchaba también contra el chasco de verse tan apocada pese a que su decisión había sido soberana e inconsulta. En medio de la zozobra, pensaba en Gilberto. Por fortuna faltaban unas cuantas semanas para su regreso del llano. La hemorragia obstinada había logrado entintar las sábanas y el desaliento no le permitía socorrerse debidamente.

A pesar de que su lucha contra el dolor era solitaria, no se había dado cuenta de que un par de ojos inquietos la buscaban entre los bultos y sombras que la penumbra dejaba percibir. Eran unos ojos pequeños, listos para interpretar el origen y la causa de los flacos gemidos. Se trataba de los ojos del segundo de sus pequeños. Era Tomás, quien se había despertado a causa de un hormigueo en el brazo causado por una mala posición en su sueño y que al escuchar a su madre se asustó mientras sus hermanos dormían plácidamente. Después de abandonar su letargo, el pequeño Tomás entendió que algo estaba sucediendo y supuso de inmediato que era su madre.

Temeroso y motivado más por el amor que por un instinto, se sentó en la cama y luego caminó hacia ella sin hacer ruido. María Sucel ya se había dado cuenta de que su pequeño estaba despierto y al verlo llegar le pidió que se acostara nuevamente porque cuando saliera el sol, iría a la escuela. Tomás la miró fijamente y en desobediencia, con rostro enmarcado en un puchero malcriado, respondió:

—Mamá, ¿qué tiene? ¿Está enferma? ¿Quiere que traiga un poco de agua? María Sucel entendió que estaba expuesta y que podría ser fácil para ella aprovechar la ingenuidad de su hijo para ayudarse de alguna manera. Le pidió que no se preocupara porque su malestar estaba relacionado con algún alimento que le había caído mal y le aseguró que se lo pasaría en los próximos minutos. Le pidió que le trajera una sábana de las que estaban dentro de la canasta de ropa limpia, que lo hiciera sin encender la luz porque sus hermanos pequeños podían despertarse. Cuando Tomás regresó, le pidió que extrajera la sábana mojada mientras ella, maltratada, cambiaba de posición. María Sucel tomó la sábana, la enrolló y haciendo uso de la poca energía que le quedaba limpió su cuerpo debajo de las mantas. Luego, colocó la sábana debajo de su cama mientras su pequeño la observaba. Le pidió que la ayudara a arreglar la sábana seca nuevamente y en silencio.

— Madre, si algo salió mal con su estómago, ¿por qué está ensangrentada? ¿Es que se va a morir? Preguntó y lloroso. María Sucel lo acercó a su pecho y lo abrazó por un momento mientras en su oído le dijo con voz entrecortada:

—Usted está demasiado pequeño para entender las cosas de los adultos, solo quiero decirle que no se preocupe. Lo que realmente pasó fue que su mamá iba a tener otro hijo, un hermanito más, pero ese niño prefirió no nacer y se salió de mi barriga. Gracias a Dios estoy bien, para amarlo mucho a usted y a sus hermanos. El pequeño trató de entender, pese a su gran confusión.

—Mañana, ¿me cuenta cómo nacen los niños y cómo salen los niños con sangre?

—Sí, hijo, dijo abrazándolo con la fuerza de su alma y lo besó en su carita suave. Impresionado, Tomás logró conciliar el sueño, no sin antes haber hecho otro par de preguntas.

El nuevo día finalmente llegó y María Sucel en su debilidad se levantó para enviar a sus pequeños a la escuela. A las ocho en punto, Doña Ifigenia llegó para ver cómo estaba.

Pasaron los días y el suceso había empezado a olvidarse. María Sucel recobró la salud y la anémica amarillez había comenzado a desaparecer de sus mejillas. Se sintió orgullosa de haberse atrevido a hacer semejante salvajada. Hizo lo que su conciencia le dictaba, pese a lo doloroso del procedimiento y a lo vejada que hubiera podido resultar. Tres semanas después, Gilberto llegó triunfalista. Venía cargado de bolsas transparentes llenas de agua y una gran cantidad de peces ornamentales sacados de los riachuelos de los llanos orientales y las puso en un acuario. Fue un regalo grandioso para sus hijos, que fascinados seguían sus piruetas sin ni siquiera pestañear. A su esposa le regaló un par de loros parlanchines traídos de la selva de la Macarena hasta donde había llegado y que, según le contaron los campesinos del lugar, se trataba de una especie fina, sobre todo el de color azul y pico negro, aunque el otro, de color verde, era más bullicioso y simpático. Gilberto contó aventuras en los llanos donde logró establecer una bodega de mercancías justo en el barrio San Isidro de Villavicencio, por los lados de la zona de tolerancia, y desde donde organizaba las ventas de todos los vecindarios, incluido el encumbrado barrio San José. María Sucel disfrutó al saber cómo se abría camino en la nueva ciudad, y aunque su lejanía le producía incertidumbre, también le servía para evitar sus acercamientos amorosos y futuros embarazos. Con el correr de los días había ganado confianza con aquello del ritmo y deseaba tomar pastillas anticonceptivas por recomendación del médico. Las estadías de Gilberto en Bogotá eran más cortas cada vez y los viajes de María Sucel los fines de semana a los llanos se habían acrecentado hasta el punto de volverse rutinarios.

—Se acordará de mí, don Octavio, esos bandoleros seguirán haciendo de las suyas en el llano. Lo digo porque uno de los capturados fue un tal... Umar Alreju, que dizque era el jefe de la facción y había sido amnistiado en el gobierno de Rojas Pinilla, pese a que en su pasado cargaba una condena por genocidio y otros delitos. Eso no tiene nombre en este país... los unos por comunistas y facinerosos y los otros por zopencos y tarugos. Eso de perdón y olvido es pura chuminada de los generales y sinvergüencería de los políticos —dijo Gilberto cerrando una acalorada discusión política con su jefe—. Don Octavio mordisqueaba una pata de sus bifocales prestándole la debida atención. Escuchaba sacando conclusiones trascendentales y alistando su punto de vista, aunque su mente, completamente alienada por Kardec, le dictaba una prédica profética. Sin ningún apasionamiento aseguró que los espíritus de esos forajidos acribillados debieron ser gente que hizo mucho daño a la humanidad en vidas pasadas y que no tenía nada de raro que en otras encarnaciones uno de ellos haya sido el mismísimo y sanguinario Pablo Morillo.

— ¿Lo recuerda usted en las clases de historia? —preguntó a Gilberto— Al que le decían *El Pacificador*, que a fuerza de fusil y puñaleta le callaba la boca a cuantos rechazaran la presencia de España en el, para ellos, bien llamado Nuevo Reino. Quizás alguno de ellos fue un conquistador español de esos que exterminaron nuestros chibchas o nuestros quimbayas o a los incas o a los aztecas... O, alguno de esos militares británicos que borraron del mapa a los navajos por allá arriba y que han venido a este mundo a encarnarse como guerrilleros para seguir pagando sus condenas. Es posible que sus almas se hayan purificado con su muerte, pues estando jóvenes han tenido que regresar al mundo de lo sobrenatural y seguirán deambulando, esperando la oportunidad de regresar al plano terrenal para purificarse del todo. Gilberto lo escuchó con atención.

—Debemos orar por ellos —propuso don Octavio—. Gilberto asintió sugiriendo que doña Marina quizás podría invocar alguno de los espíritus de esos forajidos, pues por lo escuchado en la radio sería más fácil saber del futuro del país por medio de sus almas navegantes que por medio de los noticieros.

—Nunca sabremos a ciencia cierta qué es lo que realmente persiguen esos que hasta se hacen matar —dijo Gilberto—. Don Octavio sonrió mofándose de que no se debían usar los espíritus para averiguar asuntos del presente. Luego opinó que preguntar a un alma en pena podría ser peligroso para un médium y que doña Marina podría quedarse en trance porque esos espíritus son muy rebeldes y la harían sufrir mucho y que lo mejor era dejar los santos quietos. También aseveró que algún espíritu bueno les contaría de todo en detalle.

—A propósito, don Octavio, en los Estados Unidos la cosa no está buena con eso del asesinato del moreno aquel...

—Hombre sí..., mataron a Luther King. Qué pesar, esa fue la muerte que le tocó vivir a esa alma. Posiblemente ayer terminó su purificación. A propósito, don Gilberto, cambiando un poco de tema, ¿cómo está su familia?

—Bien, bien, gracias por preguntar. Los niños estudian juiciosos y los más pequeños juguetean incansables todo el día. Mi mujer está un poco ansiosa con eso de la casa propia. Fue algo que le prometí cuando partimos de Armenia y a estas alturas ni siquiera he empezado a buscarla. Solo espero que ustedes me digan ¿cuándo pueden pagarme el dinerito que les presté?. A don Octavio se le ensombreció el rostro. Hubiera preferido no haber preguntado y con cierta incomodidad levantó los brazos estirando su espalda, pensando qué contestar. Su respuesta, rápida, surgió, adornada por una sonrisa aparente que para nada resultó convincente.

—Este próximo mes tendremos su dinero listo. Esperemos que los negocios del llano mejoren porque por el restaurante las cosas han aflojado. Es que por estos días no hay tanto cuero para hacer correas. Ya le avisaré cuándo se la daremos. Se acercó, tomó del hombro de su empleado y se lo apretó dejando su ánimo desconcertado.

—Usted charla muy bueno Gilberto, pero se nos hizo tarde. Tenemos mucho que hacer.

Los niños dormían, era una noche de mayo. María Sucel había de acostarse una o dos horas más tarde, en espera de que su marido se cansara de leer a Kardec luego de haber santificado una ponchera de agua a la que le revolvió lociones a base de alcohol que servirían de ungüento corporal, o mejor, de medicina curativa contra las fiebres altas o contra las aporreadas corporales o del espíritu. Gilberto estaba por esa época inmerso en el estudio de las yerbas medicinales y en las rezadas, y todos se habían acostumbrado a seguirle la cuerda.

María Sucel, por su parte, aprovechaba para zurcir un montón de calcetines rotos por el desgaste, justo en la costurilla del dedo pulgar. Gracias a su experiencia como bordadora por largos años, lograba un zurcido perfecto, evitándole a Gilberto la necesidad de comprar calcetines nuevos. El padre, aunque leía concentrado con sus gafas a media nariz, aprovechaba para de vez en cuando lanzar una mirada por encima de la montura, mirada que incluía a su esposa que de vez en cuando se levantaba a la cocina a calentar una nueva taza de café casi al unísono con la encendida de cigarrillos de Gilberto.

—Mija, espero que tanta leedera no nos quite el tiempo para que estemos junticos. Cuénteme cómo le va a mi familia en mi ausencia y si usted me ha extrañado tan siquiera un poquito.

—Usted bien sabe que yo siempre lo voy a extrañar. Llevamos muchos años juntos. ¿No es así?

—Lo es, pero me entristece el abandono en que la tengo. Llegar a esta ciudad nos ha valido sacrificios que jamás imaginé.

—Lo único que extraño de todo este cambio es que aunque de esta tierra salen para todo el mundo las flores más hermosas de este planeta, nunca han llegado a mi casa. ¿Será que me hace falta escribir otro acróstico? ¡Ya no tengo los mismos quince años! —ella que le había escuchado con agrado por la sinceridad con que le hablaba, le hizo este simple reproche que lo avergonzó.

— No lo diga que me apena. ¡Qué descuidado! — contestó Gilberto—. No crea que por no enviarle flores la quiero menos. Las cosas han cambiado y ahora no cuento con la señora Ectilvia, la florista de la galería. Uhm…, llegaba puntual con flores frescas para usted. ¡Qué vergüenza! Sé

que esta no es una buena respuesta. Creo que no hay excusa —dijo Gilberto y la besó, disimulando su vergüenza.
— No lo tome tan a pecho —contestó su esposa burlona—. Lo dije molestando.

Se mezclaron con la noche luego de apagar las luces. Después de tantos años sabían muy bien cómo hacer el amor sin ruidos. Quizás lo disfrutaban más porque su pasión estaba rodeada por el silencio. Se besaron y las caricias dieron rienda suelta a su sentido de propiedad mutua. Tal vez se disfrutaron hasta desvanecer su ímpetu apasionado y encontrar la ternura. Quizás, cuando terminaron, se enfrascaron en una conversación casi silente, en la que él le contó con detalle sus proezas en el llano y ella a él los avances de sus pequeños en la escuela y en la casa. Del aborto, nada le mencionó, tampoco de las pastillas anticonceptivas, pero sí de la nueva amiga, doña Ifigenia. Le contó de ella sin mencionar lo del aborto de su hija. Él tampoco habló de la destemplada respuesta de don Octavio cuando le preguntó sobre la plata del préstamo. Ella, en cambio, hizo comentarios relacionados con la promesa de la casa que habría de comprarse usando la poca plata que les había quedado de Armenia para una cuota inicial. La charla terminó con evasivas de su parte. Al final, ella durmió cálida luego de semanas de soledad.

Pese a que Gilberto estudiaba cada vez más, no había logrado dilucidar a ciencia cierta las razones por las cuales se estaba creando una fuerza alrededor de sus prédicas y prácticas. Aunque no se atribuía dones milagrosos y ni siquiera ostentaba una posición de médium ni cosa por el estilo, su carisma le permitía mantenerse bien rodeado por señoras a las que les irradiaba confianza. Su buen corazón lo conducía a ser el consejero ideal y oportuno, sobre todo para la gente desafortunada no solo de los Llanos Orientales, sino también de Bogotá, donde contaba ya con un considerable círculo de clientas.

Muchas personas llegaban a preguntar por el Hermano Gilberto, causando en María Sucel sentimientos de admiración y extrañeza. Nunca lo imaginó convertido en un practicante de disciplinas diferentes a las que, durante toda su vida, Isabelina le había inculcado. La sensación de asombro se expandía en la medida en que notaba la presencia de imágenes de Jesucristo mezcladas con libros de botánica medicinal y las obras de Allan Kardec junto a muchas botellas de loción, sal y agua bendecida por él mismo, empacada en frascos de diferentes tamaños, que regalaba sin cobrar, pero que los devotos le devolvían con fervorosos agradecimientos y una que otra propina voluntaria que con remilgos recibía. Los viajes al llano continuaron. María Sucel lo visitaba con alguna frecuencia aprovechando para esparcirse junto con algunos de los pequeños y para traer dinero a casa.

El acróstico

... 1956

Gilberto, cenaba con su madre, ávida de saber de qué vivirían en Armenia, a donde habían llegado, huyéndole al frío de Neira. Él le contó que en su búsqueda de empleo había visitado unos quince lugares antes de encontrarse con un granero ubicado en uno de los frentes de la galería, donde lo atendió el propietario, un tal don Juvenal Betancourt, con quien acordó empezar a trabajar al día siguiente. A los pocos días ya se había ganado tanta confianza del patrón que hasta lo nombró administrador de El Marqués, poniendo bajo sus órdenes a varios cargadores de bultos, algunos gariteros y una asistente que le ayudaba a cuadrar las cuentas del día y a manejar el inventario de pedidos. También era responsable de un par de gatos pardos, cuya misión era tener bajo control un ejército de ratoncillos que vivían de los granos que roían con saciedad. El Marqués era, sin lugar a duda, el granero más famoso de la ciudad y el que abastecía gran parte de las alacenas locales y a pequeños negocios de barrios alejados o de otros municipios. Gilberto coordinaba con los clientes el servicio a domicilio, atendido por jovenzuelos que trabajaban independientemente con carretillas que ellos mismos construían para llevar pesados mercados a cambio de pagos voluntarios.

El Marqués estaba situado en un lugar llamado la galería por ser un robusto edificio de un solo piso con locales tanto hacia afuera como en su interior. La galería se había convertido en la cuadra más popular de la ciudad, inclusive tanto o más que la catedral, pues a ella llegaban pobladores y vecinos de toda condición y origen que frecuentaban por igual cualquiera de sus cuatro frentes donde se localizaban bares, burdeles, algunos almacenes de calzado, cafeterías, restaurantes, panaderías y hasta una barbería donde los señores llegaban por montones a peluquearse o arreglarse las barbas o bigotes. Frente a una de sus esquinas, majestuosa, imperativa y vitalicia, se levantaba la iglesia de San Francisco, donde anidaban cientos de palomas y decenas de curas franciscanos vestidos con sus inconfundibles hábitos carmelitas con cordones blancos y calzados con pesadas sandalias. El lugar no se escapaba de tener enquistados a decenas de mendigos, que después de estar limosneando a la salida de las misas, pasaban a pordiosear comida o a improvisar la venta de baratijas para su sustento.

Gilberto seguía siendo un soltero apreciado por las damiselas que acudían al granero en compañía de sus progenitores, pero, a diferencia de sus años juveniles, se había vuelto un hombre escurridizo y reposado. La única relación que aún medio conservaba era la de Nélida, que vivía en Manizales con los tres hijos que le habían dejado sus anónimos clientes, de los cuales uno, presumiblemente, era de él. Aunque Nélida nunca le exigía nada para el niño por vivir con un señor que se había hecho cargo de ella y de su descendencia, su amigo le hacía llegar una pequeña pensión para sus gastos.

La llegada al poder del teniente general Gustavo Rojas Pinilla, el trece de junio de mil novecientos cincuenta y tres, con el irrestricto apoyo de los presidentes Ospina Pérez y Urdaneta Arbeláez, marcó una nueva pauta en todos los estamentos del país, pauta que llegó a manifestarse incluso en contra de la armonía de la galería, porque restringía el servicio de cantinas y bares por tratarse de un gobierno militar. Los diarios prometían ediciones especiales con las últimas noticias. Ese día, con el fin de comprar una bolsa de buñuelos para llevarle a doña Sara para la merienda, Gilberto se acercó a un vendedor ambulante que en ese momento atendía a una señora delgada que cubría su cabeza con un pañolón. La señora entregó el valor de su compra y se dispuso a retirarse sin percatarse de que él la observaba con detenido interés. Tuvo ganas de hacerse notar y hasta quiso hablarle, pero se contuvo al presentir que la dama podría incomodarse con alguna pregunta impertinente. Así pues, prefirió observarla mientras se alejaba.

—¿Cuántos buñuelitos le empaco caballero? —le preguntó el vendedor mientras castañeaba las pinzas de metal con que tomaba los buñuelos y llenaba las bolsas de los diferentes pedidos—.

—Unos doce por favor. ¿Están bien frescos? —preguntó Gilberto—, poniendo toda la atención en la dama que justamente abandonaba el lugar.

—Me los trajeron esta misma tarde —respondió el buñuelero—. Gilberto pagó, recibió la bolsa y el cambio correspondiente, pero picado por la curiosidad le preguntó al vendedor si conocía a la señora que había atendido antes que a él. El vendedor le dejó saber que era una clienta a quien vendía buñuelos todos los días una vez terminaba la misa en la iglesia de San Francisco. Gilberto indagó por su nombre, pero hasta allá no llegaba el conocimiento del buñuelero, que esmerado por ayudarlo, le dejó claro que la dama en cuestión pasaría al día siguiente más temprano porque ese día, justamente, había sido la excepción. Gilberto se alejó agradecido y decidió caminar hasta su casa, situada en el barrio Granada, y a unas quince cuadras de la galería. Aprovechando la soledad se dedicó a rememorar cualquier indicio que le permitiera identificar a la dama de sus intrigas. A la mañana siguiente, cuando abría los pesados candados que sostenían una de las cortinas de hierro que aseguraban El Marqués, el castañear de las pinzas del buñuelero le hizo recordar a la señora. Llamó al vendedor y después de hacerle una nueva compra volvió a preguntarle por su clienta. El vendedor le aseguró que, en ese mismo instante, debería estar en misa. Gilberto impartió algunas instrucciones a sus subalternos y salió, aduciendo que iba a buscar un café para reconfortarse. Se dirigió hacia la iglesia e ingresó persignándose. Sus grises ojos se clavaron en las mujeres que rezaban de rodillas. La misa había terminado, pero en los confesionarios los pecadores rendían cuentas y limpiaban sus almas del remordimiento. Caminó lentamente tratando de no despertar la atención de quienes oraban, ofrecían o tan solo dormitaban al pie de los santos de las estaciones o del mismo San Francisco. Se acercó a diferentes señoras, pero no pudo hallarla y se propuso regresar al granero. En la parte superior de las escalinatas de la iglesia descubrió que el vendedor de buñuelos acababa de atenderla. Bajó corriendo las escalinatas sin perderla de vista pese a la cantidad de gente. Cuando tuvo a la mujer bastante cerca caminó más rápido para sobrepasarla. Ella caminaba ensimismada, sin levantar la cabeza ni reparar en nadie. Se acomodaba el pañolón negro que le cubría el lacio y abundante cabello. Gilberto pasó por su lado y sintió una especie de alucinación. Su mente se detuvo en la figura de esta señora, pero más joven, aquella con la que cruzó unas palabras algún día de finales de los años treinta. Aceleró el ritmo y, cuando la sobrepasó unos cuantos metros, se dio vuelta fingiendo algún olvido, y volvió sobre sus pasos con la intención de aprendérsela de memoria. La señora, que caminaba organizando los buñuelos recién comprados, no pudo evitar mirarlo. Quedaron mudos al recordar que eran viejos conocidos y que del breve encuentro que tuvieron surgió una corriente de sensaciones indescifrables. Se trataba de Isabelina, la mujer de Elías, quince años mayor, pero aún bella y espigada. Ante lo inesperado de la situación, un tanto perturbada, se acomodó el pañolón mientras regresaba al pasado. Recordó la mirada del muchacho que llevaban al ejército en mil novecientos cuarenta y uno, cuando transitaba por la carretera a Manizales y, observándolo con detenimiento, comprobó que quizás los ojos grises que alguna vez vio tristes, brillaban de satisfacción al verla. De todos modos habían pasado varios años desde entonces y por eso no podía estar segura de su verdadera identidad. Ella fue quien habló primero con pasmosa seriedad, pero mirando a su interlocutor con profundo interés:

—Usted se me hace conocido...

—Sí mi señora. Usted también me recuerda a alguien con quien viví un par de situaciones importantes —dijo Gilberto conmovido por las evocaciones y con su habitual caballerosidad—.

— ¿Sí...? ¿Y cómo cuáles situaciones son, para ver si son las mismas que yo estoy recordando? —contestó convencida de estar viendo los ojos grises que tanto la acongojaron en el bautizo de María Sucel, hacía ya tres quinquenios—.

— ¿Recuerda usted cuando María Sucel botó el chupo al suelo y yo le ayudé a recogerlo?

—Lo recuerdo bien, como si hubiera sido ayer —dijo Isabelina— a la vez que evocaba con emoción sus recuerdos más felices de esa inolvidable imagen en la Iglesia de Salamina.

— ¿Recuerda señora, que usted vio cuando me golpeaban los soldados en la carretera llegando a Manizales hace unos once años? Isabelina revivió la angustia de entonces, pero se alegró de que aquel personaje sombrío estuviera bien después de tantos años. Extendió su mano maternalmente y le tomó el mentón. Luego la dejó deslizar por su hombro y por último le asió las dos manos y le contó en pocas, pero emotivas frases, que ese día corrió a rezar muy conmovida y que sintió enorme compasión por su dolor. También le dejó saber que habló con dos militares con el fin de saber el lugar al que lo habían llevado, y por último, le comentó que el mismo Elías corrió a buscar noticias suyas por los bares de Salamina. Gilberto la escuchó conmovido. Nunca se imaginó el grado de afecto que le había dispensado el matrimonio Baroja con tan solo unos breves encuentros.

—Dios la bendiga señora. Verla me pone indescriptiblemente feliz. Me hace evocar aquello que sentí el día que María Sucel fue bautizada. Isabelina, frunció el entrecejo, sorprendida por la exactitud con la que había mencionado el nombre de su hija, entonces con timidez y una sonrisa se lo hizo saber. Gilberto sacó la billetera de su bolsillo y buscó con cuidado un pequeño trozo de papel roído por los años. Con extremo cuidado lo abrió y le dejó ver el nombre de María Sucel anotado junto con la fecha del bautizo.

—Aún guardo en mi memoria la paz que me brindaron su miradita inquieta y sus balbuceos —expresó complacido—.

—Me sorprende usted don Gilberto —fue lo único que se le ocurrió decir— Tomó el trozo de papel, lo observó por unos segundos y miró a Gilberto con detenimiento mientras se lo devolvía.

—Me da mucho gusto verlo don Gilberto, se ve usted bien.

—Gracias, señora… Isabelina lo interrumpió enfatizando con cierta delicadeza su nombre. Le comentó que Elías estaba bien aunque aquejado por la tos. De María Sucel le dijo que ya era toda una mujer y que a sus quince años se había convertido en la jovencita más hermosa del vecindario.

—Trabajo aquí en la galería, en el granero El Marqués, y en este lugar estaré siempre para servirles. Pase un día de estos con don Elías. Me gustaría mucho tomarme un cafecito con ustedes. Algunos días después, mientras Gilberto se hallaba organizando mercancía en los anaqueles, alguien, acosado por la tos, extrajo un pañuelo y con una sola mano se limpió la boca y el bigote encanecido. La tos hizo reaccionar a Gilberto que se quedó observando al mismo Elías Baroja, a quien reconoció sin dificultad. Lamentó verlo tan demacrado. Comprendió que su presencia allí era consecuencia de su encuentro con Isabelina. Se dirigió hasta él y lo saludó.

—Cómo está muchacho —dijo Elías—. Pensé que

lo habían matado en el ejército. Usted nunca volvió y yo lo estuve buscando dizque para darle trabajito en el campamento. Gilberto sonrió. Se le acercó y le dio un caluroso abrazo.

—Me da mucha felicidad encontrarlo de nuevo —comentó Elías tratando de disimular la incomodidad que le causaba la tos— Luce usted muy bien. ¿Cuánto hace que está en Armenia?

—Solo dos años, pero ya soy hincha del Atlético Quindío. ¿Qué se toma don Elías? O mejor, vamos al frente, nos tomamos un tintico y charlamos acerca de nosotros. Bordearon la galería y cruzaron la calle. Se sentaron y conversaron por casi dos horas mientras sorbían sendos cafés. Gilberto renovaba amistad con un Elías vapuleado por los años.

La puerta se abrió ante la insistencia de los nudillos que la golpeaban. Los personajes, alegres por su encuentro, se estrecharon las manos con fervor. El más viejo se apartó a un costado de la puerta dejando espacio para que el ilustre visitante siguiera.

—Pasé a saludarlos y a dejarles este detalle —dijo Gilberto al tiempo que descargaba un pesado costal lleno de víveres, que puso a disposición de Elías. Se sentaron en la sala en compañía de media botella de aguardiente y unas copas.

—Espero no haberle importunado con la visita, don Elías —comentó Gilberto—. Elías restó importancia al comentario con un gesto y comenzó a charlar sobre temas de actualidad. El joven tomó la iniciativa con un espontáneo brindis y el anfitrión hizo lo propio. Se enfrascaron en una entretenida conversación. Hablaron de los setecientos guerrilleros que entregaron las armas en los llanos orientales y terminaron reflexionando acerca de la cantidad de gente que se había vuelto bandolera. Alabaron al general Rojas Pinilla por el desarme de los insurgentes. Luego pasaron a la guerra en Corea y a la entrega de los soldados colombianos que estaban prisioneros. Destacaron los elogios que el presidente Eisenhower hizo al gobierno colombiano, elogios que, según ellos, hicieron subir el precio del café en los mercados internacionales.

—Es innegable que con Rojas el país se ha pacificado —llegó a insinuar Elías.

—Pero, ¿quién no se pacifica con un gobierno militar? —respondió Gilberto con suspicacia, mientras se mostraba muy interesado en un círculo de madera que templaba un fino lino bordado sutilmente por hilos de seda de colores, y que se encontraba sobre un sofá—. Al ver su interés, Elías le explicó que se trataba de una funda de almohada o de un juego de cama que debería terminar María Sucel para presentarlo en el colegio donde estudiaba. A Gilberto se le ocurrió preguntar si ella podría bordar algo tan bonito para Sara, su madre, para su cumpleaños. Elías levantó las cejas y juntó las manos expresando no saberlo a ciencia cierta. Cuando la botella de aguardiente tocó fondo el invitado se despidió. El viejo lo acompañó a la puerta de la casa y se quedó mirando cómo se alejaba, luego ingresó a la casa y dejó la puerta y las ventanas abiertas tal como se acostumbraba en aquella tranquila tierra.

En la mente de María Sucel quedó el desafío de hacer por primera vez un bordado por encargo, luego de que su papá le platicara sobre el personaje y su visita. Abrió ilusionada la puerta de un pesado armario de madera y extrajo una caja redonda adornada con flores de colores pastel y donde guardaba sus materiales de costura. Los organizó. Tomó el tambor con el tejido, lo llevó a su pecho con ilusión y lo besó. Por largo tiempo junto a Isabelina se dedicaron a definir detalles del proyectado trabajo.

— ¡Creo que hoy sí tenemos motivo para celebrar! — exclamó Elías el día de la entrega del bordado. Henchido de orgullo en el centro de El Marqués, aseguró entregarle a Gilberto una verdadera obra maestra realizada por su hija. El joven administrador se dejó contagiar por el entusiasmo de Elías y llamando a cada uno de sus ayudantes logró formar un grupo considerable que hasta a los clientes sorprendía. Luego amagó abrir el paquete, pero comprendió que su torpeza podría malograrlo. Así que prefirió llamar a la única mujer del granero para que le ayudara a manejar las piezas sin estropearlas.

— ¡Ofir!, venga usted, por favor —gritó, mirando al interior del local— Casi instantáneamente apareció una trigueña agraciada, de unos veinticinco años, que le ayudó mientras elogiaba tan hermoso trabajo.

Cuatro y media de la madrugada. Un viento frío entraba por las hendijas de las puertas mientras la sombra de Isabelina se reflejaba en las paredes de la cocina. El humeante olor a tinto salía a desafiar el sueño de Elías, quien era despertado por su aroma desde hacía muchos años. El día de Isabelina comenzaba temprano, aunque la preparación de desayunos en el campamento había sido reemplazada por una especie de rutina mañanera que iniciaba con su caminar a la iglesia de San Francisco, donde cumplía en la misa de cinco y muchas veces también en la de seis, con la cantidad de oraciones que tenía que recitar por encargo. Pero ese martes, era especial. Gilberto había aceptado una frijolada de parte de los Baroja y eso quería decir que para Isabelina y las muchachas el día estaba colmado de oficio. Antes de emprender su peregrinar hacia la iglesia, Isabelina sirvió un café tinto y lo llevó hasta la mesita contigua a la cama donde el esposo, en la oscuridad, ya se fumaba un cigarrillo.

— ¡No se demore mija que hoy es día de visita! —dijo tosiendo Elías—. Isabelina regresó a la cocina, sirvió un segundo tinto y lo llevó presurosa al dormitorio de María Sucel. Lo colocó sobre la mesita donde le dejaba todas las noches un vaso con agua fresca. A los pocos minutos se mezcló con las señoras que como ella caminaban a la iglesia. Su hija, que quedó despierta, se levantó y se puso una bataloca. Salió al baño y con unos buches de agua se aseó la boca. Luego se recogió el cabello con una chola que traía enrollada en la muñeca. Para ella, el día era especial, pues luego de oír hablar de Gilberto por lo del bordado, ese martes tendría la oportunidad de conocerlo personalmente. Se encargó de ponerlo todo en orden y culminó su labor colocando en la mesa de centro de la sala un florero adornado con nardos frescos que hacían destacar aún más los del bordado que decidió exhibir para el gusto del hasta ahora desconocido. Elías aún estaba ausente comprando más aguardiente y hasta unas cervezas en caso de que el visitante las prefiriera. Todos estaban listos, inclusive el pequeño Gabriel, nieto de Isabelina y Elías, que nació a causa de una violación a su hija Amanda durante un paseo a una finca cercana. Isabelina peinó su lacia cabellera frente al espejo del tocador y con un palillo de carey lo enroscó hasta convertirlo en una moña sutil. Luego se puso un vestido negro, con falda plisada y cinturón de reata ancha. Su esposo no se quedó atrás. Lucía saco oscuro de paño, corbata, un elegante sombrero de fieltro con cinta negra y camisa de puño francés en cuyos ojales había atravesado unas mancornas doradas con piedra de ónice. María Sucel se encrespó unos bucles que se le movían llamativamente al caminar y la hacían ver más juvenil. Se había vestido de blanco, con una blusa de encajes, mangas bombachas y una falda de vuelo generoso que le llegaba casi hasta los tobillos y dejaba apreciar su pequeña cintura. Su fresca estampa y delgadez mostraban sin dificultad la más femenina de las figuras, que sumada a la armonía de su sonrisa, hacían un perfecto juego con sus promisorios quince años. Elías fisgoneaba por la ventana con el fin de que Gilberto no los tomara por sorpresa. Isabelina hacía lo mismo de vez en cuando.

— ¡Ya viene, ya viene! —gritó emocionado— Las mujeres también se apresuraron a ventanear la llegada. El anfitrión saludó al recién llegado desde la ventana, simulando haberlo visto solo en ese momento.

—Qué hubo pues amigo, siga que ya le abro la puerta. Gilberto sonrió y se plantó frente a la puerta. Cuando esta se abrió ingresó a la sala sonriente, empuñando un ramillete de flores que entregó a Isabelina. Luego se dirigió a la joven María Sucel y le ofreció la mano derecha haciéndole una reverencia.

—Usted es María Sucel ¿verdad? —dijo al verla parada al lado de su madre. María Sucel le miró con timidez y asintió.

—Pues me encanta conocerla. Hacía unos quince años que no la veía. Ante el apunte, todos, inclusive la misma María Sucel, soltaron la carcajada. Sabían a ciencia cierta a qué se refería. Gilberto les pareció muy simpático. El comentario sirvió para entrar en charlas menos almidonadas para todos.

—Su bordado ha causado una feliz sensación en todos, algunos hasta me dicen que si lo encargué a Europa. Mi madre estará orgullosa de mí gracias a usted. Cuénteme señorita, ¿dónde aprendió tan bonita destreza? La joven no pudo esconder su timidez y sonrojándose giró sus ojos hacia Elías, en busca de protección. Explicó que las monjas le habían enseñado, pero que su madre le había aportado las mejores ideas. Se brindaron bocadillos que habían preparado para antes de la comida. Gilberto y María Sucel quedaron solos por primera vez mientras Elías se acercaba a la sala a servir los tragos. Ella quedó sentada frente a él, pero no se atrevió a decir nada por qué se sintió intimidada. Muy dueño de sí, el invitado tomó la iniciativa y le comentó que su nombre lo había acompañado por los últimos quince años y que, con todo su respeto, le dejaba saber que sus ojos conservaban el mismo fulgor del día de su bautizo. Le confesó que con su mente puesta en su carita balbuciente hizo más llevaderos sus días de angustia.

—Sus palabras suenan como si fueran parte de algo que solo usted conoce —fue lo único que se le ocurrió decir a María Sucel— La juventud y lozanía que irradiaba ella provocaba en Gilberto una rara fascinación. Procurando no dejar notar su arrobamiento trató de aprenderse de memoria su figura y su rostro. No hubo detalle que se le escapara, pues la más mínima oportunidad para detallarla de pies a cabeza fue aprovechada con rigor. María Sucel, por su parte, observaba curiosa, tratando de no hacer manifiesta su intensa intimidación. Trató, eso sí, de observar el color grisáceo de los ojos del jayán, que le causaban curiosidad por no ser muy comunes en aquellas tierras. Lo percibía como un apuesto y carismático personaje que contaba con una simpatía que inspiraba a todos para atenderlo de una manera formal. Al ver que su padre se acercaba aprovechó para incorporarse y sacudirse de semejante responsabilidad. Pasados unos minutos la joven retornó a la sala sosteniendo un jarrón de cristal. Tomó el ramillete de flores que Gilberto había traído y, con mucho cuidado, las distribuyó logrando un bonito arreglo que colocó sobre la consola de madera justo al lado de los nardos, que antes había arreglado para la ocasión. Gilberto no se perdía detalle, la observaba disimulado. Al ella terminar de arreglar las flores lo miró y sin pretender interrumpir la charla, le preguntó si le gustaba. Él asintió con la cabeza y le mostró una amplia sonrisa. María Sucel regresó a la cocina donde Isabelina la esperaba con varias bandejas de comida listas para llevar a la mesa.

—¿Quieren los señores pasar ya al comedor o prefieren hacerlo más tarde? —cuestionó María Sucel al regresar—.

—Pienso que ya podemos comer —replicó el invitado— huele bien y les juro que hoy he comido poco esperando disfrutar los manjares que tienen preparados. La mesa estuvo lista y en cada uno de los puestos, los fríjoles antioqueños se hacían acompañar de arroz, chicharrón frito, carne asada, tajadas de plátano maduro y chorizo. Frente a todas estas delicias, una taza de mazamorra de maíz, con leche y panela raspada, servía de acompañante. La cena no pudo estar más deliciosa y se prolongó por un par de horas. Los cuatro departieron mientras contaron a la joven todas las anécdotas que les unían en el pasado. Ella comprendió que él tenía muchos motivos para estar agradecido con sus padres y hasta adivinó que se sentía orgulloso de su propia historia.

La relación entre los Baroja Sánchez y Gilberto creció hasta crear una cierta dependencia. El administrador se habituó a despachar los mercados semanales a domicilio e Isabelina pasaba a saludarlo de vez en cuando a las salidas de misa y aprovechaba para efectuarle los respectivos pagos. Este incluía siempre en el mercado un ramillete de flores frescas, pero no era consciente de que María Sucel usualmente era quien las arreglaba en los jarrones. Ella, por su parte, tampoco presentía que Gilberto enviaba las flores por costumbre y simpatía. Isabelina, sin embargo, sí sabía que Gilberto las enviaba de cortesía pues desde el primer día de su visita a la casa, él se presentó con flores. Para la madre se trataba de un bonito gesto que devolvía llevando al granero pastelillos que ella misma preparaba. Elías también pasaba a saludarlo al menos una vez por semana y cada dos semanas ambos pasaban a la barbería a peluquearse.

Al llegar de la escuela, impulsada por la curiosidad, María Sucel caminó hasta la cocina y notó con extrañeza que ese lunes no habían llegado las flores. Antes de hacer alguna indagación al respecto, notó que faltaban en todos los rincones. Aunque le pareció raro comprendió que Gilberto no tenía obligación de enviarlas, pero pasaron las horas y la ausencia de flores, sin saber muy bien por qué, la llenaron de congoja. «Qué triste se ve el jarrón sin flores frescas», pensó. «Qué triste se ve el rincón sin el jarrón lleno de flores». Caminó por la sala, se acercó a la ventana, apoyó los codos sobre el alféizar y miró hacía la inmensidad de la calle que rectilínea desaparecía camino al centro de la ciudad. Pensó nuevamente: «Qué triste se ve mi casa sin el jarrón lleno de flores. Qué triste me siento sin las flores». Se quedó allí por unos momentos. Luego caminó hacia el patio, donde Isabelina lavaba ropa en el lavadero de cemento. Le pidió que la dejara lavar a ella para mantener la mente ocupada.

Pasaron los días y las flores no llegaban. María Sucel trataba de encontrar alguna forma que le permitiera saber el porqué, pero su excesiva discreción rivalizaba con sus propósitos y prefirió no hacer preguntas. Entonces se le ocurrió pedirle a su madre que le permitiera hacer la lista del mercado de la siguiente semana.

> **F**ríjol cargamanto
> **L**ajas de pescado seco
> **O**livas negras
> **R**epollo
> **E**spaguetis
> **S**al
> **P**imienta
> **A**zúcar
> **R**avioles
> **A**vena
> **M**aíz trillado
> **A**rroz
> **R**amitas de canela
> **I**ncienso en bolsitas
> **A**rveja seca

Seis puchas de lenteja
Una botella de aceite
Cereal de trigo
Enlatados de sardina y
Linaza

Era la primera vez que en la lista estaban incluidos productos que no se conseguían en El Marqués. Con extrañeza, el administrador empacó lo que tenía disponible y lo otro lo consiguió con colegas de la galería. Al completar la tarea se dedicó a verificar la lista y sus precios sumando a mano en un talonario impreso con el nombre del granero. Dedicó unos cuantos minutos para corregir y asegurarse que todo estaba en orden. Tomó la lista del mostrador para pegarla del costal donde había empacado todos los productos y por última vez la miró. Entonces notó que la primera de las letras de cada palabra de la lista aparecía reteñida y por eso y por ir en mayúscula, llamaba más la atención. Gilberto contrajo la boca con incredulidad cuando descubrió ante sus ojos el más subliminal de los mensajes, que por demás lo colmó de alegría. Una frase elocuente aparecía de la unión de cada mayúscula en orden descendente correspondiente a los primeros veinte artículos de la lista: *"Flores para María Sucel"*, rezaba la frase. Comprendió el porqué del incienso y se explicó la ausencia de abarrotes con la inicial i. Igualmente los espaguetis y los ravioles y hasta las olivas, la linaza y el repollo. Descifró que María Sucel le reclamaba algo y memoró su última semana de mercado, cuando por enfermedad de la vendedora de flores debió ignorar el envío. Pensó en ella con mucho cariño, pero contrariado por la forma como había camuflado su reclamo por encima del riesgo que su descubrimiento le representaba. Era osada pero inteligente y tierna. Desde ese día guardó el mensaje de la joven en su billetera como un preciado tesoro. Lo envolvió y lo puso junto al pálido papel escrito en mil novecientos treinta y nueve con el nombre de María Sucel y el pequeño poema que escribió en el ejército a principios de los años cuarenta. Quedó satisfecho por el descubrimiento, aunque con sentimientos encontrados. Pensó en la bondad de Elías y de Isabelina y un sentimiento de pesadumbre lo envolvió furtivamente. No se podía dar el lujo de pensar en la quinceañera con un sentimiento diferente a la amistad, pese al insinuante pedido de flores. Le resultaba morboso pensar en ella como una mujer y decidió contestar el pedido sin prestar atención a la sensación que la joven le despertaba. Supuso que si hacía notar que había entendido el mensaje se vería inmerso en una situación comprometedora. Le compró un ramillete de nardos y los envió con la explicación de la enfermedad de la vendedora para desvirtuar el propósito del acróstico y así mantenerlo en el anonimato. Para María Sucel no fue claro si las flores habían llegado a causa de la lectura del acróstico o si por el contrario este no había sido leído. Se le ocurrió que quizá alguien ajeno lo había descubierto y sintió vergüenza. De todas maneras, olió las flores recién llegadas y disfrutó su aroma profusamente. Luego las acomodó en la esquina dentro el acostumbrado jarrón con agua. Desprendió un pétalo, lo llevó hasta su cuarto y lo depositó dentro de un cuaderno donde se encontraba, en cada página y a manera de herbario, un pétalo de cada ramillete recibido desde El Marqués. Además, debajo de cada pétalo se encontraba la fecha en que había sido recibido. Solo la página de la semana anterior estaba vacía, aunque tenía la fecha y un signo de interrogación.

Flores

...1957

Arrodillada, esperando el inicio de la liturgia, Isabelina leía con atención el contenido del devocionario correspondiente a ese miércoles de abril del cincuenta y cinco. La iglesia se encontraba casi vacía y solo unos pocos fieles oraban en una especie de susurro. Un acólito dedicaba tiempo y mucha mesura a la impecable presentación del altar que debería estar impecable para los próximos oficios, lo hacía fijando un antipendio de tela preciosa para disimular los soportes y la parte delantera de uno de los altares, luego, se ocupaba del micrófono, ubicado junto al misal, colocándolo a la altura de su boca, tal vez, previniendo que este alcanzara la altura de quienes leerían algunas partes de la homilía. Isabelina, cubría la cabeza en la iglesia con un chal negro. Ese día era diferente porque por órdenes del gobierno de Rojas Pinilla la prensa de Armenia seguía bajo censura y muchos editoriales no pudieron ser publicados. Sin embargo, los paisanos habían tenido acceso a importantes noticias de contenido global como la muerte de Albert Einstein. La misa culminó e Isabelina salió de la iglesia media hora más tarde luego de haber rezado unas cuantas novenas de más. Al salir, como de costumbre, pasó a comprar buñuelos donde Don Aniceto. Luego se dirigió a El Marqués a saludar a Gilberto y con discreción le pidió que hablaran. La actitud de Isabelina causó cierta aprensión en él, esta, se acrecentó al verla esculcando cuidadosamente su cartera de charol. Se trataba de un pétalo de rosa perforado con un corazón. Gilberto se sintió avergonzado y un enrojecimiento en el rostro evidenció la turbación que se le dejó venir de inmediato. Impartió instrucciones a sus subalternos y le pidió a la señora que lo acompañara a una de las cafeterías de la galería, donde ordenaron solo café.

— ¿Me puede explicar la verdadera razón de los envíos de las flores a nuestra casa? Él palideció, nunca los Baroja le habían cuestionado algo. Buscó una respuesta apropiada. Resultó diciéndole que se trataba de flores que había enviado por gusto, al igual que lo hacía con su propia familia. Isabelina, implacable, le preguntó si esas flores también llevaban corazones dibujados en sus pétalos. Gilberto bajó la mirada y no supo cómo volver a levantarla. Isabelina extrajo del bolso el cuaderno que María Sucel había dedicado para organizar el herbario y le mostró en silencio cada una de las páginas con los pétalos sugerentes y le recriminó cada uno de ellos.

—Solo un viejo como usted puede atreverse a enamorar a una jovencita. Usted pudiera ser su mismísimo padre —dijo airada— Él la miró sumiso. Luego llevó la mano a la billetera y sacó de su interior los papeles que guardaba desde siempre. Los abrió uno a uno y los puso sobre la mesa. Ella observó con preocupación. Conocía el roído papel con el nombre de su hija en su bautizo, pero desconocía el poema del cuarenta y tres y la lista del mercado con el acróstico camuflado.

—El destino ha venido uniéndonos de una manera circunstancial —aseveró respetuoso y le enseñó detalles de la lista del mercado—. Ella escuchó y observó el acróstico sin evitar que algunas lágrimas le afloraran sin control. Su reclamo se había convertido en una angustiosa confesión que le hacía pensar en todas sus connotaciones. Perpleja, limpió sus mejillas y miró a su interlocutor con amargura. Quedó más confundida que cuando salió de casa cargada de reclamos. Su estima por el amigo cambió de rumbo y sus sentimientos presagiaban la inminencia de un distanciamiento. No pudo evitar ser testigo de la tristeza que aparecía en los ojos de Gilberto al igual que el día del bautizo de María Sucel o cuando era transportado a prestar servicio militar. Él esperó callado y cabizbajo una reprimenda de argumentos por su manifiesta deslealtad, pero Isabelina únicamente se quedó contemplándolo contrariada, tratando de encontrar dentro de sus atribulados pensamientos algún alivio. Gilberto, en cambio, no se atrevió a mirarla. Jugueteó con el herbario que calladamente observaba. Isabelina le retiró el cuaderno con respeto y lo guardó nuevamente en el bolso, se incorporó, limpió por última vez sus lágrimas y se marchó. El hombre miraba cómo el suave viento que entraba por la puerta del establecimiento movía sobre la mesa los tres trozos de papel que contenían testimonios de una historia que completaba ya dieciocho años.

Llena de angustia, María Sucel buscaba en el armario el preciado cuaderno con pétalos mensajeros que había perdido de vista desde el día anterior. Miraba acongojada todos los recovecos del mueble. Buscó debajo del colchón, en las repisas y en la sala. Sus ojos se fijaban en cualquier objeto que se le pareciera. Regresó al cuarto, se tendió en la cama y miró hacia el techo y allí se quedó por unos minutos. Sentía rabia de saber que su secreto pudiera ser descubierto. Intuía que su herbario había sido visto ya, pero no renunciaba a encontrarlo. Pensó que quizás la más pequeña de sus hermanas lo había tomado y la instó a que le ayudara a buscarlo sin lograr ningún resultado. Pasaron las horas y el cuaderno no apareció. Al regreso de Isabelina las cosas aparentaban la normalidad de siempre. Las dos se saludaron con afecto y aunque ambas llevaban toda una procesión de incógnitas por dentro, las disimularon con el propósito de no crear expectativas. Cuando la joven acudió a averiguar a sus mejores amigas, Isabelina aprovechó para poner el cuaderno dentro de uno de los estantes y para camuflarlo con muñecas de trapo. Todos respiraron aliviados cuando el cuaderno apareció. Esa noche, en la oscuridad del cuarto, Isabelina y Elías se enfrascaron en una tensa charla matizada por la luz del cigarrillo de él, que fumaba cada vez más, en la medida en que la narración comenzaba a complicar la buena relación con su mejor amigo. Escuchó en silencio y no moduló ni una palabra. Pensó y pensó, fumando mucho. Una vez más el destino pretendía arrebatarle un preciado tesoro: su hija adorada.

— ¡Dejemos así las cosas! —enfatizó escuetamente para terminar por el momento con el asunto— Le habría gustado estar seguro de que la amistad que Gilberto les profesaba no solo había sido impulsada para estar cerca de su muchacha y se propuso dejar que las cosas pasaran, aunque sin frecuentarlo como antes. Además, se sentía sin autoridad para cuestionar los sentimientos de María Sucel. De una cosa sí estuvo muy seguro: suspendería la orden de mercados a El Marqués para no seguir acolitando una alcahuetería. Recordó a Eliseo como todo un caballero por lo franco que fue al manifestar su interés por Bertha, su hija mayor, a quien quería con la dedicación que él mismo le profesaba.

La mañana se dejó venir. Gilberto esperaba con ansias la llegada de Isabelina. Era un jueves común y corriente para los allegados a la galería. Las horas pasaron e Isabelina no llegó. Esperó hasta las once y media de la mañana y decidió salir dispuesto a buscar explicaciones pues no se conformaba con soportar allí parado la ausencia de noticias. Nuevamente experimentó la soledad que vivió cuando su madre lo desterró y le dio escalofrío. El campanario de San Francisco hacía el primer llamado a los fieles para el oficio de medio día. Miró hacia la iglesia. Las campanadas lo llamaban a buscar dentro de ella a Isabelina, aunque la posibilidad de hallarla era remota porque ella solía pasar a saludarlo no más tarde de las nueve. Se dirigió hacia la iglesia y antes de ingresar se paró en el umbral y giró guardando la esperanza que desde aquel punto alto pudiera verla caminar. Se quedó observando cada figura. Tomó un cigarrillo de la cajetilla, lo encendió y fumó hasta la mitad. Escupió y arrojó la colilla encendida sobre el piso. Ingresó a la iglesia y se paró frente a la estantería de las publicaciones. Ojeó una de ellas. Caminó por el costado derecho buscando con cautela sin ver nada. Llevó sus manos a un bolsillo y extrajo algunas monedas que metió en el cepillo de las limosnas, que a manera de alcancía se encontraba empotrado en la pared y se santiguó. Siguió caminando hasta llegar frente a la mesa de los cirios votivos y los observó por un momento, aunque sin emitir plegaria alguna. Unas mujeres oraban frente a ellos mientras otras llegaban y los acomodaban en la mesa para encenderlos y arremeter con sus rezos. Se acercó a una de ellas y le dijo en voz baja.

—Disculpe usted señora.

La mujer lo miró con cierta sorpresa.

—Disculpe, ¿por quién pide usted? — le preguntó Gilberto—

—Yo no pido por nadie, solo doy gracias a Dios —contestó ella y continuó su plegaria sin darle mucha importancia—.

Gilberto observó cómo los fieles se acercaban a los cirios ardientes y luego de prenderlos oraban con fervor. Notó que los adquirían en la sacristía y se dirigió hacia allí. Entró temeroso de que alguien pudiera detenerlo. Se encontró al sacristán de espaldas, frente a una mesa que estaba arrimada a la pared alineando el hisopo para rociar agua bendita, al que seguía la píxide abierta —con unas cuantas hostias dentro—, una patena, una copa para comunión de los fieles y el braserillo del incensario con su respectiva cucharilla. El sacristán no había notado que Gilberto lo observaba y solo lo hizo cuando este tosió para llamarle la atención. El sacristán giró sin sorprenderse y se puso a sus órdenes.

—Señor, me gustaría comprar un cirio como el que las señoras prenden en aquella mesita —dijo señalando con el índice, pero sin levantar la mano, porque se acordó de que cuando era niño su madre le había inculcado que señalar era indecente.

— ¿Un cirio votivo, dice usted? —preguntó el sacristán, que con una sonrisa le recordó el valor a pagar. Cirio en mano, Gilberto se dirigió hasta donde estaba la lumbre y lo encendió. Luego se apartó un poco y sin arrodillarse bajó la cabeza. Como no sabía qué rezar se disculpó con Dios y le pidió que le ayudara a tener la calma necesaria para soportar su angustia. Después, un poco reconfortado, se dirigió a la salida, bajó las escalinatas del atrio y cruzó la calle en busca de Don Aniceto, a quien interrogó como último recurso. Al final comprobó que, aunque Isabelina asistió a la misa como de costumbre lo ignoró tal y como lo había pensado. Volvió a El Marqués desesperanzado.

Ofir, que, apoyada en uno de los mostradores, atendía a un cliente, no ocultó su gusto al verlo llegar. Él adujo haber estado al otro lado de la galería negociando un quintal de fríjol cargamanto con otros proveedores que, según él, ofrecieron un mejor precio.

—Oiga don Gilberto, usted es muy importante para que las cosas marchen bien en este granero —casi le gritó Ofir, poniendo en su rostro un ingrediente de coquetería— No se nos desaparezca por tanto tiempo…

—Y yo que pensé que ustedes se defendían solos. ¿Entonces, si yo me muero, se acaba El Marqués?

—Ni Dios lo quiera. Que se acabe El Marqués, pero que no se muera mi patrón porque me muero yo —respondió con carcajadas. Gilberto le hizo una mueca y la remedó. Ella continuó guachafita mientras sus compañeros reían de la conversación aligerando un poco su trabajo. Por esos días, Ofir pretendía hacerse notar siempre del jayán, lo hacía valiéndose de una coquetería innata que a duras penas él podía ignorar. Agobiado, ingresó a una pequeña oficina y se sentó en el taburete frente a un escritorio lleno de papeles. Sacó un cigarrillo y como de costumbre lo prendió lanzando al aire varias bocanadas de humo. La mujer se le acercó por la espalda y le acarició los hombros. Él no se inmutó y continuó fumando. La joven insistió acariciándole y lo besó en el cuello varias veces. De todas maneras, no logró que él le prestara mucha atención. Con discreción, él se escabulló moviendo la cara y evitando que ella lo siguiera besando. La tomó por los brazos y se levantó apartándola con delicadeza.

—Estoy un poco molesto, mamacita y..., ¡bueno!, ya se me pasará. —le dijo— Es mejor no molestar aquí pues no estamos para habladurías callejeras. Piense que su marido puede enterarse y tampoco conviene para nada que don Juvenal llegue a creer que su negocio es un relajo. Sigamos trabajando.

— ¡Dios no lo quiera! Que don Juvenal se entere no es tan grave. Lo grave sería que Ulises llegara a sospechar siquiera que usted me enloquece..., eso si no quiero ni pensarlo, Ulises es muy jodido. ¡Cómo me gustaría dejarlo, maldita sea!, exclamó con un manifiesto tono de odio en su mirada. Gilberto no pudo dejar de sentir algo de temor porque tal vez se le estaba enredando la vida justo cuando se había concentrado en seguirle los pasos a María Sucel. Optó, para escurrirse de la situación, por palmotearle las nalgas a la Ofir y se retiró.

—No se le olvide volver, ¿oyó? —le volvió a argüir Ofir con picardía.

El día empezó como una comedia, aunque se trataba de un dia convulsionado y lleno de refriegas. Se vio a don Aniceto gatear ofuscado y maltrecho, en medio de la multitud, para recuperar alguno de los buñuelos que rodaban por el suelo del andén de la galería a causa del desorden y la desobediencia de miles de parroquianos, que alborozados, habían volteado a empellones su vitrina ambulante. La noticia del día era la esperada por todo el país. Decenas de periódicos eran lanzados al aire con una gran cantidad de banderas amarillo azul y rojo que ondeaban sin parar. A coro, la multitud anunciaba: "¡Ganamos, ganamos!". A diferencia de otras revueltas esta contenía miles de rostros sonrientes y triunfalistas. Por suerte, a don Aniceto no le pisaron las manos aunque sus buñuelos, hechos migas, fueron alimento de las palomas de la iglesia de San Francisco frente a la galería. «¡Que se rompa esta hijueputa que mañana hago otra!» —dijo el anciano— al enterarse de la causa del jolgorio popular, y se dispuso a dejar que su vitrina fuera pisoteada por los festejantes.

—Voy a celebrar como todos. ¡Que viva Colombia! —gritó, hundiendo en el olvido su sustento diario. Despelucado y acomodándose la camisa dentro de los pantalones, corrió dando brincos y entonando el ya rutinario "¡ganamos, ganamos!". Todo el país celebraba la caída del régimen militar de Rojas Pinilla ese jueves de mayo de mil novecientos cincuenta y siete. En El Marqués también se celebraba, pero con la persiana de rejas abajo por órdenes de Gilberto, quien buscaba, además, no perderse detalle del festejo, proteger el granero de posibles vándalos y salvaguardar a su personal de los desórdenes ocasionados por la euforia. Él, autodefinido conservador, apoyaba el casi seguro próximo gobierno de Guillermo León Valencia, quien se erigía como el candidato único del conservatismo para las elecciones del cincuenta y ocho. Un radio de tres bandas estaba prendido y era Ofir quien se encargaba de buscar noticias relacionadas con la situación en Bogotá, mientras todos ponían atención a los avances noticiosos.

Bogotá, Agencia UP- El general Gustavo Rojas Pinilla renunció a la presidencia de la república y se constituyó una junta militar de gobierno compuesta por cinco miembros que presidirán las elecciones en las que el pueblo colombiano elegirá a su primer mandatario para el período constitucional de mil novecientos cincuenta y ocho a mil novecientos sesenta y dos, mismo período para el que el General se había hecho escoger…

Escuchaban sin apartar la mirada de los manifestantes en la calle. Ofir que ya no le daba mucha importancia a la noticia no perdía de vista a Gilberto que comentaba la situación con sus empleados.

—Dicen que no ha salido del país —expresó un garitero de nombre Arvey—.

—Pero tendrá que marcharse, pues ya estarán llegando del destierro los expresidentes que expulsó —acotó Gilberto, al tiempo que ordenaba a todos que se marcharan a sus casas no sin antes recomendarles precaución por la excesiva cantidad de borrachos y gente armada dentro de las manifestaciones—. Los empleados recibieron la noticia con alegría. El día era joven aún para aprovecharlo con familiares y amigos.

—¿Y usted va a permitir que yo me vaya sola para mi casa? ¿Qué tal que algo malo me suceda? —preguntó Ofir, con malicia. Gilberto comprendió. Se dejó seducir por su belleza y decidió no dejarla partir. Los ojazos de Ofir brillaron inquietos ante la situación y un susto acosador la invadió. El hombre miró a través de la reja que protegía la entrada de los manifestantes y al comprobar que nadie conocido estaba tras ella le pidió a Ofir que lo esperara en el cuartico. Pálida y excitada, la mujer ingresó y él la siguió unos segundos después. La locura se apoderó de los dos y solo los abandonó cuando se saciaron el uno con el otro. Gilberto se organizó los pantaloncillos que nunca se quitó por completo, puso en orden su camisa que contaba con unos cuantos botones desabrochados, extrajo una peinilla negra, se peinó y culminó arreglándose el fino nudo de la delgada corbata, que se había estropeado con el ajetreo. Ofir hizo lo pertinente para ponerse bien y lucir como si nada hubiera sucedido.

—Váyase, váyase que no nos conviene que nadie nos vea tan solos aquí —exclamó Gilberto—. Yo abro la reja y usted sale. Tenga mucho cuidado porque el relajo allá afuera es desmedido.

—¿Usted sigue pensando en María Sucel? —preguntó ella enigmática pero seductora—. Él nunca le contestó tal y como había sucedido por las últimas semanas y la disuadió retirando una barra de metal que aseguraba la reja que levantó hasta la cintura. Ofir se agachó, salió y en cuestión de segundos fue absorbida por la multitud. Gilberto bajó nuevamente la reja y se situó en un lugar que le permitía ver lo que acontecía. Pensó por largo rato en las circunstancias de su vida y mientras miraba a la gente aparecer y desaparecer frente a la reja, recordó su pasado: «dónde estará la mujer de mi vida, qué será de los Baroja», pensó sentado en un taburete en el que solo apoyaba sus dos patas traseras contra el piso y se recostaba a la pared formando una especie de hamaca con la comodidad necesaria para descansar la pensadera. La algarabía exterior no perturbaba el silencio del local. Un cigarrillo prendido en sus labios desgastaba su blanca envoltura que convertida en ceniza caía por voluntad de la gravedad muchas veces sobre la camisa o el pantalón. Se ensimismó ignorando todo a su alrededor. De vez en cuando su respiración rompía el silencio mientras uno de sus ojos permanecía medio cerrado para que el humo que subía del cigarro no lo hiciera llorar. «El mes pasado cumplió diecinueve», pensó. La reja retumbó con dureza. Don Aniceto la había estrujado entusiasmado por la algarabía. El día ya se había convertido en un carnaval. Al verle sonriente Gilberto comprendió que debía marcharse a celebrar al igual que los demás, considerando que no sería peligroso.

—¿Usted qué hace por aquí? ¿Fue que ya vendió los buñuelos o fue que los regaló?

—Ni lo uno ni lo otro. Los buñuelos hoy se acabaron más rápido. Con todo este gentío contento no duraron ni un minuto.

—¿Eso quiere decir que los vendió todos?

—Eso quiere decir que no vendí ni uno, pero que hice una donación especial a las palomitas de la galería. Hablaron mientras el administrador se ocupaba de asegurarse de que El Marqués quedara bien cerrado.

— ¿Y cómo es eso de que las palomitas de la galería hoy tienen el gusto de comer los buñuelitos suyos? ¿Es que les envió una gentil invitación?

—Ya quisieran…, unos bellacos manifestantes me rodearon ignorando que tenía la vitrina y entre empellones me tumbaron todo. Pero, en fin, eso no es importante ahora. Lo más importante es que estamos celebrando la caída del General y que a partir de ahora tendremos prensa sin censura, elegiremos el gobernador y podremos vivir en democracia como lo manda Dios. Partieron hacia un bar cercano y pidieron cerveza. La mujer que los atendió les advirtió que deberían pagarla por adelantado y que deberían tomar parados porque las sillas estaban ocupadas en su mayoría. No permanecieron por mucho tiempo en el lugar y prefirieron abrirse cada uno para sus respectivas casas. Gilberto partió y sin prestar mucha atención a la gente que de alguna manera lo saludaba a su paso. Caminó unos veinte minutos, dejándose llevar por su intuición y solo se detuvo en una esquina donde ingresó a una pequeña tienda en la pura loma de un barrio empinado de Armenia. De la misma manera, lo venía haciendo desde días atrás. Era un sitio pequeño, más bien un tomadero de tinto, café pintado, algunas bebidas gaseosas y productos de panadería siempre frescos, el local solo contaba con tres mesas de cuatro butacas cada una. Se sentó justo en una de las mesas que le permitía visualizar toda la calle, poniendo cuidado en una casa en particular ubicada en la pendiente, a la altura del inicio de la cuadra. La dueña del lugar lo saludó limpiando el exceso de agua de sus manos con un trapo mientras en sus labios afloraba una amable sonrisa. Se sentó al tiempo que aligeraba la presión del nudo de la corbata sobre el cuello. Ella no esperó instrucciones ni él se las dio, sirvió un tinto y se lo acercó a la mesa. Él le mostró la cajetilla de cigarrillos vacía y ella regresó con una nueva y una caja de fósforos. Se tomó el café en forma pausada, atisbando con esmero a lo largo y ancho del vecindario que encerraba sus limitados anhelos. Le preguntó a doña Etelvina a cuánto llegaba su deuda con ella hasta ese día, pues era consciente de que hacía rato no le había hecho ningún abono y ya hasta pena le daba de pedirle más café.

—Al paso que voy, va usted a quebrar por mi culpa. ¿Cuánto le adeudo? — preguntó— hoy vengo dispuesto a pagarle todos mis sorbos de amargura esquinera.

—Ja, ja, ja —contestó la señorona— mañana le digo don Gilberto, son solo unos tinticos diarios que ya hasta me da vergüenza cobrarlos. Doña Etelvina se sentó junto a él y entre los dos comenzaron a hacer las cuentas que ya contaba con casi nueve meses de tintos y cajetillas de cigarrillos. Pasados los minutos Gilberto le pagó con un fajo de billetes que desenfundó sin contar.

—No debería pagar más de la cuenta don Gilberto. Yo siempre le he servido con el mayor de los gustos. Pero cuénteme, ¿sigue tan despechado?

—Estoy decidido a ir hasta esa casa y pararme frente a la puerta y golpear hasta que salgan todos. Si sale el viejo Elías lo saludo y le pregunto por ella. Si sale la mamá también la saludo y le pregunto por ella y si sale ella le pregunto si alguna vez ha pensado en mí.

—Por lo que veo, sigue sufriendo. Esta mañana la vi lo más de oronda, bien arreglada y con el cabello bien peinado. Iba de falda negra y blusa rosada. Se veía muy bonita —dijo doña Ete—. Por casi una hora, Gilberto permaneció allí, ordenó sendos tintos que bebió pausadamente en medio de aspiraciones de humo e inspiraciones que plasmaba en una hoja de papel de cuaderno que le pidió regalado a doña Ete, como solía llamarla, y escribió:

¿Qué harás ahora
justo en este momento…?
¿Pensarás en mí
o leerás un cuento?"…

Juan de Dios

... 1969

El médico ni se inmutó, mantuvo una postura frívola, despreocupada, que, para nada despejaba las contradicciones, ni descongestionaba los atribulados sentimientos de María Sucel. Ella había pensado que las cosas venían bien con lo de las anticonceptivas, pero ahora ostentaba una sofocante realidad.

—A ciencia cierta no se puede decir si fallaron las pastillas o si falló usted. Es posible que usted haya interrumpido la dosis o que su organismo haya ignorado su efecto, Estas cosas suceden con frecuencia, el método anticonceptivo más eficiente sigue siendo la abstención — Dijo el médico—

María Sucel volvió a deprimirse. Durante la semana siguiente estuvo acongojada y ni se arregló para salir a visitar a su amiga Ifigenia. Se autocensuró, pensando en el gran esfuerzo que había hecho con el aborto que se había practicado meses atrás. Prefirió consultar aquel médico que le había inspirado confianza. Intuía que sería muy peligroso abortar de nuevo dado lo reciente y traumático que le había resultado el proceso realizado. Retornó donde el galeno y le consultó acerca de los riesgos que correría su embarazo por tener un útero tan débil o los peligros que tendría si se llegase a practicar una nueva interrupción con tan poco tiempo de recuperación. El médico desconocía lo del aborto y al enterarse de labios de la propia paciente prefirió no asumir ninguna posición profesional. Ella se sintió más sola que nunca para decidir su futuro. Esta vez no hubo pellizcos al vientre, ni desesperación. La frialdad la acompañaba junto con las ganas locas de tener a su madre cerca para pedirle aunque fuese oraciones. Doña Ifigenia, ya involucrada en el problema, se comportó como una gran amiga, brindándole ánimo y ayudándole a administrar sus pensamientos. Gilberto siguió ajeno a toda la situación sumergido en sus entusiasmos. Al cabo de mucho reflexionar la suerte fue echada y los Cervantes tendrían un segundo rolo o rola al que, o a la que, habría de buscársele nombre. La barriga había crecido durante cinco meses. La vida en Bogotá se había tornado dura para ella en vista de que su Gilberto permanecía mucho tiempo en el llano, aunque las remesas llegaban puntuales. Rosalía emergía en la casa como el miembro en quien se apoyaba todo el trabajo pesado como la lavada de ropas, la preparación de alimentos y el cuidado de los niños. El embarazo era controlado muy de cerca por el médico por ser considerado de altísimo riesgo y la figura de ella se había deteriorado ostensiblemente. La noticia del nuevo embarazo produjo bastante entusiasmo en Gilberto que por esa época andaba ubicando a sus padres Acasio y Sara que habían resuelto llegar a vivir en Bogotá buscando su protección económica, pues, pese a que pertenecían a una numerosa familia, sus hijos Analdo y Sigifredo no habían logrado repuntar económicamente para brindarles sustento. Llegaron a residir a un lugar cercano a La Granja, también a un inquilinato donde se acomodaron con todo y corotos. Federica o la Ñata, la hermana de Gilberto, y el pequeño tahúr Sigifredo, que por holgazán nunca se despegaba de las enaguas del par de viejos, viajaron con ellos agrandando el grupo por mantener.

Eran los tiempos del sesenta y siete, cuando, a la altura de septiembre, las cosas empezaron a enrarecerse. Gilberto se había obligado a viajar cada fin de semana a Bogotá en procura de recuperar el dinero prestado a Don Octavio, pero este se le escondía aduciendo estar atareado y en su reemplazo doña Marina trataba de palear las relaciones creando un misterioso laberinto de desconfianzas. María Sucel se había vuelto escéptica con el tema y hasta había empezado a recriminar la relación con los Tejada, tildándola de tendenciosa y poco recíproca. Las finanzas de Gilberto empezaron a flaquear.

Salieron a pasear rememorando los viejos tiempos cuando en Armenia solían hacerlo cada martes. Esta vez había sido instalada en Bogotá, cerca del barrio La Granja, una ciudad de hierro con atracciones formidables y por demás fantásticas. La pasaron muy bien por más que María Sucel estaba delicada por lo del embarazo. Una salida familiar por primera vez en Bogotá los reconfortaba. Estuvieron fascinados con la iluminación y la multitud que les creaba una magia de compenetración y orgullo. Las sonrisas brotaban por doquier. Los niños gritaban en vez de hablar para que fueran escuchados en medio del bullicio. Toñito y Tomás tenían la tarea de no descuidar a los chiquitos. Gilberto, sin embargo, andaba nervioso. Sabía que le esperaban días duros, días de cambio y determinaciones. Algo así como los días del juicio final en los que aún faltaban muchas cosas por suceder, cosas definitivas en la vida de todos, todo un tornado de situaciones que arrancaría de los propios cimientos los bastiones de confianza y seguridad que aún estaban en pie. Él no podía evitar el caminar ausente, nadando en sus penas, aunque nunca desatendía las miradas de cada uno de ellos, a todos les brindaba amplias y sinceras sonrisas. Ella, sin embargo, lo venía notando arisco, temeroso, pero no se atrevía a preguntarle nada pues también estaba nerviosa e invadida de un raro escalofrío en su alma como presagiando que algo raro estaba pasando. Esta primera invitación a salir por parte de Gilberto surgió espontánea pese a que él estaba raro y no lo quería dejar notar. Subieron todos al tiovivo por considerarlo el menos peligroso pues eran pequeños. Montaron en los caballitos y apostaron a ser el mejor jinete. María Sucel se sentó a disfrutar de tanta alegría en una banqueta ubicada en el local de un feriante. No apartaba su vista de Gilberto. Lo notaba turbado y haciendo un gran esfuerzo por estar feliz. Al salir del tiovivo asediaron a un vendedor de algodón dulce al que le vaciaron el estante y le llenaron el bolsillo de monedas. Luego se estacionaron frente a otra barraca que les llamó la atención porque la presentación del especialista en desatarse había comenzado. Ninguno de los Cervantes Baroja cerraron la boca por el asombro que les producían las destrezas del hombre al que Gilberto premió con propinas mientras pensaba en la analogía que le ofrecía tal espectáculo del que, pese a la dificultad, el artista salió airoso. Aunque reflexionó sobre su problema se reconfortó abismándose en los rostros felices de los chiquilines. María Sucel le preguntó "¿Usted me quiere?", y él, entre sorprendido y maravillado sonrió, haciéndose el ofendido y le contestó que la quería con toda su alma, no sin antes estamparle un beso en la frente. Siguieron caminando sin quitar sus ojos de todos que revoloteaban y le pedían monedas para comprar toda suerte de chucherías. Al llegar al barracón de la risa aprovecharon para sentarse en un lugar desde donde podían tener completo control sobre los niños que disfrutaban ahora viendo sus cuerpecitos deformados en los espejos. La risa no cesó. La pareja se tomó de gancho y recostaron sus cabezas. Él, le acarició la barriga agrandada y así permanecieron por unos segundos.

—Este es el estado ideal en el que deberíamos vivir. Lástima tanta viajadera…, qué bueno fuera que usted viviera aquí con nosotros todo el tiempo. Él le dio la razón, refiriéndose al llano como un sitio mejor para el espiritismo que para las ventas.

—Los niños reclaman a gritos su presencia y yo también. Gilberto no contestó. La besó nuevamente en los cabellos y destemplado dejo salir una frase fría que llegó a los oídos de ella:

—Don Octavio me evade porque le pido que me pague el dinero que le presté… Ella se puso seria.

—¿El dinero? ¿Cuál dinero? —Impugnó—

—Los ahorros que trajimos de Armenia —contestó volteando la cabeza hacia sus hijos para no mirarla de frente a ella con sus ojos humillados— Ella se apartó de él, miró a sus hijos y se dejó venir inquisitiva.

—¿El poco patrimonio de nuestros hijos? Él agachó la cabeza y no moduló palabra. Ella se incorporó y caminó hasta donde jugaban los niños. Su cara se mojó con lágrimas. Fue entonces cuando decidió que no dejaría que la vieran llorando, sobre todo para no estropear la delicia que vivían y regresó hasta donde su esposo preguntándole cuándo se la pagarían.

—¿Será que ese señor Tejada al que usted ha visto como

al mismo Dios es un hombre honesto? ¿Qué documento firmaron?

—Ninguno… —contestó taciturno—.

—¿Cómo pudimos caer tan bajo?, son nuestros hijos los que pagarán las consecuencias. Presiento que jamás tendrán un techo dónde dormir. ¿Y usted, qué ha pensado hacer?

—No lo sé —Contestó— y todo se quedó en silencio por varios días.

Él, regresó al llano con la esperanza de enderezar el destino. Sin embargo, de los Tejada nada se sabía, regresó porque tenía la responsabilidad de hacerlo aunque a sus jefes parecía que se los había tragado la tierra y su extremo silencio era preocupante. A la mañana siguiente, se encontraba organizando cuentas en la bodega que le servía de refugio cuando sintió golpes en la cortina de metal que hacía las veces de portón. La abrió de un jalón hacia arriba y vio frente a él a unos uniformados que, después de preguntarle su nombre, le pidieron que los acompañara a la comisaría. Acudió sin reparos, pero lleno de incógnitas. Presentía que algo oscuro estaba pasando y que tenía que ver con los Tejada y su inesperada desaparición. Sabía, sin embargo, que había actuado con mucha honestidad siempre y que no le había quitado ni un centavo a nadie. Al llegar al lugar uno de los uniformados, al parecer el de mayor rango, le pidió que entrara a su oficina donde con cordialidad le comentó que desde hacía varios años venían siguiendo la pista de los Tejada porque eran unos perseguidos por la justicia, acusados de fraude, asociación para delinquir y estafa en mayor cuantía. También lo enteró de que formaban parte de una red de delincuentes que usaban un restaurante en Bogotá como sede y haciéndose los espiritistas estafaban a gente de todas las clases sociales, y que, además, vendían mercancía contrabandeada desde Venezuela que entraban irregularmente por La Guajira. Le contó también que en el mismo operativo desmantelaron una célula de Armenia y que habían liberado a una mujer que uno de los delincuentes de nombre Ulises Calzada, alias el Conejo, mantenía en esclavitud bajo amenazas de muerte y a quien, coaccionada por la seguridad de sus seres queridos, la obligaban a delinquir robando dineros de empresarios y hombres del comercio que iban a parar a grupos delincuenciales. Según ellos, luego de que Gilberto les indagara, al escuchar el nombre de Ulises, se trataba de una tal Ofir de apellido Garrido, que ahora estaba protegida por las autoridades en Armenia por lo de las amenazas de muerte que tenía por parte del tipo que la coaccionaba. De Ulises supo que estaba escondido y que las autoridades tenían orden de captura en su contra.

Toda esta confesión le produjo a Gilberto un desaliento tal que sus piernas flaquearon y su estómago se contrajo ocasionándole una diarrea instantánea que angustiosamente tuvo que contener. Era ya la tercera vez que la sentía luego del robo de la casa y del atraco el día de la partida hacia Bogotá. Su drama, que había comenzado hacía tantos años aún estaba latente, es más, él mismo era ahora parte de un problema mayúsculo pues era una víctima que arrastraba a su esposa y a sus hijos, así como a la misma Ofir, a quien, hasta ese momento, había tratado de enterrar en su conciencia como a la más traicionera de sus amantes, como a una enemiga. Se compadeció de ella con terror. Nuevamente las contradicciones llegaron. Cavilaba si fuese que Ofir nunca lo había querido verdaderamente, si sería que sí lo quería, pero que no podía renunciar a hacerle daño, sería, sería, sería... Pese a estar ante la justicia sin ningún reparo, por simple reflejo, pensó en sus hijos y en María Sucel. Se sintió vejado. Mientras tanto, empezó a narrar su propia historia y contó a las autoridades de su relación con Ofir. Gilberto Cervantes-Cervantes junto a Ofir Garrido serían pues fichas clave en el juicio e investigación contra esos delincuentes, en otras palabras, más problemas. El oficial estuvo interrogándolo por casi dos horas y él, por fortuna, no salió incriminado. Las autoridades sabían que trabajaba con honestidad gracias a las investigaciones que venían efectuando, pero lo perdió todo. Solo le fue exigido trabajar en el llano por los próximos días o semanas mientras se recuperaba la cartera pendiente de pago de muchos clientes y que únicamente él conocía. Sin embargo, esos fondos estarían decomisados y solo podría percibir una paga ajustada. Gilberto no regresó a Bogotá de inmediato, pues había acordado con los uniformados averiguar por Ofir que al igual que él, en calidad de testigos protegidos, deberían permanecer vigilados hasta cuando Ulises fuera apresado. La esperanza de recuperar parte del dinero nuevamente floreció en él. Se la jugó preguntando si podía visitarla en el lugar donde estaba y las autoridades aceptaron, pero le advirtieron que estaría vigilado por los riesgos que ello acarreaba, inclusive le dijeron que no podría tener diálogos con ella sin la presencia de una autoridad. Otra condición, talvez la más definitiva, fue que solo podría verla si ella lo consentía. Él aceptó y al día siguiente recibió la confirmación. Dentro de las cosas que se acordaron, por petición expresa de Gilberto, en consideración de su condición de testigo no inculpado, fue que las autoridades mantuvieran toda la investigación sin el conocimiento de su familia y amigos de Bogotá. En vista de las circunstancias las autoridades también le dieron esa seguridad. Pudo así respirar tranquilo, al menos por ese momento.

Salió para Armenia vía Bogotá en un viaje de doce horas ininterrumpidas. Llegaría a un hotel señalado por las autoridades y allí le darían instrucciones luego de que reportara su llegada en la recepción. Se trataba de un hotel cercano a la galería que él ampliamente conocía pues en ese mismo lugar algunas veces había tenido encuentros sexuales con Ofir. Estuvo allí por espacio de un día y no se atrevió a bajar al lobby por temor a ser reconocido. Hasta el momento de su llegada, en plena madrugada, nadie lo había visto a excepción del botones que repetidas veces lo atendió en años anteriores. A Ofir se la llevaron a la habitación ese día como a las dos de la tarde. Llegó acompañada de una guardiana, una mujer joven pero corpulenta y amable. Llegó con la cabeza forrada en una pañoleta negra y con gafas oscuras. Se quedó sorprendido por su parecido a la Sofía Loren de esa época que aparecía en periódicos siempre cubriéndose del asedio de los fotógrafos. Ese parecido era lo que más le gustaba de ella. Al verlo, Ofir se alegró, se le notaba en su sonrisa franca, pese a que aún no había podido leer sus ojos. Pese a todo ese embrollo de circunstancias hechas realidad, sintió alegría de verla. Se quedaron observándose por segundos.

—Hola, Ofir, ¿cómo está? —saludó Gilberto, titubeante—.

—Ahí como lo puede ver, huyéndole a la vida misma —le contestó exhalando el aire que tenía aprisionado en sus pulmones—.

—Pero siga, siga y se sienta en la cama porque nos van a dar muy poco tiempo —apuntó turbado haciéndose el muy serio—. Había tenido muchas horas de soledad desde su salida de Villavicencio como para pensar las cosas que le preguntaría. Sin embargo, no pudo dejar de observar la belleza que aún conservaba, aunque lucía más flaca que de costumbre. Ofir se acercó a la cama nerviosa, expelía un raro olor a melanina. Gilberto intuyó que estaba bajo mucha presión y como para emparejar los ánimos tomó una silla que estaba frente a un pequeño mesón y la ofreció a la mujer que hacía de guardia.

—Siéntese, por favor, señora, ¿cuánto tiempo tendremos para hablar? —preguntó respetuoso—.

—Unos veinte minutos, quizás un poco más —le contestó la guardia sin mirarle al rostro—

—Ha sido horrible todo cuanto ha sucedido, ahora estamos pobres, tristes y sin muchas esperanzas —dijo, refiriéndose a Ofir —.

—Así es —contestó ella arrojándose de rodillas frente a él y llorando como una Magdalena— es la vida que nos tocó vivir, siento mucho todo lo que ha pasado, pero yo no puedo dejar de quererlo, no puedo por más que lo intento —recalcó muy descompuesta—.

—Párese Ofir, no quiero que suframos más, tranquilícese y cuénteme cómo fueron las cosas —le dijo hincándose para ayudarla a levantarse—.

—Me obligaron a seguir sus pasos, me tenían amenazada con matarme y con matarlo a usted si las cosas no les salían bien. Cuando Ulises notó que yo verdaderamente estaba enamorada de usted se empecinó en hacernos mucho más daño a los dos. No sabe cuánto he sufrido con todo esto Gilberto querido —Ofir se lo confesó muy triste y entre sollozos, mientras él la miraba tratando de descubrir alguna franqueza en medio todo ese drama—.

—Yo hacía todo cuanto me pedía Ulises. Así fue como

seguí sus pasos hasta El Paraíso para contarle cuantas cosas tenía en su casa. Tenía que enterarlo de todo para que no nos matara. Cuando me enteré de lo del robo sufrí mucho. Yo no sabía que lo iban a hacer. —Confeso ella conmovida— me obligaron a obtener su dinero de a pocos y a entregárselo. Ese infame nos usaba solo para eso. Él le daba cuentas a una mafia mucho más grande. Al igual que a mí, manejaban la vida de otras personas que debían hacer lo mismo. Muchas veces llegaron a asesinar gente que no quería colaborar y, aunque no me lo crea, me lo contaban para que yo tuviera miedo. De usted Gilberto yo sí he estado muy enamorada e hice hasta lo imposible por protegerlo. Cuando usted decidió partir a Bogotá ellos ya sabían que usted llevaba dinero y resolvieron atracarlo. Lo sabían no por mí, sino por alguien que lo chivateó desde Bogotá. De eso no supe mucho por qué ya las cosas con Ulises iban muy mal. Cuando me enteré, quise matarlo, pero fue él quien casi me mata. Entonces fue cuando decidí huir. Luego me enteré de que usted se había ido para Bogotá, tratando en parte de esconder nuestra verdad de tantos años. Gilberto no lo podía creer. Le estaban contando una historia patética, muy sufrida y llena de desesperanza. Ofir parecía sincera y se notaba bastante afectada. Quizás cada uno veía en el otro el único faro de luz entre tanta incertidumbre.

—He venido para preguntarle por los ahorros que usted me tiene —dijo Gilberto casi adivinando la respuesta. Ofir no fue capaz de mirarlo y se quedó callada.

— ¿También se los entregó a Ulises? —arremetió Gilberto y ella movió su cabeza afirmativamente—.

—¡Perdóneme, Gilberto por Dios! ¡Perdóneme!, de no haber sido así estaríamos todos muertos. Usted, yo, María Sucel y quién sabe si sus hijos. Ellos ya han matado mucha gente en el Quindío. Gente como usted y como yo. Era ya muy poco lo que tenían que hablar ese día. Gilberto se dirigió a la guardiana y le recordó que los veinte minutos ya se habían consumido.

—Le agradezco mucho, señora, que haya acompañado a Ofir a esta cita. La señora no le contestó, pero apretó los labios. Con seguridad estaba compungida por todo cuanto había escuchado.

—Siento mucho todo lo que nos ha pasado y me alegro de que aún estemos con vida. Cuídese mucho de Ulises, es un hampón de la peor calaña. Eso ya usted lo sabe. Le deseo mucha suerte —le dijo con toda sinceridad a su antigua amante—.

—Solo le pido que me perdone por el amor de Dios —contestó Ofir con determinación, pero sumisa y apesadumbrada—. Es lo único que podría reconfortarme el alma. Quiero demostrarle, si Dios y la Virgen me lo permiten, que siempre he sido una mujer buena y que jamás he dejado de quererlo. Gilberto no moduló palabra, pero la escuchó con respeto. Ofir se dio la vuelta y le pidió a la señora que se fueran. Él regresó a Villavicencio tal y como lo había convenido con las autoridades. Regresó repasando en su mente todo cuanto estaba sucediéndole. Prefirió dar larga a los acontecimientos y empezó a pulir su idea de independizarse como vendedor en Bogotá. Es decir, trabajar solo para él empezando con alguna mercancía prestada y no tener más jefes ni tener que confiar en nadie más que no fuera él mismo. Sabía que su economía estaba derrumbada y que eso afectaría a toda la familia. Pensó en su mujer, en su avanzado estado de gestación y se alegró de verla ausente de tantas cosas malas que a él le venían acosando. Mientras tanto, María Sucel ya había coordinado con Berenice, la misma partera que había recibido a Acasio Elías, para que recibiera a Juan de Dios a comienzos de enero del setenta y ocho, pese a que el médico recomendaba que el parto fuera realizado en una clínica de maternidad. En noviembre, Gilberto llegó a la capital. Traía la ilusión de ver a sus hijos y de sentir las pataditas que Juan de Dios pegaba desde el vientre abultado de su mujer.

Gilberto llegó ilusionado pese a las circunstancias, ilusionado como siempre, cada vez que María Sucel iba a parir. Entre sus planes estaba, unos tres meses después de que lo del parto se resolviera, comentarle toda la situación a mi vieja, comentarle cómo Octavio Tejada les había robado el dinero pues su exjefe había resultado ser un estafador junto con su mujer y que, por eso, ya estaban en la cárcel. En otras palabras, le contaría una verdad que ella pudiera encontrar justa y cierta, pues el resto de las verdades las depositaría por ahora en otras alacenas de su mente, en otro de sus exilios, hasta siempre o hasta no sabía cuándo. Por esa época los pequeños estaban en vacaciones escolares y permanecían todo el tiempo en casa. Lo del juicio, sin embargo, seguía siendo un asunto por resolver. Gilberto debía acudir a los juzgados de Paloquemao en Bogotá a dar testimonios durante todo ese mes. Lo haría a sabiendas de que María Sucel no se enteraría de nada. Todo esto constituía más preocupación para él que continuaba haciendo de tripas corazón. Durante el primer día del juicio tuvo contacto visual con Ofir, a quien observaba todo el tiempo y de quien se sentía observado sin misericordia. Por ser testigo estrella de toda esa investigación, a ella la tenían oculta en algún hotel de Bogotá. Al menos mientras pasara el juicio y la declararan inocente de toda culpa. Esos encuentros con Ofir en pleno juicio lo impactaron mucho, comprendía de muchas fuentes o testigos, cómo ella había sido vejada con tanto salvajismo y había sido obligada a delinquir por el tal Ulises que aún estaba fugitivo. Llegó a enternecerse agobiado por las últimas palabras de Ofir en el hotel de Armenia. Ella le había asegurado que lo seguía amando, que siempre lo había amado. Gilberto se sabía muy débil frente a estos asuntos, los asuntos del corazón. En uno de los descansos, el segundo día del juicio, él decidió acercársele y hablarle. Lo hizo porque la vio sola y presumía que estaba deprimida, talvez con frío. Pensó que ella no estaba acostumbrada al frío, ni a la ciudad, ni al aparente despotismo de su gente, especialmente en medio de una situación tan comprometedora como un juicio.

—¿Cómo se siente? —le preguntó conmiserado—.

—Triste, pero con la ilusión de salir libre. Libre de toda esta mierda que se me ha pegado en la vida —contestó receptiva y muy pegada a las circunstancias—.

—¿Lo dice también por mí?

—No lo digo por usted, ¿por qué habría de decirlo? Si a usted también lo tiene salpicado toda la podredumbre que me acompaña. Solo espero que todo esto pase y ya veré qué hacer —comentó ella sin esperar que Gilberto le preguntara qué pensaba hacer con su vida—.

— ¿Va a regresar a Armenia?

—¿Cómo se le ocurre Gilberto? —contestó indignada— con Ulises suelto no tengo forma de pisar ni Armenia, ni Montenegro, ni Quimbaya, ni nada que se le parezca en el Quindío. Esa tierra es un infierno chiquito para mí. Debo desaparecer y olvidarme de…

—Y, ¿a dónde piensa ir?

—Ellos me dejarán en el hotel donde me tienen, creo que por un mes, pues creen que podrán apresar a Ulises.

Luego deberé resolver qué hacer con mi vida. Por ahora no lo sé. Ya veremos.

—Y… ¿como se llama el hotel?

—La Quinta de San Diego. Es un hotel pequeño pero muy cómodo y elegante. La comida es buena, aunque no sirven frijoles con chicharrón ni tajadas de plátano. Ayer pedí una mazamorra y lo que me trajeron fue maíz dulce cocido, creo que lo llaman peto.

—Y… mientras pasan las horas, ¿qué hace?

—Todavía no hago nada. Me quedo en la cama escuchando noticias en el radio cuando no escucho música. Lo hago con la esperanza de saber algo de Armenia. No sé…, tengo el presentimiento de que en algún momento escucharé alguna noticia buena para mí pues todo cuanto escucho y veo es malo. Eso pienso —lo dijo y nuevamente se le aguaron los ojos—.

—Todo saldrá bien… Seamos fuertes, así nadie más sufrirá… — propuso Gilberto para darle ánimo.

—Ahí veremos— le contestó. Él no volvió a hacer preguntas y ella, sintiéndose muy desanimada, prefirió no aportar detalles a esa conversación. Entonces volvieron a sumirse en un silencio que hacía más notorios y elocuentes los gestos y movimientos de los dos. Se atisbaron discretamente hasta que fueron llamados donde el juez. Gilberto pensó en María Sucel nuevamente. Se sabía miserable al pensar que en manos de él estaba quedando la felicidad de las dos mujeres que habían cifrado vidas paralelas para hacerse a su amor. Su esposa ausente, angelical aún y ya con casi ocho hijos suyos, y la Ofir, enamorada y aún fresca sin haber parido, ardiente y juguetona en su semblante y desafiante y apasionada en su mirar. Nada podía hacer ante las confusiones que le declaraba su vida. No sabía distinguir entre el amor y sus instintos. Aterrado pensó que jamás supo hacerlo. Quizás con María Sucel sentía el verdadero amor, pero ¿qué sentía a esas alturas por Ofir?, no pudo evitar ver a Ofir muy bonita aunque un poco menos seductora que siempre. En su interior se sintió infinitamente solidario con su sufrimiento pese a que sin querer ella lo había conducido al laberinto en que se encontraban. Quiso haberle pedido pormenores de sus actos, pero le pareció morboso hacerle recordar tantos detalles íntimos salpicados de mezquindad y daño. Fue entonces cuando evocó su bondad de su otro exilio, el del espiritismo, y trató de explicarse a sí mismo sus valores. Dedujo que en otra vida habían tenido una muerte traumática o algo por el estilo y que por esa razón sus espíritus estaban intranquilos sufriendo en este mundo. Evocó y evocó llegando a concluir que tanto él como Ofir eran espíritus buenos que estaban siendo utilizados por otros imperantes en la tierra y de muy bajo nivel, es decir, espíritus malos. Al llegar a casa, María Sucel lo notó muy tenso y distraído. Lo consintió con bocados que había preparado, irónicamente parecidos a los que le ofreció a la llegada de El Marqués, el día que Ofir la visitó antes del fatídico robo. Gilberto le agradeció y con inusitado afán le dio a entender que debería orar por una señora que estaba pasando duras penas en Bogotá. Ella comprendió, entonces se encerró en el pequeño santuario y oró por ella y por él. Ofir, mientras tanto, miraba las cuatro paredes de su habitación en el hotel y trataba de guarecerse del frío que enconado no se le apartaba de la piel, ni de las entrañas. Estaba muy sola y abandonada, pese a que Gilberto deseaba con sus oraciones hacerle llegar un espíritu bueno que la acompañara.

Los días pasaron y el juicio evolucionó. Gilberto

compartía de forma regular en el juzgado los descansos con Ofir llegando a crearse entre ellos una nueva confianza, esta vez, enmarcada por la solidaridad que los dos se reservaron. La mujer había logrado, talvez proponiéndoselo, que su examante, tácitamente la perdonara, y que echara en el olvido todo cuanto había ocurrido. Faltando una semana para acabarse el mes de gracia que las autoridades habían dado para protegerla y en vista de que Ulises no había sido apresado, las angustias retornaron a la rutina de los dos. Ahora se le planteaba a Gilberto la necesidad de participar de la protección de Ofir, que debido a las circunstancias debería quedarse en Bogotá en algún lugar anónimo. Él nuevamente se sintió responsable, repitiendo el rol de buena persona que había asumido toda su vida. Nuevamente ella dependería de él, al igual que sus padres y su esposa con todo y sus hijos. El problema más angustiante seguía siendo su situación económica, que ya por esos días les hacía asomar a un absoluto mundo de necesidades y acosos.

—¡Qué sorpresa! —exclamó María Sucel con cierta ilusión—, ahora que caigo en la cuenta salimos de Armenia y no nos despedimos de ella. Nuestra casa de ahora, en nada se parece a nuestro palacio de El Paraíso, pero está limpia. Podríamos ofrecerle un algo con chocolate santafereño y el buen pan de don Alirio. Seguramente traerá carta de mi madre… Al caer la tarde llegó Ofir. Gilberto fue por ella al supuesto lugar donde sus familiares la recibieron en la capital. A su llegada la cordialidad rebosó las expectativas. María Sucel en su incomodidad hizo de excelente anfitriona. Se charló mucho sobre Armenia. La noche dejó caer su manto de sombras acompañadas por una fría ventisca. Las calles se vaciaron y solo caminaban de regreso aquellos que dejaban los buses y acudían a buscar sus cálidos refugios.

Siendo las diez de la noche la polémica se encendió en torno a si Ofir debería regresar esa misma noche a casa de sus familiares o si los Cervantes le ofrecerían techo. Mientras la esposa argüía una excesiva incomodidad, Gilberto, por su parte, hacía amagos de someterse a lo que ellas definieran. El hecho era que Ofir debería expresar si deseaba quedarse pese a la incomodidad. Luego de aceptar quedarse, se discutió quién dormiría en cama de quién, pues contando ahora a Rosalía, la familia ascendía a diez y con Ofir serían once. Después de tanto decidir se llegó a la conclusión de que Acasio Elías dormiría con Rosalía y en la cama matrimonial Gilberto lo haría en el lado derecho, María Sucel en el medio y Ofir al lado izquierdo. Al día siguiente él habría de llevarla de regreso donde se hospedaba. La noche transcurrió alegre. Los niños se durmieron y ellos tres se quedaron departiendo antes de acostarse. María Sucel le prestó una bata-loca a su amiga y se entregaron al sueño. A la mañana siguiente Rosalía despachó el desayuno y Ofir se despidió de la anfitriona con la promesa de llevar saludos de su parte a Isabelina.

 El once de enero del sesenta y nueve nació el último de los Cervantes. Fue un varón y le llamaron Juan de Dios. El niño llegó a una casa invadida por mercancía de toda clase, que atiborrada, apenas dejaba espacio para las camas y pequeños corredores por donde pasar. Hasta el baño tenía mercancía acumulada y en un espacio, que unía el patio con el gran dormitorio y la cocina, se hallaba aparcado el coche de metal y "La Burra", una bicicleta que aguantaba cualquier peso encima de la parrilla trasera. Las carencias se dejaron ver, la situación financiera era insostenible y todos sus dependientes pedían milagros difíciles de satisfacer: don Acasio y doña Sara, por un lado, Ofir, por otro, y María

Sucel y los hijos que, por falta de pago, perdían la confianza de don Antonio para ayudarlos más con los fiados. Al fin de cuentas, y en medio de todo el enredo en que convirtió la vida de Gilberto, la "verdad" que le contó a María Sucel fue que los Tejada desde mucho antes le habían liquidado sus servicios porque les había manifestado su necesidad de independizarse. Aunque la independencia había llegado, su mujer seguía ajena a la tragedia financiera en la que estaban sumidos.

Antes de terminar su jornada de ventas había empezado a estacionar su coche frente a un restaurante donde cada día se tomaba un tinto mientras descansaba los pies. Esta vez un tinto precedió nueve cervezas que lo emborracharon sin contemplación. Allí se quedó por varias horas pensando en su vida. Acorralado por una tapia cuyos ladrillos tenían nombres propios. Su mente enajenada lo llevó a recordar a su querida Nélida y a su atribuido hijo, que a esas alturas habría de tener unos veintisiete años, pero que no conocía porque por cosas de la vida le había perdido la pista desde cuando era chiquito. Al llegar a casa empujando el pesado coche, tambaleante, fue ayudado por Antonio, con quien después de muchos minutos, logró llevar el coche al patiecillo. Callado, cubrió el coche con un plástico. Luego entró a la pieza, donde sus hijos jugaban montándose en la mercancía, mientras ella atendía al recién nacido. Al verlo borracho, María Sucel sintió ternura por él.

—Que hoy no se guise en esta casa. —dijo Gilberto— traje pollo asado con arepas y papas saladas. Dígale a Rosalía que lo desprese y que les dé a los niños y a nosotros; y si no alcanza, hasta que tengamos la barriga llena, que me diga que aquí tengo mucha plata para comprar todos los pollos asados de Bogotá. Sacó del bolsillo una manotada de billetes arrugados y se los mostró a María Sucel. Luego se sentó en el borde de la cama donde el pequeño Juan de Dios balbuceaba inquieto y se echó a llorar inconsolable. María Sucel se contagió de pesar al verlo tan decaído, lo colmó de besos y los hijos se le acercaron rodeándolo con afecto y obligándolo a comer algo. Transcurrieron tres meses de acumulación de carencias y Gilberto seguía bebiendo. Una señora de Chapinero le ofreció trabajo por días a María Sucel, lavando ropas en un lavadero de concreto y planchando, a cambio de una ínfima compensación, pero él no se lo permitió. El alquiler entró en mora y otras cosas cotidianas empezaron a faltar.

Folio novecientos setenta y...

... 1958

Isabelina se incorporó dejando sobre el sillón las agujas con las que tejía un saco de hilo para la pequeña Myriam y se dirigió hacia la puerta. Al abrirla se encontró con un niño de unos once años, que portaba un ramillete de nardos envueltos en papel de seda. El pequeño preguntó por María Sucel.

—Un señor se las envió —dijo el muchacho señalando la pendiente— Isabelina dio un paso adelante y miró hacia la cuesta donde la tienda de doña Ete reinaba. Llevó sus manos hasta la boca cuando apreció la imagen de Gilberto observándola. Miró desconcertada el ramillete infame y le pidió al muchacho que esperara. Los nardos le gritaron que el hombre aquel estaba resuelto a retomar su lugar en la historia de los Baroja. Ingresó dejando la puerta abierta y caminó despacio hasta la cocina donde María Sucel pelaba unos plátanos. Se le acercó y quedamente le informó lo que pasaba. Se sentó, desalentada por el peso de la incertidumbre, sobre una pequeña butaca frente a la mesa del desayuno. Nuevamente se pasó la mano por la boca con angustia, mientras observaba el desconcierto en el rostro de su hija que partió hacia la puerta.

—Traigo estas flores para usted. Se las mandó ese señor, —dijo el muchacho— a la vez que señalaba la pendiente. María Sucel le dio las gracias y tomó las flores con decisión. Aunque su entrecejo se contrajo en un gesto de angustia, casi instintivamente olió su aroma. El niño se retiró y ella miró hacia la pendiente, ansiosa de descubrir el remitente del regalo. Al igual que Isabelina divisó a Gilberto y lo reconoció. Cuando él levantó la mano ella hizo lo mismo y contempló los nardos como si lo hiciera por primera vez. Luego cerró la puerta e ingresó a la casa perpleja. Colocó las flores sobre la mesita del comedor, se sentó en una de las sillas de la sala y se tomó el cabello respirando profundamente, pues aún no había logrado espantar las angustias que se manifestaban en su frente. Llevó la cabeza hasta las rodillas y así permaneció por algunos momentos hasta que levantó el rostro y miró nuevamente los nardos. Los tomó con cuidado y se dirigió a la cocina donde Isabelina permanecía sentada en el mismo lugar. Lavó el jarrón y lo llenó con agua hasta la mitad. Arregló el ramo cortando un poco los tallos con las tijeras de costura y finalmente sus delgados dedos extrajeron el pétalo más espectacular para llevarlo hasta su habitación. Sacó el cuaderno del armario, escribió la fecha y luego de experimentar su aroma guardó la pálida y sedosa muestra de amor. Elías, que había estado haciendo algunas gestiones en la calle, regresó poco después. El buen humor con el que llegó se desparramó por el piso una vez notó las flores. Cuestionó con la mirada a Isabelina, como inculpándola. Sobrecargado de celos ingresó a la habitación y desde allá la llamó a gritos "¡Isabelina!".

—Por favor no le responda mamá. Yo le explicaré lo de las flores —replicó María Sucel con arrojo— pero no pudo detenerla, Isabelina se levantó y acudió al llamado.

—Ha vuelto, ¿verdad? —Preguntó acosado Elías.

—Yo diría que nunca se ha ido.

—¡Se atrevió a tocar nuestra puerta! —exclamó lleno de coraje y arremetió en improperios contra él—. La niña no será feliz. Eso es lo que más me indigna. Las irreverentes flores siguieron llegando dos veces por semana. La joven ya no encontraba dónde acomodarlas y Gilberto continuaba atisbando en las noches desde la tienda de doña Etelvina. Las entregas hacían mucha presión en el hogar de los Baroja y la constancia de su llegada estaba colmando el aguante de cada uno de sus personajes. Una mañana, cuando Isabelina regresó de la iglesia a las nueve de la mañana, notó que María Sucel aún no había salido de la habitación. La vio cobijada de pies a cabeza. Llegó a pensar que estaba enferma y decidió moverla suavemente. Ella, que estaba despierta desde hacía ya un buen rato, se destapó, pero no pudo ocultar su expresión adusta.

—¿Qué hora es madre? —preguntó—.

—Van a ser la diez, pero no se preocupe mija que el oficio lo hago yo— respondió Isabelina—, para que se quedara bajo las cobijas con la promesa de mimarla. Le preparó una caspiroleta bien cargada de huevo y vino blanco para evitarle alguna debilidad. La invitó a que más tarde pasearan por el campo para respirar el aire fresco que bajaba de la cordillera y para que conversaran como dos mujeres grandes que se daban tiempo para ser amigas y compartir el esplendor de los días. La instó a recoger geranios o buganvilias, a escuchar los sinsontes o los cardenales y a ver cómo las tórtolas se morreaban. Poco a poco María Sucel cambió la adustez de su rostro. Isabelina le acomodó nuevamente las cobijas hasta los hombros, cerró una hendija en la ventana por donde se colaba la luz y se marchó cerrando la puerta convencida de poder ayudarle a resistir el acoso de los nardos, las rosas, los crisantemos y los geranios. Esa misma tarde salieron por el solar llevando consigo una pequeña canasta cubierta con un mantel que ellas mismas habían bordado. Llevaron bocadillos y una cantimplora llena de claro de maíz fresco del mismo día y otras delicias que la Isabelina preparó para hacer más agradable la caminada. Pasearon por diez minutos hasta que llegaron a unos cafetales plantados en columpios que formaban pequeñas colinas y agraciados por verdosas matas de plátano que les brindaban una confiable sombra. Se podían ver las chapoleras y los recolectores en la lejanía, y más allá, las casas de dos pisos con chambrana de macanas, adornadas con melenas y veraneras que brotaban de sus balcones. Las bestias amarradas y algunos perros que ladraban también armonizaban el paisaje. Por esa época los cafetales estaban cargados de florecillas blancas que daban la sensación de mostrar destellos de luz sobre los reverdecidos arbustos colmados de rojas fresas. Se llenaron de paisaje por su esplendor, como si en toda su vida nunca lo hubieran visto igual. Con las manos detrás de los muslos, la hija acomodó su falda plisada para evitar que se arrugara y se arrodilló antes de sentarse plácida frente a su madre. La charla formal comenzó. Isabelina tomó por las manos a su hija y le habló con la franqueza con que se hablan las mujeres grandes. Le dejó saber que el amor también producía angustia y que esa angustia acosa a menudo a las mujeres enamoradas. María Sucel la escuchó con desconcierto, pero con el correr de los segundos se le fue dejando entrever una sonrisa tímida. Poco a poco fue mostrando más interés.

—¿Amar es un camino de amargura? —cuestionó aún triste—.

—No hija. Amar es un don divino que a veces daña, lapida el alma y riñe con el sentido común.

— ¿Amar hace daño?

—Hacemos daño quienes impedimos que el amor florezca.

—No comprendo qué quiere decir —replicó—.

—El egoísmo que su padre carga dentro de su sangre es fruto del amor que siente por usted, mija. Su gran amor ha producido amargura en todos. Sin embargo, esa amargura nunca será más grande que la misma felicidad que le retornará el amor. María Sucel lloró nostálgica en silencio. Sus ojazos marrones se ahogaron en lágrimas que rodaron tan lentas como la salida del sol o de la luna. Las dos se quedaron en un silencio prolongado.

—Cuando usted escribió aquel acróstico, hace cuatro años, camuflado en la lista del mercado, pensamos que estaba jugando. Pero con el regreso de las flores estamos obligados a comprender la esencia de su amor. María Sucel quedó anonadada por esa confesión. Para completar, no se imaginaba, ni poquito, que su progenitora estuviera enterada del acróstico y mucho menos su papá.

—¿Gilberto le leyó el acróstico? —preguntó esperanzada—. Isabelina asintió con la cabeza. En la mente de María Sucel floreció por primera vez la esperanza de un amor recíproco y respiró con tranquilidad. La conversación se tornó más emotiva. Por primera vez hablaban de sentimientos. La muchacha resultó preguntando acerca de cuando sus padres eran jóvenes y se ennoviaron, como tratando de encontrar similitudes.

—Los tiempos han cambiado —dijo Isabelina—. Hoy es posible soñar con el amor porque antes los matrimonios se daban más bien por conveniencia de los papás.

—Qué triste debió haber sido. — Exclamo María Sucel—

—Así fue como conocí al papá de tu hermana Bertha, pero de tu viejo Elías me enamoré. Después de aquella conversación la hija acechaba al padre en su silencio. Él, parado en el descanso del patio, mantenía la mirada puesta en la cordillera que hacia lo alto se tornaba gris por la neblina del páramo. Lelo, se dejaba acariciar por el viento que bajaba fresco de los riscos arrebatándole el humo a su cigarrillo. La pasividad del momento se perturbaba cuando desgarraba esputos que arrojaba dentro de las matas.

—¿Un tintico papá? —preguntó interrumpiéndole—.

—Que sean dos, mija, sirva uno para usted y venga y me acompaña. Este fresco atardecer no se puede desperdiciar —acotó—. María Sucel regresó con dos tazas y le entregó una.

—Huele sabroso, mija. El cafecito de esta tierra huele sabroso.

—Huele a café papá —replicó ella mofándose—

—Sí, mija. Yo diría mejor que huele al perfume de la tierra —dijo Elías mientras sonreía por las palabras de María Sucel—.

—Bueno, en cierta medida lo es. —contesto ella— Se acomodaron en dos sillas rústicas que miraban el solar de la casa. Ese día, a diferencia de otros, su padre estaba reposado. Daba la impresión de que algo había cambiado en él y a la hija le agradó tanto esa actitud, que se propuso disfrutarla. El brazo del viejo la rodeó por completo y su mano recia, aunque gastada, le acomodó la cabeza sobre su pecho. Así rememoraron cuando de niña esperaba que llegara a casa para sentársele en las piernas y sentirse mimada. Era la primera vez que lo hacía desde cuando había empezado a ser una mujercita.

—Cuando una persona de mi condición se vuelve gruñona y la paciencia y la humildad no se le manifiesta, es porque su corazón está trabajando solo para mover el cuerpo, pero no para mover el alma —dijo Elías— justificando en cierta medida lo hosco que había sido con ella y su esposa los últimos días. Se quejó de que la vida lo obligaba a dedicar más tiempo en pensar en lo que se pierde con la llegada de los años que en disfrutarla. Justificó sus acciones con pesares y le reveló su tristeza por los sucesos familiares recientes, incluyendo el casamiento de Bertha con Eliseo, que lo golpeó de manera muy fuerte.

—Nunca había reparado la belleza de esos ojazos, mija— le confesó Elías, con ternura, buscando hacerla sentir bien y lo logró—, ella se lo agradeció.

—Papá, ¿pedirle perdón por todos los ratos amargos que usted ha pasado por mi culpa, es suficiente para asegurar su cariño por el resto de mi vida? Elías fijó la mirada en el horizonte y al rato, en ella.

—Yo también la quiero mucho y siempre la querré —contestó—. Usted es una niña buena. ¿Por qué no habría de quererla y por qué habría de perdonarla, si usted no ha hecho nunca nada indebido? María Sucel suspiró y dejó ver una palidez tenue mientras humedecía los labios para apartar el nerviosismo de la pregunta que habría de hacerle.

—Papá. ¿Gilberto ha sido algo indebido que el destino puso frente a nosotros para crearnos tanto sufrimiento? —preguntó angustiada— él ha sido el causante de que mi vida sea azarosa.

—Gilberto es una gran persona— Elías le contestó apenado y dócil, mientras sonrió, comprensivo.

—No sufra por mí, papá, no vale la pena —contestó

ella invadida de amargura—. Usted no tiene que envejecer triste por mi culpa. Por el contrario, merece disfrutar mucha paz. No pensaré en él nunca más. Lo seguiré ignorando como hasta hoy. Elías negó con un gesto. No le pareció justo. Más bien se puso a contarle que a esas alturas ya conocía el cuaderno colmado de pétalos y le dejó entender que no sería él quien cerrara sus páginas. Le pidió que mejor le enseñara el herbario sin tapujos mientras se tomaban otro tinto. Isabelina sufría con todo cuanto pasaba. Siempre estuvo observándolos desde el interior de la cocina, camuflada y llena de sentimiento. Viendo sus rostros de entendimiento atribuyó la armonía a sus rezos y novenas. En medio de su contemplación secó sus mejillas por temor a romper el encanto de la cita en el patio. La llegada de Myriam la hizo reaccionar, pero la ignoró con maña. El café se extinguió de sorbo en sorbo y en el fondo de las tazas quedaron presagiosas figuras que la madre observó con nostalgia.

—Vamos hijita. Le voy a poner un vestido rosado que le compramos para salir el domingo a misa —la niña se puso feliz.

En noviembre de mil novecientos cincuenta y siete, en la parroquia Catedral la Inmaculada de Armenia, el párroco Andreino Henao oficiaba el casamiento de Gilberto Cervantes-Cervantes y María Sucel Baroja Sánchez. Aunque el libro de matrimonios que tenía el número diez, estampado en dorado, permanecía abierto, en su página se podía leer: "Folio nvecientos setenta y dos, número cuatro mil ciento cuarenta y ocho". Por más que para los mendigos y rezanderos que pululaban en la iglesia la ceremonia sucedió sin mayores reparos, en una esquina de ella, sentada sobre una banca de madera, una mujer observaba la alegría de quienes ya se retiraban de la ceremonia. Con mucho sigilo se incorporó, se tapó la boca con el manto y se acercó al tumulto. Mientras tanto la recién casada repartía sonrisas, a la vez que el galán daba abrazos a diestra y siniestra, disfrutando de todos los augurios de buena suerte que, uno a uno, sus acompañantes le manifestaban. Buscó afanosamente a María Sucel, que por un instante quedó rezagada, y descubrió detrás de ella la presencia enigmática de la exquisita Ofir, que le dejó ver una expresión de reproche. Gilberto enmudeció. Su rostro se contrajo en una mueca de desconcierto. Era ella que, espectacular como siempre, se hacía notar, para luego escabullirse dejándolo como un pez ensartado en su anzuelo.

Los recién casados establecieron residencia en El Paraíso, un tranquilo vecindario de Armenia, donde junto a don Juvenal —jefe de Gilberto y dueño de El Marqués— había construido la casa con sus propias manos. El vecindario era agradable y estaba rodeado por una geografía mágica, pues en sus solares había cafetales prósperos que llegaban hasta el fondo de una cañada que les servía de lindero. Pese a la incomodidad por su avanzado embarazo, la esposa lucía radiante y feliz. Tan solo faltaba un par de semanas para dar a luz a su hijo mayor y el ajuar estaba listo con colaboraciones de toda la familia. En plena bonanza económica, Gilberto había logrado comprar cafetales vecinos haciéndose de unos ingresos extra derivados de las cosechas que vendía en las trilladoras cercanas. La vida era envidiable y llena de detalles. El paisaje, los amigos, las comodidades y el clima garantizaban el mejor de los futuros pese a que en Colombia gravitaban los temores del gobierno por posibles derrumbes en los precios del café. Según Gilberto, eran tiempos de paz relativa porque algunos grupos de bandoleros habían empezado a quitarles el sueño a las autoridades. Los brotes de comunismo en las universidades del país no amilanaban el robustecimiento de los partidos tradicionales, que fungían en épocas de elecciones como tabla de salvación, luego de los cercanos tiempos de la dictadura militar liderada por Rojas Pinilla.

Justo a los nueve meses del casamiento, el mayor de los Cervantes Baroja respiró aire cafetero. El treinta de julio del cincuenta y ocho, en medio de la admiración de toda la familia, llegó muy orondo. María Sucel lo parió en su propia casa, asistida por una enfermera de los Seguros Sociales que oficiaba a su vez de partera de gran reputación. Lo bautizaron como Antonio, al parecer por una exigencia Gilberto, que creo perdió una apuesta con un amigo por haber nacido varón. Por lo que cuentan, todo apuntaba a que tendrían a una hembrita, dizque por ella tener barriga grande y puntuda. Solo faltaron cinco meses para que María Sucel volviese a tener náuseas y mareos. Según Isabelina su cuerpo fértil estaba una vez más inseminado y listo para recibir nuevas bendiciones. Los alimentos provenientes de El Marqués llegaban redoblados a su casa, y ella, con dedicación, seleccionaba porciones para sus padres y hasta dejaba reservas para ayudar a mendigos o desvalidos que tocaban su puerta en busca de ayuda o sobras de comida. La joven madre nunca visitaba El Marqués. En sus casi dos años de matrimonio había ido un par de veces porque consideraba que la señora del patrón no debía asistir a su sitio de trabajo donde había muchos hombres. Un lunes de enero del cincuenta y nueve, El Marqués estaba lleno y los trabajadores apenas podían sumar el precio de las largas listas de los mercados. Gilberto era, sin lugar a duda, el más diestro y el que mejor sumaba. Los clientes que revisaban las sumas que los trabajadores hacían encontraban en muchas ocasiones errores que él resolvía mientras les ponía agradables charlas para que no se le formaran desórdenes. Era un veterano por su experiencia y don de gentes. En medio de todo apareció un rostro fascinante, pero agridulce y retador. Uno de esos que de repente hacen agua la boca, aunque no huela ni tenga sabor. Ese rostro se atravesó en la mirada desprevenida de Gilberto y sin dejarlo reaccionar le preguntó si la necesitaba para que le ayudase a despachar. Él reaccionó con sorpresa y no pudo evitar que su estómago experimentara una vibración extraña. Los rutilantes ojos de aquella aparición lo arrinconaban hacia el más oscuro de sus laberintos mentales. Era Ofir, vestida con un chal rojo sobre una bata negra que resaltaba sus curvas hasta las pantorrillas.

—Hola, bombón, ¿necesita ayuda? —preguntó más que coqueta— Gilberto tragó saliva mientras el entrecejo se le ponía tenso y la palidez le cubría el rostro. Solo habían pasado dos segundos y casi por reflejo le respondió.

—Hola, no, eh… no es necesario. ¿Cómo está?

—Bien. Decidí venir personalmente a ordenar mi mercado — replicó Ofir—

—Bueno, está bien, ya la atendemos —contesto él haciéndose el que estaba inmerso en uno de los pedidos— Sin embargo, por su cabeza pasaron los últimos momentos que lo separaron de ella, cuando la otrora adúltera estuvo llorando su despedida y la última vez en la catedral, justo el día de su boda con María Sucel. El regreso de Ofir le resultó indescifrable y le causó un mórbido pánico. Guardaba la esperanza de que ese encuentro fuese casual, aunque el chal rojo y la bata sugerente parecían paradójicos retos a su deseo; angustiado, buscaba la imagen de María Sucel a manera de escudo protector. No quería dar cabida a pensamientos que le desviaran la libido hacia recuerdos de coitos fugaces en la pequeña oficina. Era Ofir tan atractiva que ignorarla era imposible. Casualmente, ese día no había trabajadores que la hubieran conocido unos años atrás. Solo la imagen de María Sucel lo hizo reaccionar y con disimulo se acercó a uno de los trabajadores y le murmuró con discreción, aunque la enigmática visitante lo seguía con la mirada.

—Atienda a la mujer de rojo. No se le despegue y haga todo lo posible porque se vaya rápido.

—Cómo usted ordene patrón —contestó el colaborador y luego acudió a ayudarla—.

—Me gustaría que su patrón se encargue de mi lista, prefiero esperar —dijo al verlo llegar y le sonrió con sarcasmo—.

—Don Gilberto me pidió que la atendiera para que usted no tenga que esperar tanto rato.

—Está bien. Usted empieza a despachar mi lista, pero yo prefiero que sea él quien totalice mi cuenta —ella insistió—. Pasaron algunos minutos ambientados por la charla en el granero y los apuntes de quienes esperaban el despacho de los mercados. Una señora ingresó al lugar empuñando dos ramilletes de flores frescas. Sorteando apretujones entre los clientes se hizo notar de Gilberto que recogía y empacaba víveres para evitar sostenerle la mirada a Ofir.

—Llegaron las florecitas don Gilberto y están más lindas que de costumbre —dijo—. Gilberto la miró con agrado, aunque no pudo evitar dirigir la mirada hasta la mujer del chal. Sabía que ella comprendía perfectamente que las flores tendrían el destino conocido por los dos. Ofir se llevó la mano hasta la boca y con malicia sonrió y bajó la mirada. Gilberto volvió su vista a las flores y escogió unos nardos. Extrajo unos billetes del bolsillo y le pagó a la vendedora agradeciéndole su servicio. Acomodó las flores sobre el mostrador y se dispuso a continuar despachando. Ofir aprovechó para molestarlo. Al notar que él daba su espalda y sin que la viera tomó las flores y se dirigió hasta el sanitario donde tomó un pequeño cubo, le agregó agua del grifo e introdujo en él las flores. Cuando de regreso pasó por la pequeña oficina hizo una breve pausa y observó cada una de sus paredes y el escritorio donde se habían entregado más de una vez. Gilberto pensó que ya había desaparecido pues aún no había notado que ella estaba dentro del local. Al verla salir su sorpresa fue mayúscula.

—No es justo que las flores para María Sucel lleguen marchitas —comentó irónica, pero más seductora que de costumbre— A Gilberto le hirvió la cabeza al escucharla y por unos instantes la recordó jadeante, poseída, dominada, salvaje como una fiera indomable que en su locura lo único que deseaba era que la pasión gobernara sus sentidos.

—¡Usted no debió atreverse a entrar y menos a tomar las flores! —gritó él acorralado por las circunstancias— Ella no le prestó atención e hizo como si el comentario le valiera lo mismo. Él se descompuso, su cara subió de color y sin encontrar claridad en sus acciones arremetió contra su empleado.

—Palomino, los clientes no deben ingresar al interior del local ni siquiera para hacer favores personales… ¿Ya está listo el mercado de la señora?

—Si patrón ya está todo empacado, aquí está la lista. Yo ya la sumé, sin embargo, ella me pidió que usted mismo le hiciera la cuenta. Gilberto totalizó y le ordenó al subalterno que le cobrara. Ofir canceló la cuenta y antes de abandonar el granero le habló en tono de aclarar las cosas.

—Mi marido me abandonó. Ya estoy sola y libre de pecados —le susurró— luego, se dio la vuelta y se retiró. Gilberto se quedó mudo y en suspenso. El día de trabajo se agotó y sus pensamientos volaron como un gorrión enjaulado dentro de un bosque con linderos de hierro. Ya en casa, entradas las nueve de la noche, luego de apapachar a María Sucel y colmar de besos a Toñito, se desplomó en un sillón con la intención de descansar, aunque no podía dejar de notar que en el jarrón reposaban las flores con el secreto de las huellas del pasado impregnado de Ofir.

Los latones de un viejo bus

... 1959

Temprano, un viernes de enero del cincuenta y nueve, aunque era un día opacado por la juerga de las fiestas navideñas y de Año Nuevo, Gilberto ya estaba sentado en un café cercano a El Marqués tomándose un tinto y escuchando de un gigantesco radio, una emisora de boleros y avances noticiosos. Analdo se había puesto de acuerdo con él para madrugar y llevar algunos víveres a casa de doña Sara y justo había llegado temprano a ordenar otro cafecito caliente. En el café se encontraban uno que otro comerciante tomando y un par de pelafustanes que buscaban rezagos de comida y colillas sobre algunas mesas sin limpiar. Los hermanos se saludaron y compartieron. Analdo aprovechó para hacerle saber a Gilberto que había visto a Nélida en malas condiciones y trabajando en Los Nogales, un pequeño bar de mala muerte en la entrada de Calarcá. Le dijo que la vio desmejorada por culpa de una venérea que algún cliente le había pegado y que de acuerdo con los más entendidos el brote era por demás grande. Gilberto se sintió apesadumbrado.

— ¡Pobre, mi buena Nélida! —replicó reflexivo— Le

preocupaba su condición porque siempre la consideró una buena mujer y una amiga incondicional, de esas que casi no se encuentran. Calculó que su posible hijo con ella debía estar también en problemas. Analdo le comentó que los pequeños andaban bien e ignoraban los líos de su madre porque, según Nélida, no tenían idea de lo que le pasaba. Le comentó que los tenía estudiando, pero debido a que el marido la había abandonado se vio obligada a regresar a los burdeles y sacarlos de estudiar. Gilberto sacó un fajo de billetes y, a ojo de buen cubero, selecciono unos de buena denominación y le pidió a su hermano entregárselos para que fuera a un médico y comprara sus medicinas. También le pidió que le llevara un mercado que él mismo empacaría.

— ¿María Sucel ya sabe de Nélida? —preguntó Analdo—.

— ¡Cómo se le ocurre hombre, por Dios! Ni de Nélida ni de nadie. Es más, la pobre de Nélida no me preocupa… es mi presente el que me aterroriza —le contestó con disgusto y asombrado de la pregunta— Entonces le narró cada una de las aparecidas de Ofir y el par de veces que lo había encarado Ulises, su exmarido, a la salida de El Marqués, dizque porque sabía que por su culpa ella lo había dejado. Después de unos minutos con Analdo y hastiado de hablar de estos espinosos temas, decidió referirse de Cuba y sus turbulencias. Su hermano también estaba enterado de la situación en la isla, le siguió la conversación agregando que a Batista los rebeldes lo habían hecho salir corriendo del poder. Entusiasmado por el desarrollo de las noticias silbó a un vendedor de periódicos para comprarle el del día. Se puso a leer la noticia a Gilberto en voz alta: "Batista huésped de Trujillo. Cuba Libre. Llamado urgente a Castro. Júbilo en el país por la caída del régimen tiránico".

—Ya le picó lo de Cuba —comentó Analdo—. Cuente pues qué fue lo que pasó. ¡Es que la cosa está bien prendida!

—Así es hombre. Lo que pasa es que esto está de moda y me causa curiosidad cómo el gobierno de Batista se dejó sacar del poder. Es que los rebeldes tienen un guía que es bien astuto. Un tal Fidel… Fidel Castro. Pero, espere leo los detalles porque esto sí que está bien bueno. Analdo tuvo que agacharse haciéndole el quite a un borde del techo para mirar el reloj de San Francisco. Reaccionó apurado instando a su hermano a no perder tiempo. Gilberto dobló el periódico mientras pedía la cuenta que pagaron con afán y caminaron al granero. En una esquina se encontraron con don Aniceto, el vendedor de buñuelos, quien los saludó efusivo. Gilberto tomó un par de bolsas y le pidió que se las anotara en su cuenta para un solo pago a fin de mes. Ya frente a El Marqués, colocó el periódico en el suelo para desenfundar las llaves y abrir los candados. Al ingresar encendió unos bombillos de luz perezosa que ayudaban a dar luminosidad a los rincones más oscuros del granero mientras uno de los gatos, soñoliento, se acercaba cariñoso a saludarlo. Se dirigió a la pequeña oficina y sacó las sobras de una botella con leche y le sirvió una buena porción. Analdo se ocupó del mercado para Nélida, pues de tanto frecuentar el granero lo conocía muy bien. Gilberto, por su parte, tomó un taburete que permanecía detrás del mostrador y lo llevó hasta la puerta, lo recostó levantándole las patas delanteras y soportándose en las de atrás se sentó. Encendió un cigarrillo que dejó en sus labios y se concentró a leer sobre Cuba. La noticia decía que numerosos funcionarios huyeron con el dictador y que una junta militar presidida por el general Cantillo había asumido el poder… Gilberto rompió el silencio para leer, en voz alta, un último párrafo:

"Fidel Castro pidió a la población que no confíe en nadie y que no se deje engañar". Satisfecho por las nuevas noticias dobló el periódico y se incorporó de la silla. Se dirigió hasta donde Analdo empacaba el mercado y tomó la lista. Buscó en el bolsillo de su camisa un lápiz y totalizó. Luego, en el cuaderno de notas, buscó una página donde llevaba el control de sus cuentas personales, y que debía descontar de su salario, y anotó su partida para presentársela a don Juvenal.

De Gilberto dependían varias familias, pues aparte de su hogar con su esposa —del que él era absoluto responsable— ayudaba con los gastos de sus padres Sara y Acasio y hasta de algunas de sus hermanas cuando estaban en apuros. Por otra parte, colaboraba también con algo para sus suegros por el cariño que les profesaba, aunque los viejos no tenían la necesidad de recibir ayuda porque Elías contaba con algunos ahorros que le alcanzaban para sus gastos. Isabelina era una máquina de hacer plata pues recibía una especie de dote de las señoras más encopetadas e, inclusive, de las que no lo eran, por rezar novenas que apartaran a sus maridos del acecho de mujeres lujuriosas, acaba hogares o vagabundas como realmente les decían cuando hablaban entre ellas. Por lo visto, una nueva obligación que Gilberto hacía como suya, a partir de este día, era generar una especie de mesada para Nélida. La jornada sucumbió sin mucho movimiento porque El Marqués estuvo tan vacío como la galería. Solo unos pocos negocios abrieron sus puertas y el administrador se dedicó a organizar algunos anaqueles. Entrado el medio día llegó el gariero con el almuerzo que le había preparado María Sucel y que comió en el portacomidas por pura pereza de servirlo en los platos enviados para ello. En vista del escaso movimiento en el granero, decidió bajar la reja de protección, pero no cerró el local y entró en la oficina para ordenar papeles. Fuera del granero algunos caballos comían los hollejos que sus dueños habían depositado en una bolsa que cubría totalmente sus cabezas para que no hicieran reguero en la vía pública mientras esperaban que sus angarillas estuviesen llenas y que sus dueños ordenaran la retirada a sus destinos o a uno de los bares que aún permanecían abiertos. A Gilberto le llamó la atención escuchar la reja abriéndose y por la ventanilla atisbó. Salió y su curiosidad se convirtió en sorpresa al descubrir a Ofir. Se detuvo, y nervioso, rascó su nariz. Ella se quedó mirándolo con cara de yo no fui.

—¡Por Dios, mujer! ¿Qué hace usted aquí?

—Vine a saludarlo de Año Nuevo… —contestó bajando la mirada—. Pero no se preocupe bomboncito, si usted quiere que yo me vaya, me iré.

— ¡Me parece muy bien Ofir!, lárgate pa´ la mierda…, ¿no ves que me vuelves loco? —le gritó estrujándola y a empellones la llevó hasta la reja que había quedado medio abierta— Como pudo, ella se le soltó y se arrinconó, atemorizada sobándose los brazos. Comprendió que Gilberto le hablaba en serio. Se sentó sumisa sobre un costal de fríjoles y con la mirada rendida buscó a Gilberto, quien caía en la cuenta de lo hostil que había sido con ella cuando tantas veces le dio placer entre esas cuatro paredes acompañados con solo los gatos y ratones como testigos. Se conmovió ante el cuadro de dolor y reaccionó acudiendo a su lado. La tomó con delicadeza y la besó en la frente.

—¿Qué hacen ustedes metiéndose en mi vida…? Usted a enamorarme cada vez y su maridito a perseguirme sabrá *el putas* para qué. ¿No dizque se había separado? No me busque más Ofir, se lo pido por Dios, ¿no ve cómo me pongo? Una señal de miedo y contradicción apareció en los ojos de Ofir. Fue tan evidente que cambió su actitud sumisa por una mucho más mezquina. Todo pensaba ella menos que su examante le mencionara a Ulises. Gilberto creía que ella le tenía pánico al tipo; él lo había visto tan solo unas cuantas veces en la vida, pero ya podía definirlo como un personaje desagradable, tirano, de poco fiar. En el fondo no se explicaba cómo la Ofir lo tenía como marido. María Sucel, en cierto momento de la vida, le comentó a Tomás, que Ulises la había comprado muy jovencita. Esas historias se oían en esas épocas. A la misma Isabelina le pasó algo parecido con su primer marido. Lo cierto es que Ofir, toda nerviosa, pasó bajo la reja y se escabulló como una serpiente asustada. El remordimiento se le metió a Gilberto bien adentro, también las dudas y los sentimientos encontrados. Le hubiera gustado haberle hecho el amor a Ofir porque esa muchachita estaba preciosa. Sin embargo, ya la cosa no era tan carnal pues los asuntos de ahora estaban jugando un papel muy importante para él. Lo peor de todo era que su esposa estaba preñada de nuevo y ya casi lista para parir.

 Los latones de un viejo bus retumbaban entre la polvareda que provocaban sus roídas llantas al acercarse a El Paraíso. Esto sucedía cada dos horas frente a la casa de los Cervantes Baroja. Cuando el bus se acercaba, el polvo venía detrás de él. Pero cuando pasaba, la polvareda ocre se mezclaba con el gris sofocante de la humareda que dejaba cada vez que don Nacianceno, su chofer, metía los cambios en la transmisión de embrague para ganar un poco más de velocidad. Se trataba de la mejor de las tartanas que cubría la ruta desde El Paraíso hasta el centro y otras partes de Armenia. El Cuyabro Consentido era el nombre del bus como se leía en el aviso pintado con pincel y pintura roja;

este se había convertido en la mascota mecánica de los más jovenzuelos de la ciudad que se colgaban de su defensa trasera para avanzar algunas cuadras o casi todo el trayecto hasta la galería. Algunas personas, las que se suponía más refinadas, preferían caminar hasta el centro a tomar aquel bus con el olor a gasolina que se colaba por las ventanas. Armenia era muy pequeño y así se quedó. No pasaban días y noches sin que aquel vehículo dejara notar su presencia en el vecindario. Era tan notorio su tropel, que la misma María Sucel y el vecindario entero podían determinar hasta la hora del día con tan solo escuchar el ensordecer ruido de su cansado pero cumplidor motor. Para estar segura de la hora en que aparecía el bus trayendo a casa a su esposo, al escucharlo, chequeaba un reloj de cuerda, marca Invicta, que siempre llevaba en su muñeca y que Gilberto le había regalado el día que parió a Antonio. Entonces le ponía más fuego a los fritos que acompañarían los fríjoles en la cena tempranera, pues no pasaba de las siete la hora de servir. Justo en el bus de las seis y veinticinco llegaba el hombre hambriento, a no ser que alguna infidelidad con la viejita aquella lo retardara.

Frente al hogar de María Sucel habitaba una familia que se distinguía por su actitud callada y cortés con todos los vecinos. Los Cardona, como se les conocía, eran buenos amigos de los Cervantes Baroja, sobre todo sus patriarcas: doña Leticia y don Arturo. Rubí, hija mayor y contemporánea en edad de María Sucel, había logrado congeniar con ella hasta el punto de convertirse en su única amiga y confidente. Era una muchacha de carácter suave y dueña de una gran nobleza y humildad, que al igual a todas las solteras de El Paraíso, pasaba los días en medio del desagradecido oficio casero que a veces paleaba pasando viruta de acero a los pisos de madera para dejarlos tan brillantes como un espejo. Frente a la casa de los Cervantes también, al lado derecho de la de los Cardona, habitaba una familia indescifrable y muy poco gregaria. Se trataba de tres personajes. El papá, un hombre rubio, zarco y corpulento que trabajaba para el cuerpo de bomberos de Armenia; su mujer, doña Inés, una flaca desgarbada, con nariz de bruja, que nunca se quitaba una balaca negra que usaba para no peinarse y que mantenía una actitud conflictiva hacía todos sus vecinos sin ninguna razón, y una muchacha llamada Galilea, hija de la pareja, que pese a sus veinte años se mantenía aislada y sin amigas. Además, ese hogar era el más desorganizado del vecindario por lo poco estético, por su jardín seco y mal cuidado, por su fachada escarapelada, por tener el perro que más ladraba en el barrio y, en general, por muchos más detalles desagradables. Así pues, eran la comidilla de todas las señoras, incluidas María Sucel y Rubí, que no desaprovechaban oportunidad para ponerles en evidencia su condición de vecinos detestables. Los fines de semana se reunían en casa de María Sucel a hacer tertulias y jugarretas de parqués y cartas españolas, don Arturo, Gilberto, Analdo y otros más entrados en años como Elías y Acasio. Departían con chistes y unas copas de aguardiente mientras escuchaban el partido de fútbol profesional cuyo narrador describía aciertos y errores del glorioso Atlético Quindío, que recientemente había logrado quedarse con el campeonato. Como era usual, las mujeres los interrumpían de vez en cuando para atender sus demandas. Sin embargo, hacían agradables grupos de conversación en el frente de la casa que siempre contaba con sillas de mimbre y un alero que garantizaba la sombra cuando el sol resplandecía, esto les brindaba verdadero disfrute del clima templado. Conversaban en lapsos de tiempo predecibles porque nunca olvidaban que el viejo bus llegaría para echarles a perder sus vestimentas a causa de la polvareda que formaba. Cuando esto sucedía, ingresaban a casa a cerrar ventanas y puertas, las mismas que volvían a abrirse cuando la polvareda amainaba y les permitía por lo menos dos horas más de charla. La Armenia de fines de los cincuenta continuaba siendo próspera y formal con casas de puertas abiertas durante todo el día salvo en tiempo de lluvia. Los pocos ladrones que existían eran perseguidos por el vecindario y expuestos a linchamientos, a la deshonra y a la cárcel, de modo que la solidaridad ciudadana era una virtud generalizada.

Para mediados de septiembre del cincuenta y nueve, María Sucel parió a otro varón. Habían preparado el ajuar de color rosado pues contaban con la esperanza de recibir una hembra. De común acuerdo y luego de apostarle a muchas opciones, decidieron que se llamaría Tomás como el cuñado de Gilberto y marido de Romelia, la hermana más joven y querida de la madre, a quien le tenía gran estima. Pasado un mes del nacimiento de Tomás, en uno de sus martes libres, Gilberto lo cargó en sus brazos hasta hacerlo dormir. Luego lo llevó al moisés y lo acomodó con cuidado regalándole esos besos que hoy su hijo quisiera tener. Solo una tenue luz iluminaba la habitación donde su esposa descansaba. Fue entonces cuando él entreabrió la ventana y dejó ingresar una suave brisa que puso a ondear los velos blancos, casi transparentes que hacían las veces de cortinas. Regresó al lecho, se despojó las chinelas para luego empujarlas debajo de la cama y se metió dentro de las sábanas, justo detrás de ella, teniendo precaución, como si pudiera lastimarla. Se le acercó para sentir su calor y le dijo al oído que mirara el firmamento a través de la ventana. Ella sonrió a gusto con la escena que su marido le proponía y luego viró sus ojos para encontrar los de él. Otro beso enamorado no faltó antes de contestarle.

—Veo las estrellas tan rutilantes como mi corazón cuando usted está tan cerca de mi cuerpo cada noche. Gilberto la tomó por los brazos y acomodó los almohadones para que ella descansara la cabeza sobre su pecho siempre mirando el cielo que, iluminado por la luna, lucía un azul intenso. Entonces le tocó los cabellos y con finura los acarició sin parar, sumiéndola en un hipnótico trance con su gruesa voz:

—No puedo decirle en palabras todo lo que siento por usted, pero sé que trasciende el tiempo y el espacio, que es algo tan inmenso que parece eterno, no se olvide de eso nunca. Obnubilada, María Sucel se aferró a su brazo recio y callada le besó las manos, con fuerza se abrazaron sintiendo en el otro una razón de ser para su propia existencia.

En El Paraíso

... 1961

Don Nacianceno continuaba paseando el viejo bus por El Paraíso y dentro de este, en alguno de sus viajes, una pasajera que él no conocía observaba expectante el vecindario. Era la tercera vez ese día que montaba en el mismo bus. Intrigado, el chofer no quitó los ojos del retrovisor por donde la observaba retocándose sus labios permanentemente y afinando sus cejas con sobrada vanidad.

—Señorita, ¿busca usted algún lugar en especial?—le preguntó cortés— aprovechando una parada que le había pedido un pasajero.

— ¿Yo? —Contesto la mujer haciéndose la desentendida, señalando con sus dedos a su propio pecho con un aire de pedantería—, no señor, únicamente estoy conociendo la ruta. A propósito, ¿en qué barrio estamos ya?

—En Corbones —contestó don Nacianceno— más adelante está El Paraíso. Será cuando crucemos aquella explanada. La trigueña hizo un gesto de agrado y nuevamente apartó su vista de don Nacianceno, quien comprendió que debía seguir la marcha sin indagar demasiado. Ya en El Paraíso, ella le pidió que la dejara.

Sin contestar, don Naciancemo disminuyó la marcha hasta parar completamente y esperó unos segundos mientras la polvareda exterior amainaba. Tomó el manubrio que abría la puerta y lo empujó con determinación. La puerta se abrió y algunos restos de polvo ingresaron al rucio bus. Ya en la calle, la mujer se sacudió la ropa de mala gana y comenzó a caminar despacio observando todo con atención. La figura de aquella visitante había llamado la atención a más de una vecina que se había quedado detallando su airoso y pausado caminar. Observó por algunos segundos la casa de María Sucel, que estaba sumida en una aparente soledad. Segundos después, notó a doña Inés, la mujer del bombero, abriendo de par en par las dos hojas de madera de una de sus ventanas.

—¿Busca usted alguna familia en El Paraíso? — le preguntó—

—No señora, nada en particular, tan solo observo el vecindario para conocerlo. Es bonito, me agrada. No me disgustaría vivir por acá. Es solo una idea que tengo pues habito en una pequeña pieza cerca de la galería —le dejo en claro— me gustaría estar en un lugar más tranquilo o por lo menos que no sea tan bullicioso. En el centro de Armenia el ruido de bestias y camiones no me deja descansar.

—Comprendo, comprendo —refunfuño con interés doña Inés— ¿Es que usted vive sola o qué?

—Sí señora, mi marido me dejó por otra y ya usted ve, las cosas le cambian a una.

—Pero no se quede ahí parada, el sol está picante, siga y se toma un claro de maíz fresco. Lo tenemos dentro de una múcura fría para que se conserve. Mi nombre es Inés, Inés de Ahumada.

—Mucho gusto, me llamo Ofir —contestó simulando

estar apenada por esa rara deferencia de doña Inés—. Quien lo iba a creer… Dios las hizo y ellas se juntaron. Después de algunos ruegos de doña Inés e intercambio de simpatías le aceptó la invitación. Al indagar por los vecinos se enteró de que a los Cardona casi nunca los había tratado y que tenían una jovencita llamada Rubí con la cual su hija Galilea no se la llevaba bien inclusive hasta el punto de no cruzarse palabra ni determinarse. De Galilea supo que era una muchacha muy callada, que además de ser su única hija les ayudaba con los quehaceres de la casa y los atendía con sumisión. Dedujo que era casera pues en la charla se mencionó que solo salía a la misa de los domingos. También dio por entendido que Rubí era una muchacha joven como de unos veinte y que según doña Inés se trataba de la compinche de una muchacha del frente cuyo nombre era María Sucel de Cervantes, a quien tildó de hogareña pues casi ni se asomaba a la ventana. Le reiteró, a manera de chisme, que la había visto embarazada desde el día en que llegó al vecindario y que sabía que ya tenía dos muchachitos. Al preguntar por el esposo, le dijo que era un señor serio, que siempre estaba allí los martes, pues al juzgar por las apariencias trabajaba hasta los domingos administrando un granero grande en la galería y que al parecer no le iba nada mal porque su casa era la más bonita del barrio.

—Cómo me gustaría poder vivir por acá. Si usted sabe de alguna familia que me pueda arrendar un cuarto por unos días mientras mis cosas se normalizan… Pasaron tres días para que la vieja Inés repuntara en El Ruiz. Por fortuna Ofir se encontraba trabajando, pues aunque había dicho que solo acudía por días, permanecía tiempo completo oficiando como asistente, justo desde el día que Gilberto se ofreció a interceder ante los dueños de El Ruiz para que le dieran trabajo. Al verla, doña Inés aceleró el paso y se arrojó abrazándola efusiva. Ofir disimuló el saludo para mermarle notoriedad y se desprendió del abrazo mientras le hacía un guiño previniéndola de no ser indiscreta en ese lugar. Ella comprendió. Se hizo la ajena y comenzó a tomar con sus manos algunos granos de frijol de los costales, haciéndose la que ponderaba la calidad de estos.

—Traigo buenas noticias —le comentó—. ¡Tenemos una habitación disponible en nuestra casa! Ya en casa del bombero, Ofir se desplomó sobre el mullido colchón cubierto con unas sábanas blancas de pepas moradas y respiró profundamente. Sus ojos brillaban con nerviosismo y cierta maldad, fijándose en un punto fijo en el techo. Sus manos temblaban con la intensidad de su corazón que también añoraba salirse por la mitad de su corpiño. Las horas terminaron de apagar el día para cada uno en casa de los Ahumada. Ofir era quizás la única del vecindario que quedaba con los ojos abiertos y con la mente llena de planes y temores. Casi eran las dos de la madrugada cuando apagó la luz y en medio de la oscuridad se dirigió hasta la sala desde donde apreció la casa de Gilberto.

Llegado diciembre las familias se preparaban para la celebración de la noche de los alumbrados en homenaje a la Virgen. María Sucel había salido al centro de la ciudad para realizar compras acompañando a Rubí mientras su madre cuidaba a los dos nietos. Muchas velas de colores y unas docenas de faroles de papel de vistosas tonalidades se ponían al frente de las casas para que los vecinos caminaran por las calles viendo el alumbrado decembrino. Gilberto, al igual que otros maridos, debería llegar esa noche con pólvora, especialmente luces de bengala y volcanes. A las seis de la tarde María Sucel dispuso velas de parafina de colores con pábilo largo sobre los bordes de las ventanas y en el antejardín y las encendió. Amigos y conocidos de El Paraíso hacían ya lo mismo creando un pintoresco espectáculo de fulgurantes luces y mucha alegría. Gilberto llegó del trabajo a las ocho y cenó afanoso, pues El Paraíso ya estaba iluminado y ellos también irían a recorrerlo como tradicionalmente se hacía. La alegría de la celebración ya había comenzado. En el cielo quindiano los juegos pirotécnicos no dejaban de centellear. Todos sus pobladores estaban en la calle a excepción de Ofir que desde la ventana observaba con discreción a los Cervantes departiendo con don Juvenal y los Cardona. Rubí ya se había integrado al grupo y era la más animada y extrovertida. En casa de los Ahumada solo había un farol de papel blanco colgado del marco de la puerta, que por la celebración permanecía abierta. En la sala de la casa departían don Gabriel y doña Inés. Galilea por su parte permanecía sentada en el escalón de la entrada apreciando las luces y las risas de la gente. Para ella, integrarse al jolgorio le resultaba difícil, aún más, porque sus padres eran personas apartadas del vecindario. Permanecía sentada en un lugar poco visible tomando un vino dulce que cualquier vecino ofrecía junto con galletas de chocolate con crema blanca en la mitad.

—¿Qué les parece si damos una vuelta por el vecindario? —propuso doña Inés animada por los vinos que ya tenía encima— Ofir no se esperaba esta propuesta. Sin embargo, esperó que fuera don Gabriel quien contestara.

—Me parece bien, es una buena excusa para que doña Ofir conozca un poco más a nuestros vecinos.

—Sugiero que den la vuelta con Galilea y yo cuidaré de la casa.

—Propongo que vayamos los cuatro —insistió don

Gabriel— total, no tenemos ningún invitado. Así estaremos integrados y dedicaremos unos minutos a estirar las piernas.

—Solamente les pido que me den un minuto mientras voy a mi cuarto a alistarme —dijo Ofir con alguna frivolidad mordiéndose los labios aplacando su adrenalina mientras miraba obsesionada la casa de los Cervantes. Sin dudarlo su anonimato iba a desaparecer. Minutos después regresó con un vestido rojo en forma de talego que le llegaba debajo de sus rodillas y resaltaba su hermoso cuerpo. De su hombro colgaba una diminuta cartera. Don Gabriel no pudo ocultar el gusto que se daba, pero debió fingir no estar impactado. Ofir no le miraba a la cara porque sabía que lo pondría incómodo y molestar a doña Inés no era su intención. Se limitó a estar con ellos sin permitir mayor contacto visual. Salieron por fin. Primero lo hicieron doña Inés y Galilea y luego Ofir. Por último, con el pretexto de ser quien cerraría la puerta, salió don Gabriel que no desperdició el momento para desnudar a Ofir con esa mirada íntima que alguna vez usan los hombres para mirarles el trasero con mucho placer a las mujeres. En la casa de enfrente estaban María Sucel y Gilberto, Rubí y sus padres don Arturo y doña Leticia, al igual que Isabelina y Elías. Conversaban amenamente al lado de una botella de aguardiente destapada y escuchaban la música de una radiola que con volumen alto ambientaba la charla decembrina. Rubí sostenía sobre sus piernas a Antonio el mayor y la abuela cargaba al pequeño. Rubí se acercó discretamente donde María Sucel.

—Mire quién está saliendo de casa del bombero, —dijo— María Sucel, miró sin llamar la atención y vio a aquella mujer caminando salerosa en compañía de los Ahumada.

—¿De dónde saldría esa mujer? —murmuró María Sucel— es extraño ver una persona tan llamativa donde los

Ahumada.

—Más extraño aún es que los Ahumada hayan salido hoy a caminar por el barrio —complementó Rubí—.

—Mamá. Los Ahumada van con alguien que no conocemos —se dirigió con precaución a doña Leticia— Doña Leticia movió el torso hacia adelante y viró el rostro con discreción y un interrogante se dibujó en su rostro. Intrigada continuó conversando con don Arturo. María Sucel miró a Gilberto cargada de celos quizás por primera vez, presintiendo que la extraña, por atractiva, con seguridad, despertaría su atención. Se tranquilizó fugazmente al verlo conversando con don Juvenal y Elías. Notó cómo ella invitaba a sus acompañantes a caminar en medio de la calle. María Sucel, intercambió varias miradas con Rubí. Isabelina también los observaba sonreír, a excepción de Galilea que los seguía muy seria. Don Juvenal fue el primero de los hombres en notar el grupo. Irónico, al ver a los Ahumada en plan de caminar, exclamó:

—¡Lo único que faltaba! Intrigado Gilberto volteó a mirar. Los ojos de Ofir le penetraron todos los sentidos. El mundo entero se enmudeció y hasta dejó de escuchar la pólvora que estallaba en desorden. En un instante fugaz todos notaron el rojo que envolvía esas extremidades entornadas y que dejaba en la más completa insignificancia la cartera que le colgaba del hombro. Tenía a los hombres alborotados y a las mujeres amilanadas, haciendo todo tipo de comentarios. Cuando ya pudo dominar sus reflejos, Gilberto reaccionó dirigiendo su mirada hacia su esposa, quien, por fortuna para él, también la observaba. Regresó la mirada al grupo de caminantes y comprobó por segunda vez que era la mismísima Ofir. Tomó el aguardiente que tenía y se lo bebió.

—Esa mujer se parece mucho a Ofir, ¿acaso será ella? —fue el comentario que emitió don Juvenal al oído de Gilberto— que, acorralado por la situación, trató de persuadirlo para que no lo hiciera público. Don Juvenal dirigió su mirada a María Sucel quien ya los observaba hablar en confidencia. Se puso incómodo y le sonrió. Mientras tanto, Gilberto ofrecía un nuevo aguardiente a Elías como pretexto para evadir cualquier mirada de su esposa. Ella, al fin de cuentas comprendió que hablaban de la mujer y prefirió verlo con naturalidad. Los Ahumada pasaron mirando hacia otros lugares no queriendo prestar su cara para un saludo. Sin embargo, fue Ofir quien sonriendo se acercó.

—¡Buenas noches!

—Buenas noches... —contestaron todos en coro—. La muy bellaca, no dirigió su mirada a alguien en particular, pues sabía que Gilberto la había reconocido y eso era suficiente. Luego continuó su caminata. Gilberto permaneció lívido y comprometido con la situación. María Sucel lo notó tenso, incómodo.

—Mijo, ¿se siente bien? Está pálido. ¿Le cayeron mal los aguardientes? Negó con la cabeza porque no tenía una respuesta apropiada. Mejor la disuadió diciéndole que tenía agrieras y que entraría al baño por unos instantes. Isabelina quedó intrigada pues el rostro de Ofir le fue familiar. Atando cabos concluyó que en el pasado alguien similar había admirado el bordado que junto a su hija habían elaborado para su consuegra. Se dirigió a Elías y le preguntó un tanto misteriosa si esa muchacha le había parecido conocida. Elías también le había encontrado similitud con la muchacha de El Marqués. Recordó cuando ella había ayudado a Gilberto a envolver el bordado para doña Sara. Pero descartaron la versión al asumir que, si se trataba de la misma, Gilberto la hubiese saludado con la respectiva confianza al igual que don Juvenal.

Los párpados caídos de Elías le hacían ver el rostro cansado a sus sesenta y ocho años aunque su alma permanecía reposada. Estaba ya de retiro, pero nunca descansaba pues su pasatiempo de carpintero lo mantenía por ahí inventando juguetes para los nietos. Isabelina confeccionaba unas muñecas de tela usando retazos de materiales sobrantes de costuras y hasta pedazos de medias veladas viejas. En esta ocasión las muñecas eran para Piedad, la hija menor de María Sucel, que había nacido aquel julio del sesenta y uno. En ese momento ya tenía tres hijos.

—Mija, un tintico no estará mal para mitigar esta sed, ¿no le parece?— planteó Elías confianzudo—. Isabelina continuó zurciendo sin contestarle. Su esposo no le insistió porque sabía que ella ya lo había escuchado y que en minutos la mecedora pararía e ingresaría a la cocina por el tinto. Se sentaron a recordar angustias pasadas por los amoríos de su hija y sonrieron al reconocer con nostalgia que esos días casi los matan. Algo que les mantenía en calma aparente tenía que ver con la rara presencia de Ofir en El Paraíso. Elías comentó haber estado en la galería en un granero llamado El Ruiz donde la vio trabajando. Les pareció raro tenerla tan cerca, pero acordaron no hacerse conjeturas por temor a mortificarse. Sin embargo, decidieron asegurarse de que se trataba de la misma muchacha que trabajó, algunos años atrás, con su yerno en El Marqués. Algo inexplicable para los dos fue que esa noche del alumbrado ella caminó haciendo de cuenta que no conocía a nadie y ni Gilberto ni don Juvenal dijeron nada.

Elías organizó las herramientas y dispuesto a continuar

su labor al día siguiente, se limpió la cara con agua que reposaba en una ponchera cerca del lavadero y se secó con un trapo que siempre permanecía colgado para las lavadas.

—Ando antojado —comentó—. Iré por buñuelitos a la galería, pero lo haré en bus porque cansado sí estoy. Abandonó la casa y arrancó a caminar esperanzado que el bus lo alcanzara en algún lugar. Tomó el bus justo a la altura del barrio Corbones, a unos cinco minutos de El Paraíso donde ahora vivían. Sentado junto a don Nacianceno comenzó una charla de viejos donde se hacía alusión a la carretera que ahora pavimentada permitía a los vecinos conservar sus hogares libres del voraz y envolvente polvo. Elías, que en su juventud dirigió los trabajos en carreteras, estaba complacido por el progreso de la ciudad, y orgulloso le planteó la conversación al conductor aprovechando que se hallaba sentado en un buen lugar.

— ¿Sabía usted que en el año treinta y nueve hicimos los tendidos de las carreteras por todo Caldas?... Eran años maravillosos. Mi vida estaba llena de responsabilidades. Hasta cien trabajadores tuve que manejar de pueblo en pueblo, agrisando las carreteras con concreto.

—Vea usted don Elías qué labor tan formidable hicieron. Yo siempre me he preguntado cómo pudieron pavimentar tantas carreteras en esas escarpadas montañas.

—No fue fácil, pero a grandes rasgos le contaré: mi ahora yerno Eliseo, casado con mi hija mayor, era el dinamitero que hacía explotar con precisión los peñascos un kilómetro adelante de donde nosotros, las cuadrillas, íbamos emparejando la tierra y acomodando los paneles que después vaciábamos con cemento. Eran días cálidos y de mucho desgaste físico, pero sin lugar a duda fueron mis mejores tiempos. Con la conversación el tiempo se les fue rápido y al llegar a la galería el viejo buscó a don Aniceto y le compró un paquete de buñuelos que acomodó en un enfarde de cabuya fina que extrajo del bolsillo del pantalón y que siempre llevaba para acomodar sus abarrotes. Luego se mezcló con la gente y a pasos lentos se ubicó al borde de El Ruiz, donde estuvo parado por unos segundos sin que lo percibieran. Algo quería ver, pero no sabía qué tanto. Sin notar su presencia vio ingresar a Ofir de algún lugar, sonriente y tarareando. Los hombres siguieron con precisión sus glúteos forrados, que se meneaban a un compás que exageraba con gusto. Ya no había dudas para Elías. Se trataba de la misma mujer de quien habló con Isabelina. Cruzó la calle, ingresó a uno de los cafés y se dedicó a observarlo todo mientras tomaba un capuchino amargo. Con el correr de los minutos, el ruido de las cortinas metálicas cerrándose presagió la partida de comerciantes del lugar y la llegada de recogedores de basuras y gente de la penumbra. Los cafés tomaban una atmósfera diferente con la llegada de las coperas que al oscurecer los convertían en centros de diversión para caballeros. El periódico del día abierto frente a la cara de Elías era el mejor pretexto para que la mesera no le pidiera la cuenta. Buscando dilatar su estadía ordenó un nuevo capuchino que la mesera le llevó con celeridad. Observó a Ofir abandonar el granero. Salió con paso firme mirándose en un espejo de mano. Vanidosa, se arreglaba los cabellos y se pintaba sus labios mientras tongoneaba sus caderas con un ritmo cadencioso. Elías abandonó el cafetín dispuesto a seguirla. Ella llegó hasta la esquina opuesta a la galería y allí se quedó parada por unos minutos mientras continuaba retocándose el rostro. Algunos señores que por allí pasaban la miraban y otros hasta la piropeaban. Sin embargo, ella no hacía caso, su actitud era más bien de no llamar la atención, pese a que su atractiva figura lo hacía imposible. La situación se mantuvo sin novedades hasta que Elías se percató de la presencia de Gilberto caminando frente a El Ruiz ojeando su interior sin detenerse. Se dirigió hasta donde don Aniceto y recogió unos buñuelos. Luego caminó hasta la esquina donde Ofir permanecía. Los dos caminaron guardando alguna distancia. Para el suegro era claro que iban coordinados hacia algún lugar. El yerno alcanzó a Ofir emparejando el paso y de vez en cuando miraba a su alrededor. Caminaron unas dos cuadras. Inusitadamente la mujer apuró el paso, se separó de su acompañante y como por arte de magia desapareció por la puerta de un edificio de tres pisos. Gilberto, percatándose de no ser visto, hizo lo mismo segundos después. Absorto por la situación Elías evocó a María Sucel en medio de una turbulencia y se sintió desfallecer. Se acercó al edificio y al comprobar que la pareja no estaba en la recepción ingresó. Una dama se le acercó y con cordialidad le preguntó:

—¿El señor espera alguna dama o desea conocer las damas de compañía de este lugar? Sin mirar a la mujer ni contestar, Elías salió confundido del lugar; guardaba ya un secreto que no revelaría ni a su mujer. Caminó, caminó y caminó, cabizbajo y amilanado. Pese a que Isabelina trataba de indagar sus estados de ánimo, el viejo Elías nunca le contó las pruebas fehacientes de las aventuras eróticas de su yerno, obtenidas cada viernes durante varios meses de acudir a la galería en las horas de la tarde.

En junio del sesenta y tres los Cervantes Baroja eran ya seis a causa de la llegada de Maru en septiembre del año anterior. Era una chispeante niña con negros y expresivos ojazos, que deleitaba a todos con sus pucheros a nueve meses de nacida. Gilberto descansaba aquel martes cuando Isabelina ingresó en su casa con un manto terciado y su rostro compungido. Les anunció que demoraría en regresar de la iglesia porque su Santidad Juan XXIII había entregado su alma a Dios la noche anterior. María Sucel se antojó de acompañarla, por tratarse de su Santidad. Minutos después llegó Elías y a propósito de la muerte del Papa dijo que todos tenían que morir y que se debía morir sin remordimientos y en paz con Dios y con los semejantes. En el patio de tierra aplanada unas cuantas gallinas picoteaban mientras Muñeca, la vieja perra, las asustaba y las hacía cacarear. Por la cañada subía una brisa fresca y la soledad del lugar era placentera.

—Ya nos ha tocado ver morir a tres papas en la historia de nuestra vida o, mejor, en la historia de mi vida, pues no sé si en la suya usted ha visto morir más que yo —comentó Gilberto—.

—Que yo me acuerde creo que tres, pero es que este si se nos fue ligerito.— Contestó Elías— luego sorbió el tinto caliente y encendió un cigarrillo y le ofreció uno a su yerno quien se encargó de ofrecer la lumbre. El humo también participaba flotando entre la parsimonia de Gilberto y la inquietante verdad del suegro.

—Usted que ya tiene algo más de cuarenta debe estar seguro de que el amor que recibe de mi hija es el más puro. —Le dijo— desde que María Sucel empezó a recibir sus flores siendo tan solo una niña piensa que son las más sublimes del mundo y que solo representan amor. Lo que ella no sabe es que son un disfraz, un disimulo, una parodia de un amor sostenido por las apariencias. Cada pétalo de flor que usted le regala lleva por dentro un mensaje que la anestesia y no le deja pensar ni discernir acerca de la vida real. Mientras llegan flores, nacen sus hijos y mientras nacen sus hijos, usted se cita con la vecina del frente cada viernes a solo cuadras de El Marqués. Gilberto palideció y sus ojos se abrieron ante semejante historia. Sus labios se blanquearon y sus manos corrieron a apretar su cabello con desesperanza. No se arriesgó ni a mirar al viejo. Tomó aire y soltó el aliento. Se sintió infeliz y tramposo. Se sintió perdido y ni siquiera se arriesgó a desmentirlo. Era Elías un viejo tan respetable que tratar de disuadirlo era vergonzoso.

—Tenga en cuenta "don Gilberto" que hace varios meses lo veo entrar en la casa de citas con Ofir, la de El Ruiz, la vecina de la casa de María Sucel, la misma que reconocí aquel diciembre en la noche del alumbrado pavoneándose por el barrio con un bello y embrujador vestido rojo, la misma que nos saludó. Usted supo que era ella, sin embargo, se hizo el pendejo, como si no fuera nada de usted. Se quedaron callados usted y don Juvenal. Supe que ella fue la protagonista de los halagos que recibió el bordado que mi hija hizo para su mamá cuando usted pidió ese trabajito. Pero he callado únicamente por amor y por mi familia. Lo mejor de todo es que María Sucel no lo sabe y, para fortuna suya, tampoco lo sospecha. Gilberto comprendió que su vida era la misma de cuando doña Sara lo echó a palos a la calle con tan solo veinte años. Sin embargo, pese a que su suegro lo había descubierto, dio gracias a Dios porque hasta ese momento todo era un secreto entre ellos y su esposa seguía ajena a su desvergüenza. Pasaron los minutos, unos diez o quince y el viejo Elías salió de la casa sin voltear a mirarlo ni siquiera para despedirse. María Sucel nuevamente quedó en embarazo, en su jarrón siempre había arreglos de flores frescas que llegaban cada lunes.

Ofir ... Ofir ...

... 1964

Con los oídos puestos en el radio, tanto Analdo como Acasio y Gilberto escuchaban emocionados un apretado final en la hípica dominguera.

> «... *En tierra deeeerechaaaa... Aladín cabeza a cabeza con Aguardiente. Sacando dos cuerpos de ventaja se aproxima Bambuco por el costado izquierdo, con mucha fuerza, y empieza a recortar distancia ubicándose a tan solo un cuerpo de distancia de Aladín... Aguardiente empieza a rezagarse y Aladín se mantiene, pero con dificultad... Serrano atropella por la izquierda cuando apenas faltan cien metros para llegar a la meta.... Este final será de fotografía porque ahora los tres caballos están parejos. El ritmo que le pone Serrano al final es endemoniado y empieza a apoderarse de la punta... Primero Serrano, segundo Aladín, tercero Aguardiente...*»

Gilberto, que sostenía el radio transistor en la mano, brincó como un resorte.

— ¡Juepuuuuta, casi le pego! Si no es porque Serrano entra tan fuerte al final me hubiera ganado unos pesitos...

Terminaron burlándose y, frustrados, pronunciaron

improperios a diestra y siniestra y empezaron a romper sus formularios de apuesta. Los Cervantes apostaban a los caballos cada fin de semana y parte del ritual familiar era escuchar por radio las carreras y los partidos de fútbol profesional. Esto ya se había convertido en una tradición familiar que unía a sus miembros alrededor de los abuelos paternos que habitaban una casona del barrio Granada con sus dos hijos solteros: Federica, la ñata, como se le conocía porque su nariz se la había consumido una rara enfermedad en su niñez, y Sigifredo, el niño mimado, que con pasados treinta y dos años era por esa época el más reconocido tahúr de los burdeles de Armenia, donde a punta de billar y póquer pasaba su vida a expensas de los cuidados de su abnegada mamá. Pasados los años, deambularía por ahí por los lados del cartucho en Bogotá, echado a perder, luego de un golpe que le dieron y que lo dejó bobo para siempre. Nadie sabe de él a ciencia cierta, pero se cuentan cosas.

Aunque estas reuniones dominicales sucedían siempre en casa de los abuelos paternos, ese domingo había sido la excepción a causa de una fina invitación de Gilberto. El motivo justificaba los hechos, pues María Sucel hacía solo nueve días había parido por quinta vez en apenas seis años y estaba aún en el período de dieta que había empezado el ocho de febrero con la llegada de Sarita, como se llamó a la recién nacida, en homenaje a la abuela. Se trataba de una reunión concurrida por la patota. De los Baroja únicamente estaba presente la abuela Isabelina, quien, al igual que en cada nacimiento, atendía con esmero a su hija y le relevaba en los quehaceres del hogar. La reunión estuvo plena de atenciones. De esta manera, tanto Dora como Romelia y Martha, la mujer del tío Analdo, ayudaban a Isabelina con el oficio, mientras los hombres se encargaban de distraer al resto de los pequeños jugando. Reunidos casi todos alrededor de la cama de María Sucel, reían entretenidos por las ocurrencias de Analdo y Gilberto, que ese día estaban irreconocibles, pues, por lo general, eran personas más bien parcas o de pocos chistes. La joven María mientras tanto aprovechaba para alimentar de su pecho a Sarita, cubierta discretamente por un dulceabrigo. La situación era particular debido a que la pequeña Maru le halaba las mangas del camisón pidiendo turno para también tomar de la teta como de costumbre. Después de seis años, María Sucel ya se había convertido en una mamá profesional que amamantaba de forma alternada. Gilberto distrajo a Maru para que ya no molestara más.

—Nunca nos ha faltado el trabajo y el sustento ni el amor —dijo Gilberto con el ego engrandecido— Yo diría mejor, que ahora nos espera un nuevo varoncito como para balancear la familia —agregó—. Es más, creo que hasta ahora estamos en desventaja porque en esta casa hay más mujeres que hombres y eso no está nada bien. Todos disfrutaron del apunte. Sin embargo, María Sucel lo miró acuciosa pero pícara y un poco mimada.

—Lo tendrá usted mijo, porque yo ya estoy que me reviento de alimentar muchachitos —dijo casi confesando lo que en realidad sentía— Los presentes llegaron a desaprobar su comentario, especialmente la abuela Sara que consideraba que tener hijos por cantidades era una bendición de Dios, Gilberto se puso zalamero y besuqueó a María Sucel hasta hacerla avergonzar. A pesar de los acontecimientos con Elías, el yerno continuaba velando por el sustento de Ofir en su apartamento cerca de la galería. Allí la visitaba con alguna frecuencia en medio de una forzada clandestinidad. Lo hacía a sabiendas de los furtivos asedios de Ulises a quien había decidido prestar toda su importancia debido a que ella misma, talvez por miedo, le pidió que anduviera con calma, es decir, que debía evitar encararlo porque el tipo era de armas tomar. Por algo se lo pedía su amante.

Desde ese momento, el tal Ulises, sería para Gilberto un hueso muy duro de roer, una mierdita, un personaje bien difícil. Lo que sí no debía cambiar era el pacto de clandestinidad con que Gilberto seguiría frecuentando a Ofir. Eso lo tenían muy claro los dos desde el día en que él le ordenó a ella retirarse de El Ruiz para evadir el acecho del abuelo Elías, quien por esos días —para no verle su cara de hipócrita— había dejado de visitar a María Sucel, aduciendo excesiva tos y malestares como el dolor de cabeza que le había aparecido de viejo. En vista de las circunstancias, ella se esforzaba en visitarlo de vez en cuando, procurándole siempre un encuentro especial con sus nietos. Pese a vivir fuera de El Paraíso, valiéndose de las argucias que usó cuando vivía con los Ahumada, Ofir se hizo notar poco a poco de María Sucel hasta que se le metió en la casa llevándole alguna parva para acompañar "el algo" o la merienda de las cuatro de la tarde. Mientras tanto, era inevitable que Gilberto anduviera cada vez más estresado por este nuevo chantaje que le montó Ofir sin que él se percatara. Él sabía que no lo estaba haciendo bien, pero esa mujer lo tenía "encoñado", por no decir arreglado o embrujado. Esa señora le había empezado a ordeñar la plata con el pretexto de guardársela para crear un escudo protector y para que su relación no se extinguiera de la noche a la mañana, así tuvieran que mantenerla en la sombra. El asunto es que la cosa le cogió ventaja a Gilberto. Ya la novedad del encuentro clandestino con la mujer se le había convertido en un hábito bien raro, pese a que a esas alturas ya llevaban juntos quince años. Además, esos encuentros se intensificaban aquellos meses en los que mi madre estaba embarazada. Mi padre había cedido el manejo administrativo de varias de sus cuentas de ahorros a Ofir en consideración a que ella era quien le ayudaba con las cuentas desde El Marqués y, aunque ella le reportaba lo que sacaba para su sustento, él no le pedía cuentas.

Siendo octubre del sesenta y cinco, en vísperas del día feriado en conmemoración del descubrimiento de América, los Cervantes fueron invitados a una finca localizada en Montenegro, a solo minutos de Armenia. Generoso, Gilberto invitó a un selecto grupo de personas allegadas a la esposa, con el propósito de asegurarle ayuda con los niños, especialmente porque su barriga estaba nuevamente por reventar a causa de ocho meses de embarazo. Su amiga Rubí y la mamá de esta, doña Leticia, fueron invitadas junto con Isabelina y hasta Berenice, la nueva partera, que ya empezaba a ocuparse más del avanzado embarazo. Faltaban dos días para aquel paseo familiar cuando Ofir se apareció en casa de María Sucel con una sonrisa a flor de labios, que acompañaba con un paquete bien envuelto en papel de regalo rosado y con arlequines estampados.

—¿Cómo está la embarazada señora de la casa? —La saludó jovial—

—Bien, muchas gracias. No debió molestarse…

—Solo es una pequeña manifestación de aprecio —le aseguró Ofir, deseándole lo mejor— Ingresaron a la sala y sin ser aún invitada a ocupar asiento Ofir se acomodó en el sofá mientras se declaraba admiradora de la forma como la casa lucía. Aduladora, dejó entender que a Gilberto le debería gustar ver siempre su casa tan bien arreglada y agradable. María Sucel complementó que su casa siempre estaba bien arreglada incluso desde cuando ella era soltera y le agradeció el detalle de los escarpines. Tímida por la presencia de Ofir, pero expectante ante la novedad de la visita, se encontraba Piedad, una de las hijas menores, la más rubia de todas, que a sus cuatro años tenía suficiente energía para juguetear y distraer a su vez a la precoz Maru. Por fortuna para la María Sucel, por aquello del oficio, tanto Antonio como el segundo hijo asistían al primer año de escuela hasta el mediodía. Ante la inoportuna visita, a la madre no le quedó más remedio que atenderla en la cocina donde tenía unas viandas a medio pelar junto a algunos hollejos sobre la mesa de cortar y otros ingredientes para el sancocho que tendría listo para el almuerzo.

—Qué pena me da importunarla tan temprano, ¿en qué puedo ayudarle? —exclamó Ofir, haciéndose la considerada—.

—No se preocupe. Siéntese en este banquillo mientras yo termino de aderezar mi sancocho. ¿Cuénteme mejor cómo le ha ido en El Ruiz?

—Yo ya no trabajo allí porque al señor con el que vivo no le gusta que ande en medio de tantos hombres, dizque porque sus miradas merman mis encantos para él. Imagínese lo celosos que son los hombres. Lo mejor es no dar motivo.

—No sabía que usted tenía una pareja permanente.

——Así es, tengo un hombre muy querido y especial pese a que tiene su vida privada.

—¿Y... cuánto tiempo llevan juntos? —preguntó María Sucel—

—Ahh mija, yo ya ni me acuerdo. Si le cuento se va de espaldas y con esa barriga tan grande...

—¿Así de horrible es?

—Hace ya casi quince años que nos conocemos. Hemos estado algunos períodos distanciados, pero siempre nos hemos vuelto a juntar.

—¿Y quién es él?

—Es un señor que trabaja en la galería, en uno de los graneros.

—Entonces Gilberto debe conocerlo, sobre todo si lleva tantos años en la galería —comentó María Sucel—.

—Creo que sí, la galería es un mundillo donde todo se olfatea, así no se haya visto. Sí…, son conocidos pues siempre han estado cerca por lo del trabajo. Bueno, hace mucho tiempo que no se frecuentan porque cada uno anda por su lado. Como quiera que sea, tanto El Ruiz como El Marqués se pelean los mejores clientes y eso los distancia un poco. Creo que don Gilberto no debe saber que somos pareja. Bueno…, yo no diría que es mi esposo porque el hecho de que él me esté pagando el apartamento no quiere decir que tengamos algo más que estar juntos, más bien es mi marido.

—Ya me imagino… ¿Han pensado casarse?

—Ya quisiera yo, pero él es un hombre casado y cuenta con bastantes muchachitos. —replicó Ofir—

—¿Y lo disfruta así, resignada?

—Nunca, de tonta me comprometí a callar. Fue la única condición para que estuviésemos juntos. Él complace mis pasiones y hace un gran esfuerzo por ser muy especial. Qué más que no debo preocuparme por lo que como, por lo que visto y calzo. Los que deben andar preocupados son su mujer y sus hijos. Las cosas están muy claras. Me tiene confianza, tanto así que hasta le ayudo con sus cuentas. Qué irónico, a veces me pregunta por dinero para cosas de su mujer y sus hijos. Lo que pasa es que yo conozco mucho de contabilidad y eso a él le gusta.

—Creo que me he puesto un poco nerviosa —le confesó María Sucel a Ofir— Pienso en Gilberto y no resisto compararlo con todos los hombres que tienen necesidad de relaciones ocultas y ardientes.

— ¿Ha sentido alguna vez celos de su marido? —preguntó Ofir—.

—Nunca los he sentido. Aunque pensándolo bien, creo que miento. Solo una vez llegué a sentirlos. Cuando la conoció a usted ese diciembre en el día de los alumbrados. ¿Recuerda bien? Estaba usted recién llegada a El Paraíso y paseaba por el vecindario en compañía de los Ahumada.

— ¡Pero, qué ocurrencia! —dijo Ofir carcajeándose— cómo pudo ser que usted haya tenido celos de mí que soy su amiga, y…, ¿cómo hizo para que se le quitaran los celos?

—Muy sencillo —respondió con sinceridad— le pregunté por qué la miraba tanto y él me lo aclaró.

—Esto sí que es curioso y ¿cuál fue la razón, si no le importa contármela? —preguntó Ofir— y se carcajeó una vez más haciendo creer estar escuchando una desfachatez.

—Discúlpeme, no quise ser imprudente contándole semejante intimidad, pero para su tranquilidad, él me dijo que le pareció haberla conocido a usted en algún lugar y ahora pienso que fue cierto. A lo mejor la había visto por la galería —le explicó maría Sucel— él me dijo que solo me quería a mí y eso fue suficiente. ¡Usted no cree que si él no me quisiera me habría dado tantos hijos! —exclamó airosa—. Conversando, Ofir se enteró del paseo a la finca y no dudó en manifestar sus ganas de acompañarlos. Cuando Gilberto llegó, como de costumbre, Antonio y Tomás le mostraron con orgullo los trabajos realizados durante el día en la escuela. Gilberto les entregó confites y tomó en brazos a Maru. María Sucel, ilusionada, lo recibió, y él le acarició el vientre agrandado por culpa de Cesarino. Luego se acercó a uno de los pequeños bancos y se sentó al lado de la mesa en que Piedad y Sara comían. Los niños se mofaron de él al verlo incómodo, pero celebraron tomando partido de las posibilidades de juego que le brindaba su amorosa presencia. Maltrecho por su asedio les jugueteaba sin apartar la mirada de María Sucel que en medio de su incomodidad hacía esfuerzos por atenderlo.

—¿Cómo estuvo todo por aquí? —pregunto Gilberto—

—Bien, solo debí atender una visita extraña, o mejor, una visita no anunciada.

—¿Quién vino, mija? —preguntó extrañado—.

—Ofir, la que vivió al frente… donde el bombero.

—¿Y qué vino a hacer esa mujer aquí? —exclamó indignado, presionándose los labios— María Sucel caminó hasta la sala y regresó con el par de escarpines aún dentro de la envoltura en la que habían llegado. Con delicadeza los puso sobre la mesita y se dirigió hacia la sartén donde terminaba uno de los fritos que acompañarían la cena. Gilberto no pudo dejar de preocuparse ante el atrevimiento de su amante y buscó más detalles.

—¿Esto qué quiere decir?

—Según ella, quería manifestarse desde ya por el parto que voy a tener. ¿No le parece que están bonitos?

—Sí, lo están, ¿qué tanto demoró su visita?

—No tanto, solo una media hora. Eso sí, jugó mucho con Sarita y mientras yo adelantaba oficio ella me iba hablando. Es irónico. La pobre no ha podido tener hijos, los añora. Por eso me trajo el regalito. Según me contó, dizque para celebrar los hijos ajenos. Si hasta le gustaría acompañarnos a la finca. Me lo pidió cuando escuchó que nos íbamos. Se ofreció para cuidar a Sarita. Por lo que pude apreciar se encariñó mucho con ella.

— ¿Y usted qué le contestó? —Pregunto angustiado—

—Traté de disuadirla porque se puso insistente. Hasta me dijo que iba a estar sola porque su novio... o su marido no podía acompañarla. La conciencia censuró a Gilberto con dureza. Se sabía injusto e hipócrita. La felicidad que disfrutaba con sus hijos encaramados en él y su mujer embarazada le pereció ficción y lo hizo miserable. María Sucel continuó analizando la situación mientras pasaba platos al improvisado comedor.

—Oiga mijo, de Ofir se sabe poco. Por ahí dijo que su novio era un señor casado de esos de la galería y hasta mencionó que usted debería conocerlo. A mí me parece ella un poco enigmática y no es fea ¿sabe? Porque hasta tiene un cuerpo bien bonito y su cara es muy atractiva.

—Poco sé de esa señora —contestó turbado— la he visto, no puedo negarlo, y conozco la gente de El Ruiz, solo nos cruzamos saludos de vez en cuando. Nunca nos hemos sentado ni a tomar tinto. Disimuló haciéndole cosquillas a Antonio, quien, por fortuna, rio escandalosamente. Sin embargo, quedó callado y con su mirada puesta en la comida humeante.

Mal humorado haló la sábana que cubría su ondulada figura. La dejó al descubierto y corrió a abrir una ventana dejando entrar la luz que impactó su rostro adormecido. Ofir reaccionó como un murciélago acosado por la luz. El ánimo de Gilberto, tan descompuesto, la hizo temblar, aunque aparentó calma y se sentó en el borde de la cama. Gilberto le pidió que nunca más regresara a su hogar. Sentada, con el cuerpo recogido, casi huyendo hacia la tibieza del ambiente, asumió una posición fetal intimidada y sin modular palabra se levantó. Tomó una bata-loca que cubrió su desnudez y se dirigió lentamente hacia la cocina dejando al amante con el reclamo entre las cejas. Gilberto la siguió, la vio cabizbaja colando el café y con los ojos llenos de lágrimas. Entre sus manos tenía un pequeño pocillo donde se sirvió. Caminó nuevamente hacia el cuarto, puso el café en la mesita de noche, se dirigió hacia la ventana que Gilberto había abierto y la cerró recobrando la oscuridad. Se subió a la cama, acomodó una almohada en la cabecera para apoyar la espalda, y se cubrió las piernas con la sábana. Tomó el café entre las manos, lo llevó hasta la boca y lo sorbió cuidándose de no pringar sus labios. Lloraba copiosamente, pero de su garganta no salía voz. Conmovido, él regresó al cuarto y se sentó en la cama. Encendió un cigarrillo y fumó hasta terminarlo.

—No podemos dejar a un lado nuestro compromiso de silencio —dijo Gilberto más sereno— somos amantes y eso lo explica todo. Ofir continuaba sollozando, sin apartar la mirada de la mancha de café que aún quedaba en el pocillo. Se sentía mísera e incomprendida. Intuía que el desprendimiento comenzaba a ser inminente, que la agonía de lo no resuelto ya no se prolongaría más y se dirigió a él en tono desesperanzado.

—¿Eso quiere decir que para que su mundo gire de forma ideal seré yo la única que debe partir? ¿Y dónde dejo mis años esperando el día en que usted me ame?

—En su conciencia —contestó él— en lo más profundo de su ser; lo haré yo también, partiré con su ausencia y la recordaré con cariño. Usted es joven y hermosa y merece encontrar el amor verdadero fuera de El Marqués. Mientras las manos de Ofir recogían su cabellera con unas pinzas negras que abrió con los dientes, dibujaba con la boca un gesto de incredulidad.

—Deme tiempo, unos meses, unos años para hacerme a la idea de no morirme. Deje de venir tan seguido. Hágalo una vez por mes hasta que yo no necesite verlo. Algún día usted vendrá y yo ya no estaré esperándolo.

Gilberto regresó agobiado a El Marqués donde muchos urgían su presencia. Apremiado a encontrar soluciones decidió caminar llegada la noche. Subió las escalinatas de la iglesia de San Francisco y se santiguó. Desde la puerta pidió a Dios que lo iluminara. Se santiguó nuevamente medio hincado y se retiró. Caminó con desgano acompañado de un cigarrillo, y para aliviar el bochorno zafó el nudo suelto de su corbata y arremangó los puños de su camisa. Sus pensamientos rebotaban entre su mujer, su amante y Ulises —un personaje ya siniestro para él a esas alturas—, y entre la verdad que conocía Elías y los rostros de sus hijos que contrastaban con la ilusión del hijo en camino y la desilusión del rompimiento. Mientras tanto, no faltaba nunca en su mente la imagen de su incondicional Nélida y hasta de su posible hijo. Llegó inclusive a pensar en aquellos hijos que ni siquiera logró conocer. Su desesperación era tal que había empezado a buscar soluciones radicales. Enterrar el acoso de Ofir era imprescindible, pero para abandonarla no bastaba con decirle adiós. Como mínimo su imagen física debería también desaparecer. Más, ¿cómo desaparecer sin afectar tanta espera de su querida Ofir? No hubo respuestas. Sus pasos acompañaron su desdén hasta el parque donde se refugió cuando Elías lo pilló en su infidelidad. Donde la ninfa de piedra le recordó a la esposa y su magra figura. Donde los enamorados jugaban a acertar con las piedrecitas sobre el nenúfar, en una candidez que le causaba envidia.

El nacimiento de Cesariano renovó los bríos de los Cervantes Baroja. Una vez más la radiola sonaba a reventar para el deleite de todos, estampando fracciones de una historia repetitiva, pero con nuevos personajes que engalanaban celebraciones y encuentros de familiares y amigos, incluidos los llegados de Manizales y otros viejos vecinos que habrían de hacer honores al niño más bonito de todo el vecindario. Fue una fiesta inolvidable, celebrada el sábado diecinueve de febrero de mil novecientos sesenta y seis. Con seguridad hasta esa fecha ninguna familia había organizado una guachafita más bulliciosa y concurrida en El Paraíso. Ni siquiera los Arará que eran bien bullangueros por ser de la costa atlántica. La parranda llegó hasta el amanecer y muchos de los borrachitos terminaron bebiendo aguardiente en plena calle, discutiendo y enalteciendo apasionadamente los méritos políticos de aquellos que en mayo se encarnizarían por la presidencia de la república. El mismo Gilberto, desbarajustado por los tragos, con los párpados a media asta, trataba de sustentarle a Analdo su afinidad política en medio de un entusiasmo partidista común en esos días, previos a la contienda más importante de los últimos tiempos. Entufado y con turbios reflejos, Gilberto sostenía su discurso, en medio de hipos, eructos y salivaciones seguidas por escupitajos que merodeaban sus palabras.

—¡Aunque soy godo empedernido como mi mismísimo padre defiendo mi postura a favor de Carlos Lleras Restrepo, me interesa un pito que sea liberal, cualquier godo bien parido que se respete debe votar por él!

Algo diferente a un rezo

... 1968

Al notar que no era Ifigenia, María Sucel acudió intrigada a averiguar de quién se trataba. Llegó a la puerta donde Rosalía atendía a un forastero e hizo suya la situación. Se trataba de una señora que preguntó por don Gilberto. Ella pensó que se trataba de una de las señoras que buscaba un rezo y trató de persuadirla en regresar después, aduciendo que, él solo, la atendería desde las tres de la tarde. La señora le agradeció, pero le dejó muy en claro que se quedaría parada frente a su casa hasta cuando él regresara, porque, según ella, no lo podía dejar escapar. Aunque extrañada, María Sucel se puso a sus órdenes mientras llegara su esposo.

—¿Su esposo, dice usted? —preguntó la señora—

—Sí, mi esposo, don Gilberto, el mismo que usted busca... La mujer se quedó perpleja. Entonces se dispuso a aclarar su contrariedad. Describió a Gilberto como un señor de cabello crespo y ojos grisáceos que siempre llevaba puesto un vestido completo oscuro. María Sucel se lo confirmó con extrañeza, pues no comprendía el sentido del comentario. La misma Rosalía estaba atónita con esas preguntas y respuestas incoherentes. Las tres estaban desconcertadas frente al umbral de la puerta que daba a la calle. La mujer le pidió que hablaran por unos minutos, pues debería desenredar una historia por ahora bien rara. María Sucel le pidió entrar.

—Siga por favor, siga —le dijo, disculpándose por el desorden— no esperaba una visita tan tempranera. La señora ingresó observándolo todo. Quería encontrar respuestas aún sin que ellas hubieran brotado de alguna voz de esa casa. Al llegar al dormitorio, pudo ver que los niños juguetones y alegres llenaban de bullicio el lugar. También notó que el montón de camas, geométricamente ubicadas, ocupaba casi todo el espacio, pero le agradó ver todo limpio y con buen aspecto. María Sucel le brindó una de las camas que ya habían sido tendidas para que se sentara y también algo de tomar. Ella se rehusó a tomar algo, pero aceptó sentarse y le pidió que en lo posible se quedaran solas. Rosalía, que estaba vigilante, se encargó de sacar a los chicos.

—¿Usted es la esposa de don Gilberto y estos son sus hijos? ¿Este es su hogar? —preguntó reiterada la mujer—, reparando en la foto de matrimonio que estaba colgada en la pared, al lado del Sagrado Corazón de Jesús. María Sucel asintió mirándola, pero sin decir palabra. El interrogatorio continuó con una pregunta por demás misteriosa.

—¿Conoce usted a una persona llamada Ofir?

—Sí, claro, la conozco.

La mujer le tomó de las manos con cariño tratando de ganar su comprensión. Le confesó haber pensado que Ofir era la esposa de don Gilberto. María Sucel sonrió ingenua pensando que estaba mal informada, pero la señora lo negó con una mueca de desilusión. Le contó que Gilberto vivía con Ofir desde hacía unos cuantos meses en un apartamento que ella les había alquilado ubicado en el sur de Bogotá, y que de acuerdo con las propias palabras de él se habían casado en Armenia hacía ya muchos años y que trabajaba por los lados de Villavicencio, razón por la cual, siempre estaría ausente. La enteró de que esa mujer contaba ya con unos cinco meses de embarazo y que le había costado mucho concebir, pero que al fin lo había logrado a sus cuarenta y dos. Por último, le comentó que la razón por la que había llegado frente a su casa no había sido otra que seguirle la pista a Gilberto para obligarlo a pagarle los tres meses acumulados de renta que le debía sin incluir otros préstamos para mercado. María Sucel no pudo más. Se cubrió el rostro con sus huesudas manos. Lo que acababa de saber caló en lo más profundo de su alma, que desconcertada, no le permitía reaccionar. Le dolió tanto lo escuchado, que la tristeza no afloró, sino que se enquistó en su corazón. Durante unos segundos pensó que lo oído era solo un sueño, del que, en cualquier momento iba a despertar. Sin embargo, al quitar las manos de su rostro y ver frente a ella a la misma señora que le había dado tan funesta noticia, asumió su historia a medias.

—¿Está usted segura de lo que me cuenta señora?

Corrió hacia el armario y de uno de sus compartimientos extrajo un álbum que ella misma había actualizado con imágenes que retrataban las ilusiones del pasado para dar testimonio de dichas y desventuras. Abrió una de sus páginas y le dejó ver una foto donde ella estaba junto a Gilberto, rodeada por todos los hijos en el parque donde, sin saberlo, él, acudió a reflexionar sobre su adulterio después de ser descubierto por Elías. Le enseñó esa fotografía con la esperanza de que el rostro no fuera el mismo que descansaba en la memoria de la forastera, pero fue inútil. La señora lo corroboró. Entonces María Sucel se emperró a llorar. Con amargura, como cuando se entrega un criminal a la justicia, le dijo que su esposo llegaría como a las dos de la tarde y le pidió que ella misma le pidiera cuentas, que mientras tanto, ella vería qué hacer. Le sugirió que se fuera a tomar un café mientras tanto y le indicó cómo llegar a la panadería de don Alirio. María Sucel se refugió en el cuarto de baño. Atrancó el postigo por dentro y lloró desconsolada pese a que Rosalía insistía que le abriera. Pasaron minutos que parecían horas sin que saliera. Muy por encima le contó a Rosalía lo que acababa de saber y conmovida besó a cada uno de sus hijos mientras rezaba por su futuro. Fue a casa de doña Ifigenia y allí esperó. No quería ser testigo de la llegada de Gilberto ni de los reclamos de aquella mujer. No quería ver la cara de compromiso de su siempre amado esposo. De aquel que la colmaba de flores cada semana hasta enamorarla con delirio en el despertar de su vida. Al que le había dado tantos hijos de una manera abnegada y quien le juró lealtad hasta la muerte. Reflexionó acerca de las muchas apariciones de Ofir en su pasado, tan misteriosas como inoportunas, le dolió aún más la desfachatez de la traición mientras ella se dedicaba a criar y hasta recordó a su padre Elías con nostalgia pues desde un principio él, muy sabiamente, fue firme en oponerse a aquella relación. Pensó en la falta de solidaridad de aquellos que conociendo la situación se hicieron los desentendidos, entre ellos Analdo, a quien tildó de Judas. Pensó en su compadre don Juvenal y lo odió por la misma razón, pues no le cabían dudas de que aquella mujer era suficientemente conocida por ellos. Maldijo la forma en que, meses antes, Gilberto se atrevió a llevar a su amante hasta su propia morada permitiendo que se acostara en su propia cama estando las dos embarazadas. Maldijo al padre de sus hijos por descarado e imbécil y lloró. Lloró cada vez que se le atravesaban en su mente tantas experiencias bonitas del pasado. Lloró al recordar el día de su matrimonio. Lloró al recordar cada uno de sus ocho partos. Lloró al recordar la partida de su terruño y la terrible primera noche de su llegada a Bogotá. Aborreció la hipócrita amistad de Ofir. Comprendió el porqué de su presencia solapada frente a su casa en El Paraíso y hasta cuando le pidió acompañarlos al paseo a aquella finca. Comprendió por qué Ofir desde siempre había sido una indescifrable sombra que deambulaba incógnita, cubierta con un manto aparentemente diáfano de amistad y cariño. Lloró y lloró.

Ajeno a toda esta situación Gilberto llegó a casa puntual y en sano juicio. Rosalía se propuso persuadirlo y al verlo llegar, una vez acomodó el coche de hierro en el patiecillo, le contó todo con afán y llena de nervios. El hombre se recostó en la pared y se fue deslizando hasta quedar sentado en el concreto gélido. Recogió las piernas y metió la cabeza entre las rodillas apretándose los oídos. Quedó pálido y desconcertado. Se pasó las manos por la boca y refregó sus ojos hasta enrojecerlos. Se quedó allí, mirando hacia todos lados, sin articular palabra, hasta que sonaron los golpeteos en el portón anunciando la cita obligada de las dos de la tarde. Apretó las mandíbulas y dejó escapar un quejido de frustración.

—¿Quiere usted abrir la puerta o desea que lo haga yo? —preguntó Rosalía—

No supo qué contestar y furioso miró al cielo, que gris no le daba mucha claridad. Los golpes seguían sonando. Se levantó exasperado y corrió a abrir a tiempo que advertía a Rosalía que distrajera a los niños para que no presenciaran algo indebido. Al llegar a la puerta, encontró a la señora quien, sin saludarlo, con determinación, le dejó saber que de allí no se movería hasta que no le pagara lo que le debía. Gilberto la miró apenado por estar fallando una vez más como cuando le falló a doña Sara años atrás, como cuando le falló a su esposa y como le había fallado a quien sabe cuántos. No le recriminó que lo hubiera buscado en el hogar de la María Sucel de sus flores porque sus actos no le daban moral para hacerlo. Prefirió sacar unos billetes del bolsillo y después de contarlos en reserva le entregó lo debido y le pidió excusas antes de que ella se marchara.

Cuando ni un alma se veía por las calles de La Granja, arribó a casa Gilberto, tambaleando, bajo el efecto del alcohol que circulaba por sus venas. Llegó confiando en la premisa de que Dios cuida a sus borrachitos. Era de suponerse que a esas horas debía caminar sobrio y vigilante, pues se exponía a un atraco callejero. Entretanto, ella se había propuesto que jamás él le vería vestigios de llanto en sus ojos, que aún estaban hinchados de tanto llorar. Al abrir las dos cerraduras del portón de hierro e ingresar al pequeño corredor de ladrillo que llevaba al interior del patio, Gilberto sintió que aunque estaba ya en su hogar la oscuridad era su única confidente. Entró al pequeño patio que servía de puente para pasar a su habitación y una terrible soledad acompañada de un espantoso frío lo puso a tiritar. Era consciente, en medio de su fuma, de que todos en esa casa sufrían las circunstancias que él les había creado. Se dirigió al cuarto de baño, encendió la luz y desparramó sus orines sobre la taza del inodoro, que después, mal limpió con papel higiénico. Se juagó las manos en el lavamanos, haciendo bulla adrede, buscando percibir indicios de movimiento o voces que le reconfortaran, pero fue inútil. Su tosco proceder no llamó la atención de nadie.

Esperaba que de un momento a otro saliera María Sucel vociferando reclamos o gritándole improperios, pero eso tampoco sucedió. El silencio fue lo único elocuente. Una vez habiéndose fumado dos cigarrillos, decidió abrir la habitación que estaba en completa oscuridad y en la que nadie se movió un milímetro. El cálido ambiente se dejó sentir en contraste con el frío del patio. Experimentó el calor de su hogar aún ardiente, pero no pudo espantar de sus entrañas el hielo del pesar. Llegó hasta la cama matrimonial y la encontró aún tendida. Comprendió entonces que nadie la usaría por haber sido profanada y solo a él le correspondería dormir con su soledad. Buscó afanosamente la figura de María Sucel y entró en pánico al verse sin ella. Los destapó con maña, errático, y respiró tranquilo al notar que ella dormía acomodada en una de las camas pequeñas con uno de los chiquitos. Suspiró más tranquilo al saberla allí. Comprendió por fin el gesto simbólico de aquel cuadro y volvió a sentirse rechazado por aquella imagen sin palabras. Presintió que su esposa fingía el sueño, sin embargo, nunca lo pudo comprobar. Optó por quedarse allí, en sus tinieblas, sintiendo el vacío de su presencia. El desprendimiento mudo de su mujer, de su amistad incondicional, mientras en su imaginación se tejía el drama intenso de ver derrumbar todo lo andado durante más de treinta años, desde los balbuceos de María Sucel siendo aún bebé que lo cautivaron en Salamina, hasta este momento en la cama de metal, en la que le engendró a su familia y en la que disfrutó de felices e inolvidables charlas. María Sucel, mientras tanto, se aferraba al calor de Juan de Dios y de Maru. Con los ojos cerrados, pero despierta y expectante, simulaba dormir. Quería explotar, pero comprendía que se había propuesto no hacerlo después de pensarlo durante el día. El tiempo se encargaría de aplacar su ira hasta que pudiera ser dominada por la razón. Transcurrían los días y de María Sucel brotaba todo el cariño para sus hijos pero ni siquiera una mirada para Gilberto, que amilanado y borrachín andaba por ahí.

Días después, los dolientes se ubicaban a la izquierda del clérigo mientras los empleados de pompas fúnebres se aprestaban a descansar para llevar el cajón a la fosa bajo la atenta mirada de los acompañantes. Esta vez le había tocado a don Acasio, el primero de los Cervantes que decidió partir cuando sus pulmones no aguantaron más. Gilberto se había conseguido un vestido negro que a todas luces dejaba ver que era prestado y que carecía de los cuidados de su mujer por lo largo de sus botas. Estaba atribulado por despedir a su otrora padre alcahueta, con quien se tomaba unas cervezas todos los días en los bares de Neira y al que le compraba sombreros nuevos de fieltro en cada cumpleaños para reemplazarle los viejos que sucumbían ante el abuso del radiante sol en sus jornadas voluntarias de ventas de empanadas de cambray en la galería. «Se fue el viejo y jamás se enterará de mi sufrimiento», pensó, mientras miraba el féretro cayendo a la fosa. «Nunca opinó, pero fue testigo fiel, nunca sonrió, pero disfrutó su vida. Nunca rezó, pero estaba libre de pecados». A Gilberto le habría gustado heredar un poquito de su rectitud y compromiso, pero no, las cosas le salieron chuecas y ya era demasiado tarde. Solo le restaba emular su sabiduría y tacto para sobrellevar lo que le faltara de vida. María Sucel se había ubicado cerca del tumulto de dolientes principales, de su suegra, que abatida por la pesadumbre miraba a su compañero partir. Asistió a las honras porque siempre sintió una gran simpatía por su suegro, pese a que estaba segura de que todos los Cervantes le habían ocultado el engaño y los odiaba en silencio. Analdo fue uno de los que la saludó y ella le contestó por educación, más no le sostuvo conversación. Igualmente lo hicieron Sigifredo, Dora y Romelia. Cuando vio la oportunidad le dio el pésame a doña Sara y se ausentó primero que los demás. Gilberto estuvo atento a todos sus movimientos, pero ella actuaba con la convicción de estar sola. Se alejó y desapareció dando a comprender que solo había asistido al entierro para despedir a don Acasio.

Los años sesenta se extinguieron y la conversación franca y concluyente entre los dos también, al menos por esos días borrascosos. María Sucel, enmudecida y aislada por las circunstancias, apenas asumía la presencia de Gilberto por ser el papá de los ocho hijos, cosa que irremediablemente tuvo que aceptar. Él, a falta de atención, encontraba escapatoria en los libros de Kardec, su más preciado exilio mental, cuando estaba en casa, cuando no, quizás atendiendo Ofir o sabe Dios haciendo qué. Rosalía emergió como la mensajera de los que generaban un ambiente tenso que a duras penas disimulaban ante los hijos. La vieja cama de metal servía de cómoda trinchera al padre porque ella dormía cada noche abrazando a sus hijitos luego de acostarlos temprano y así aprovechar para evadir quedarse sola en su presencia. Un día, de esos días después, cuando ya se había levantado a despachar los niños, María Sucel se acercó a la cama donde él se suponía dormido y, de un solo envión le quitó las cobijas. Había explotado por fin su angustia transformada en un reclamo. La vida había cambiado tanto que a duras penas la paga del arriendo llegaba de los bolsillos de Gilberto. Las comidas repetían un solo menú carente de carnes y lácteos por costosos y porque los fiados de don Antonio y de la carnicería de los Velarde se habían extinguido por falta de pago. Gilberto reaccionó temeroso viendo la cara de agresividad de su dama, que no le dio tiempo ni de sentir frío.

—¿Dónde está la casa que les corresponde a mis hijos, dónde está el dinero? —exacerbada le gritó—. Gilberto titubeó ante esta prueba tan dura. No supo qué decir y dejó una vez más que la incertidumbre lo invadiera. Al verlo callado volvió a preguntarle más airada que antes.

—¡Dónde está el dinero de mis hijos… contésteme por favor!, y acercó su cara hasta sus ojos mirándolo iracunda y dejándole sentir su acelerada respiración. Él no pudo ocultar su verdad. Debía contarle lo pasado pese a que sabía que eso derrumbaría todos los vestigios de estabilidad que le quedaban en esa casa. Contestó en voz baja:

—Lo perdí. Ella esperaba todo, menos una desilusión de ese tamaño y con el pensamiento le gritó: «¡imbécil!». Se dirigió hasta el armario de ropas y sacó una falda, una blusa y las planchó sobre una de las camas bajo la mirada perpleja de su marido. María Sucel tomó la ropa planchada, la colgó de su brazo derecho y se dirigió al baño. Dejó caer sobre su cuerpo el agua helada de la regadera y se restregó con fuerza cada porción de piel, a manera de despojo. Luego, regresó vestida a la habitación, se terció un saco de lana y salió. Gilberto abrazó a los niños tratando de reconfortar sus compungidas almas, al ser testigos de cuanto acontecía. Los colmó de besos y los arrulló en silencio. Luego, sin bañarse, se vistió y se hizo a la calle empujando el pesado coche de metal con algunas mercancías que le quedaban. El reto era tan grande y significante como un plato de sopa frente al hambre. Así se le había planteado la vida luego de tantos reveses juntos.

Era tarde en la noche cuando, a dos cuadras de

distancia, divisó la figura de María Sucel caminando hacia la casa. Caminaba sosteniendo un atado en la mano derecha y terciando una cartera grande en el hombro izquierdo. Sin vacilar, acobardado, corrió a meterse en la cama, tomó uno de sus libros, se acomodó en la almohada y cruzó los pies. Se puso las gafas para la hipermetropía y abrió el libro en cualquier página. No leyó porque no era su propósito. Cuando pensó que no era apropiado que ella lo viera leyendo para que no pensara que solo se interesaba en crecer en sus pasiones, prefirió cambiar de estrategia haciendo la pantomima de estar contando algunos encargos para entregar al día siguiente. Se incorporó de prisa, miró nuevamente por la ventana y al comprobar que ella aún estaba a prudente distancia de la casa, salió de la habitación, desplazó el plástico que protegía el coche de la mercancía y tomó una de las cobijas de lana. Pero se sintió imbécil por realizar una actividad impostada solo para que su esposa tuviese con él alguna consideración. Es decir, para llamar su atención, aunque fuera vendiéndole pesar. Entonces reflexionó: «Dios… creo que no creerá ni un poquito en mí. ¿Por qué no haber sido mejor antes?». Colocó en desorden el plástico sobre el coche y consciente de que el tiempo de llegada de María Sucel se estaba agotando, corrió a cargar al pequeño Juan de Dios, que al igual que sus otros hijos, dormía en medio del hacinamiento y de colchones esparcidos por doquier. «Cargaré al niño y ella se enternecerá, pensará que los cuido bien… Y si el niño se despierta y llora pensará que yo lo he hecho llorar». Sintió que, el tiempo se extinguía, igual que sus ideas. Perdido en sus angustias solo pudo correr hasta la cama para ponerse un pijama, meterse entre las cobijas y fingir estar dormido. Era casi la media noche cuando por fin los pasos de María Sucel se sintieron afuera.

Gilberto sintió cuando la primera cerradura del portón fue desactivada y luego la segunda; cuando su esposa ingresó y cuando volvió a cerrar; cuando puso el seguro en ambas cerraduras y al final la barra de hierro, que ella debía poner por ser la última en entrar, para asegurar mayor protección a otras familias que dormían en el inquilinato de turno, en la ciudad grande, en aquella ciudad donde se sabía que los ladrones invadían los hogares para llevarse todo lo que se encontraran por delante. Gilberto reconoció cada movimiento por su sonido, como si lo estuviera viendo. En su concha de cobijas ya había preparado la forma de mirar lo que pasara una vez ella ingresara al cuarto. Por fortuna era uno solo y su cama estaba en uno de los rincones desde donde podía mirar sin mayores problemas. María Sucel ingresó apurada directo a la cocina que compartía con otros inquilinos de la casa, a la que se habían mudado hacía apenas una semana, huyendo del acoso económico al que estaban sometidos. En la mano traía un atado grande hecho con un mantel de cocina de cuadritos rojos y blancos, que amarró con un nudo luego de haber sido llenado. Lo desamarró y dejó al descubierto exquisitos manjares, finamente preparados. Había traído consigo un fiambre de langostinos, carnes de aves y excelentes cortes de res. Los sirvió en una canasta a manera de picada criolla y los llevó al cuarto donde los niños dormían. Con besos suaves en las mejillas y caricias en las pequeñas espaldas, mientras les hablaba tiernamente, fue despertándolos uno a uno, mostrándoles la comida que los hacía reaccionar de inmediato. Gilberto miraba por el hoyuelo que había logrado hacer entre las cobijas y que le garantizaba una aparente desconexión de aquellos hechos que le fascinaban, pero a los que no había sido invitado. Observó cómo ella les pidió discreción para que no lo despertaran. Se tranquilizó, pues los pequeños se habían acostado con hambre y los acompañó desde su refugio de cobijas con una alegría nostálgica, siguiendo sus gestos de satisfacción y observando cómo, aún con las bocas llenas, apostaban al que más comiera. «Se van a untar hasta el pelo…», pensó, pues los cubiertos que ella les puso al lado de la canasta no fueron usados porque sobraron dedos para agarrar las presas, que seleccionaban de acuerdo con su tamaño, con ojos ávidos. Desde hacía algunos meses no habían comido carne. Esta vez comieron hasta más no poder, antes de desfilar a darle besos y adular a su mamá que lo disfrutaba de verdad. Aquel manjar había sido hurtado de una cocina donde trabajaba como sirvienta. Ella cambió sus ropas por una bata-loca y se acomodó esta vez junto al pequeño Juan de Dios, al que abrazó antes de quedar profunda durante las próximas cinco horas, pues al filo de las cinco de la mañana debía levantarse para empezar una jornada similar. Con las barrigas llenas volvieron todos a dormir.

Durmieron tranquilos menos él, que taciturno, esperaba un poco de sueño en medio del insomnio crónico que padecía desde el día en que pagó la renta a la señora que contó la verdad sobre Ofir. Se puso a pensar en su soledad y en cómo recuperar a su mujer o despertarle algún sentimiento de consideración que le ayudara a quebrantar su indiferencia. La misma escena se vivía noche tras noche. Ella ni sabía ni le importaba que Gilberto nadaba entre nostalgias y la esperanza de que ella lo saludara ya fuera con un gesto o una mirada discreta. Él apenas conseguía información de lo que los niños le comentaban o lo que Rosalía, pusilánime, le dejara conocer acerca de los menesteres de su madre adoptiva, pues él no se atrevía a abordar a María Sucel.

Los meses se dejaron venir y los Cervantes Baroja se hicieron nómadas en el noroeste de la capital. Los inquilinatos se relevaban por los costos y por las condiciones deplorables de vida que les brindaban. El caos se apoderó de la familia y los peligros acecharon su fragilidad. Las circunstancias ponían contra la pared las posibilidades de sobrevivir. Los niños estudiaban en medio de una profunda crisis de comprensión y dentro de un creciente desorden. La suciedad y el descuido se apoderaron de cada rincón de las frías piezas con piso de cemento que habitaban y, en las noches, las pulgas hacían de sus cuerpos un verdadero festín. Hasta encendían la bombilla para cazarlas y explotarlas con los pulgares. Los colchones, viejos y desmotados, hedían a orines de muchos días y los piojos invadieron sus cabezas. Se hicieron expertos en su búsqueda, como primates, en momentos de esparcimiento. Pese a las vicisitudes nunca dejaron de asistir a la escuela porque les resultaba más divertido y menos monótono. La situación de abandono no era un obstáculo para sonreír, ya se habían acostumbrado a capotear faltas de comida o sobrevivir a base de agua de panela. La desnutrición los hacía ver cada vez más flacos y los dientes se rindieron ante el sarro. Gilberto perdió el timón y no logró sobreponerse. Luchaba intentando acreditar el negocio mientras su tristeza se empecinaba, también moribunda, por no doblegarse ante la resignación. María Sucel siempre llegaba tarde y, de vez en cuando, con atados de comida de sobra que recolectaba en lugares y con ropa que le regalaban para vestir a los niños. El cansancio la doblegaba y la falta de oportunidades que brindaba la capital la marginaba de cualquier empleo mejor pagado.

Rosalía, la numero once, por adopción, de los Cervantes Baroja tuvo un revés con un inquilino de una casa de un barrio popular, a la que fueron a dar luego de rodar y rodar, y quedó embarazada. La nostalgia los embargó pues todo iba de mal en peor. Sucedió en el barrio Florencia donde también llegaron huyendo de meses sin pagar en otras casas. El tipo que la preñó era un fulano de mala calaña que se la encontró como carne de cañón en la misma atmósfera en la que estaban ya sumidos y cuyo nombre era Ezequiel. Ella se le entregó agobiada por el enamoramiento y el cansancio de vivir la vida que vivían en ese entonces. Gilberto se ofreció a darle su apellido al niño que le nació después de que el tipo desapareció. De alguna manera le retribuía tantos actos de fidelidad de parte de Rosalía. Sin embargo, Rosalía se marchó con su muchachito. Se rumoraba que el tipo apareció y la sonsacó con las cantadas que le daba en medio de la ebriedad con la que aparecía a cualquier hora del día junto a otros amigos, guitarra en mano. Esas tonadas de juglar citadino le habían encantado el oído. Ezequiel se la llevó a vivir al sur de Bogotá, a un barrio tan mísero como su propio pasado. Al cabo de las quinientas, dizque se lo llevaron preso por matar a dos en una gresca que él mismo armó. La partida de Rosalía profundizó la crisis porque convirtió a Piedad, Maru y Sara, con tan solo once, diez y ocho años, en las cabezas de un hogar que permanecía durante el día a su merced. Además, debían administrar el escaso dinero que Gilberto dejaba antes de salir a vender la poca mercancía que lograba de otros vendedores que le tendían la mano de vez en cuando. Las niñas debían tasar cada centavo para hacer cualquier changua o para comprar panela para el agua dulce con la cual se le hacía desquite al hambre por largas horas.

Previo al día de la madre del setenta y dos, por una calle empolvada y llena de huecos con agua lluvia estancada, tanto Cesariano como Acasio Elías y Juan de Dios, los tres hermanos pequeños, arrastraban con dificultad un costal de fique lleno de escorias de hierro, latones, cable de cobre y cartones encontrados en basureros, con el fin de venderlo como se los había enseñado la mamá de una vecina, que por décadas había sobrevivido como desechable, —nombre que se da a los mendigos que viven de la basura y a los gamines de las calles de Bogotá—. Llegadas las dos de la tarde, Gilberto, que caminaba a paso lento por el lugar empujando su coche, los vio arrastrando el costal de chatarra y sin comprender sus intenciones aceleró el paso hasta alcanzarlos. Los niños lo saludaron con la naturalidad que les permitía su entusiasmo. Sin embargo, vieron cómo él tomó con rabia el pesado costal y lo aventó por el aire. Asustados, con las caras largas, lo miraron tratando de entender. El viejo desenfundó la correa la enrolló en la mano derecha y los amenazó.

—¡Los castigaré por volverse chatarreros! Ese no es el ejemplo que les he dado, y le dio un fuetazo a Cesarino que se encorvó aterrado como un pangolín enroscado. Gilberto también había explotado acorralado por la tristeza de ver cómo lo que había logrado construir ni se parecía a lo que había imaginado. El viejo, derrumbado ya, se estaba volviendo agresivo. Era una agresividad muy amarga para él mismo, era algo así como la cuota inicial para la locura que ya le mostraba los colmillos en medio del agobio. Por esos días, ni la misma Ofir pintaba para nada. Ante la Furia de su papá, los otros dos hermanitos quisieron huir, pero no pudieron porque estaban paralizados por el miedo. Gilberto reaccionó y desconociéndose se contuvo. Se puso a temblar avergonzado y se arrepintió profundamente.

—Perdóneme mijo. Venga, venga conmigo. Lo menos que quiero es castigarlos. Vayan a la casa que yo ya llego. Ahí hablaremos bien acerca de lo que ustedes deben y no deben hacer. ¿Su mamá les dio permiso de salir solos y recoger chatarra? —les preguntó—

— No señor —respondió Cesariano entre un sollozo seco y una mueca de humildad—. Ella no lo sabe

—Queremos plata para su regalo del día de la madre —complementó lloroso Acasio Elías—.

—Yo quiero regalarle una rosa. A ella le gustan… —agregó Juan de Dios, ingenuo y también sollozante—.

—Está bien, está bien…, me enerva ver que se me están volviendo desechables —refunfuñó—. Ustedes no podrán entender a qué me refiero. Acompáñenme a guardar el coche y dejen esa chatarra por ahí que no les va a hacer falta. Iremos a almorzar gallina a un restaurante cercano. ¡¿Cómo les parece?! Brincaron de la alegría. Comer gallina era estupendo, máxime cuando lo harían sin límites, pues su padre estaba invitando. Juan de Dios se encaramó en su pierna y le dio un abrazo. Gilberto le sobó el brazo a Cesarino en el lugar donde le había pegado el fuetazo y con profundo cariño se disculpó.

—Luego iremos a comprar las flores, la tarjeta y unas chocolatinas, ¿qué les parece? Acasio Elías y Cesariano se encaramaron al coche. Regresaron conversando y Gilberto los disfrutó como nunca, tratando de persuadirlos que no hicieran más esas salidas que lo avergonzaban. Sabía bien que los niños del vecindario que lo hacían fumaban marihuana y aspiraban pegamento o gasolina para disipar sus minutos de tedio. Sin embargo, nada cambió por los acontecimientos de ese día y María Sucel tampoco se enteró. Los días continuaron alargando la historia de la familia. Gilberto se refugiaba en su pieza junto a la mercancía, mientras ella atendía largas jornadas de trapeado y lavado de pisos en diferentes empresas adonde debía acudir a limpiar por órdenes de don Rafael, un jactancioso jefe que prometía el cielo y la tierra a humildes trabajadoras de la limpieza, para que estas lo hicieran bien mientras les pagaba míseros billetes por debajo de los salarios mínimos aprobados por el gobierno. La entrada a trabajar era a las seis de la madrugada y la hora de salida no estaba garantizada para nadie. Solo tenía libres los domingos para compartir con los hijos. Gilberto seguía de espiritista orando por él y por los demás.

Cuando murió Picasso

... 1973

Se mudó a un cuartillo que rentó, dizque a manera de bodega de mercancías, solo para evadir la frustración que, como una garrapata, se le venía incrustaba en la piel, tan solo con sentir la presencia continua de María Sucel y su indiferencia. Ella, a esas alturas del partido de sus vidas ni lo determinaba. El cuartillo quedaba en un lugar que le permitía pasar a ver a sus hijos con tan solo caminar unas cuadras. Uno de esos escabrosos días, siendo las cinco de la mañana, en los setenta, Gilberto se encontraba aún encamado, con frío y lleno de amargura. El día no había aún aclarado. Por fortuna, el radio se había convertido en su mejor amigo, privilegio que disfrutaba junto a los cigarrillos sin filtro y la caja de fósforos. Un noticiero temprano, cada día, le servía de brújula para la nueva jornada.

> *«Atención, atención. Orientación tribuna de la patria, atención...»*

Comprendía que tenía una media hora más para perecer la levantada. El locutor daba las noticias con el mismo tono que lo hacían los culebreros de la plaza Las

Nieves, cuando promocionaban las virtudes de algún ungüento para curar los males de ojo de los envidiosos o para expulsar lombrices de las barrigas de los niños pálidos.

«Atención, atención ... Bucaramanga atención ... Cinco militares fueron asesinados en una emboscada tendida en la madrugada de ayer por un grupo alzado en armas, presuntamente del ELN, en la región de Cimitarra, Santander, informó el comando de la Quinta Brigada con sede en Bucaramanga.»

Se destapó la cara, buscó un cigarrillo y lo encendió.

«Atención, atención... París, atención... El mundialmente famoso artista español Pablo Ruiz Picasso ha fallecido este ocho de abril de mil novecientos setenta y tres a los noventa y un años de edad en su residencia de la Riviera Francesa, víctima de un edema pulmonar. Junto a su lecho de muerte se hallaba su esposa Jaqueline, de cuarenta y seis años, su hijo mayor Paolo, su secretaria particular y varios allegados a la familia.»

—Murió Picasso. Tranquilo debe estar. Mucho más que yo —exclamó exhalando el humo de su cigarrillo—.

«Atención, atención... Bogotá, atención... Padre se inmola con sus cinco hijos en Bogotá. Atención. La impresionante tragedia se suscitó en la noche del jueves, cuando un enloquecido padre, ante el abandono de su esposa, se inmoló con gasolina junto con sus cinco pequeños. El hecho tiene conmovido al vecindario del barrio Egipto.»

Al escuchar esta noticia pensó en él, en María Sucel y en su tormento. Se atrevió a justificar la osadía del padre inmolado. Reflexionó, y después se quedó preocupado por haber reaccionado así ante una noticia tan nefasta. Se rascó la cabeza y la barbilla sin afeitar, que mostraba una encanecida capa. Tomó el cigarrillo y sin apartarlo de la boca lo aspiró profundamente, luego lo tiró al piso, encendido, para que se apagara solo. Se quitó las cobijas y caminó hacia un pequeño baño ubicado en el mismo cuartillo. Se empapó la cara con agua fría, mojó su cabello y se peinó. No le dio la gana de afeitarse porque a nadie le iba a importar. Se puso el viejo vestido de paño rucio por el sol y salió a tomar un tinto a una cafetería cercana, desde donde empezaría el empujar del coche a pasos de tortuga, esperando que alguna clienta se le acercara a preguntarle por alguna mercancía.

    Al mediodía, el cielo se tornó gris y un vientecillo con lluvia le indicó la retirada. Decidió no trabajar más y en una hora estaba de regreso frente a su pieza, con algunas nuevas ventas en sus tarjetas.

    Minutos más tarde, sin aún almorzar, se dirigió a un bar, pidió que le sirvieran un tinto y ordenó una mesa de billar. Cigarrillo en boca se puso a practicar tacadas por largas horas. Los tragos aparecieron una y otra vez y el día empezó a cobrarle cuenta hasta dejarlo sentado en una mesa agobiada de copas y cenizas. La empleada que lo atendía ya lo conocía y sabía que llegadas las diez de la noche debía despertarlo y pedirle que cancelara la cuenta. Salió del bar tiritando por el frío y caminó bordeando la calle hasta un asadero de pollos donde ordenó uno despresado. Caminó disparejo unas cuantas cuadras hasta llegar al inquilinato donde ya dormían sus hijos. Con las llaves, abrió el portón e ingresó por el corredor oscuro hasta el final a una habitación donde entró. Al encender la luz y hacer ruido con sus torpezas de borracho sus hijos reaccionaron y uno a uno empezaron a despertar. Les ofreció pollo emulando las noches cuando su mujer los despertaba para alimentarlos. Mientras comían les besaba las cabezas dejándoles impregnado el tufo que llevaba. Luego de compartir unos minutos después de cenar, les instó a seguir durmiendo cosa que ellos acataron sin demora pues el frío de la noche invitaba a estar bajo las cobijas como puente inmediato a un sueño profundo.

Eran ya las once de la noche y ella aún no había regresado. Por esos días, hacía limpieza para una empresa financiera en un edificio nuevo de muchos pisos. Gilberto actuaba errático en su borrachera. Otros días ya estaría en su pieza durmiendo, pero esta vez, sentimental y deprimido, quiso estar cerca de sus hijos. Allí, en la oscuridad quedó atrapado una vez más en su soledad y se llenó de desesperanza. Le hacía falta hablar con María Sucel y decirle la gran necesidad que tenía de ella, pero los minutos pasaban y ella nada que aparecía. Su semblante no presagiaba nada bueno. Miraba las paredes y repasaba una y otra vez la bella figura de María Sucel junto a él en una fotografía de mediados del cincuenta y ocho. Estaba empezando a enloquecer, sin energía, pues toda la ostentaba María Sucel que la irradiaba por montones para sacar adelante sus vidas trucadas por el destino. Gilberto, en su agónica situación, en medio de la noche como si fuese la sombra de un fantasma itinerante, fue a la cocina y tomó el cuchillo más grande y afilado que encontró, lo escondió bajo su ruana y luego se metió al baño. Se paró frente al espejo del gabinete y vio que su decadencia era tan inmensa como sus recuerdos.

La fatídica noticia matutina del padre inmolado por celos cabalgaba en su memoria con paso seguro. Sin embargo, se negó estar pensando en ella y su perversión desapareció derrotada. Rompió en llanto desconsolado, sentado en la taza del baño en posición fetal. Esperó inerme, dejando que sus pensamientos le hicieran trizas su autoestima.

Al cabo de los minutos caminó nuevamente hacia la habitación de los niños y tomó de las paredes la foto matrimonial, un cuadro del sagrado Corazón de Jesús, otro de Jesús de Nazaret y uno de San Expedito. Los llevó para el baño y allí se quedó acurrucado con la cabeza entre las piernas.

Al llegar las doce de la noche se sintió el taconeo de su mujer y luego el ruido de las chapas. El frío le hacía gotear la nariz a María Sucel. En su brazo, como de costumbre, colgaba una cartera y en su mano izquierda un atado que nunca faltaba con algunas cosas para sus pequeños. Al ingresar percibió olor a comida. Avanzó en puntillas hasta a la cama pequeña donde dormía con Juan de Dios y después de tapar su carita con las cobijas encendió una el bombillo que daba poca luz. Observó a cada uno y se fijó en las sobras de pollo. Supuso que Gilberto les había llevado comida y se tranquilizó al saberlos felices. Se despojó de los aretes de perlas de fantasía y de la sortija de matrimonio y los guardó en un cofre dentro del armario. Luego se quitó las ropas, se atavió con una bata-loca y miró hacia la imagen del Sagrado Corazón para agradecerle por un día más, pero su mirada únicamente encontró el color de la pared. Buscó una explicación. Supuso que alguno de los niños lo había bajado para dibujarlo, pues usualmente lo hacían con otras imágenes. Notó que el Jesús de Nazaret también había desaparecido junto a San Expedito y su foto matrimonial. Pensó entonces en que algo anormal sucedía. Se santiguó pidiéndole a Dios que la protegiera de todo mal y peligro. Pensó en llamar a alguno de sus hijos, pero prefirió pensar un poco más. Decidió ir al baño a orinar como lo hacía antes de acostarse, pero primero se echó encima un saco de lana. Al salir de la habitación, en un pequeño patiecillo que comunicaba con el baño, vio frente a su cara la figura de su esposo, que tembloroso, con ojos grisáceos cargados de mirada perdida, había sucumbido a su crisis de locura. Pegó un grito de susto y él sin dejarla reaccionar la tomó por el brazo y la llevó hasta el baño, mientras en la otra mano portaba el cuchillo que destellaba con sus movimientos. María Sucel enmudeció y petrificada, ante el asalto, decidió someterse a sus designios y se encomendó a Dios. Con atropellos la empujó contra el inodoro. Ella resistió callada para no causar pánico y él encendió la luz. Ante la mirada aterrorizada de ella, tomó la fotografía del matrimonio y la estrelló con violencia contra la pared rompiendo el silencio del inquilinato y asustando a todos sus habitantes quienes comenzaron a encender luces en las habitaciones y a abrir puertas. Gilberto, a punta de patadas, hizo pedazos los cuadros del Sagrado Corazón y del Nazareno, mientras gritaba improperios. El drama se escaló. Los niños lloraban frente al baño en medio del escándalo. Ella no pronunciaba ni una palabra y aguantaba tratando de protegerse. Aunque Gilberto la ultrajó a empellones no se atrevió a golpearla. Ese día se comportó como un cobarde de esos que solo hacen ruido porque lo único que necesitan es llamar la atención. El incidente sirvió para que le supurara el pus de la angustia de ver que María Sucel se le escapaba sin poder hacer nada diferente a contemplarlo. Luego del gran alboroto los vecinos lograron tranquilizarlo. Las vecinas se ocuparon de ella quien solo resultó magullada y a Gilberto se lo llevó la policía que se apareció a buscarlo después de que ya estaba calmado en la habitación de uno de los inquilinos que mejor conocía. María Sucel nunca le permitió palabra y él se resignó. Por el amor que tenían a sus hijos volvieron las aguas mansas. Él renunció a seguir tomando porque después de aquella noche parece que sentó cabeza, algo así como haber tocado fondo, y se encomendó a Dios. Continuó siendo un espiritista más bien respetado, algo que siempre le había reconfortado. Con el correr de los días la pieza donde vivía a unas cuadras de nuestra casa, pasó a ser un verdadero santuario donde en las tardes era visitado por personas que llegaban de todas partes de la ciudad, referidos por otros. Muchos viajaban de lugares recónditos del llano con enfermedades terminales para que él los rezara y les hiciera despojos.

La familia emigró contadas veces a mediados de los setenta. Tomás, el segundo de los mayorcitos, resultó ser el de más suerte porque terminó viviendo en El Parroquial, un colegio de internos al que llegó gracias a la bondad del rector, que al enterarse de tan manifiestas carencias fungió de buen amigo de María Sucel, que a esas alturas ya estaba convertida en una rebuscadora que todo lo resolvía. Tanto Toñito como Tomás estaban, por esos días, abandonando la infancia y habían ganado estatura. De vez en cuando Gilberto aprovechaba su paso por El Parroquial para regalarle algunas monedas y para saludarlo. Nunca lo abandonó ni a ninguno de ellos pese a las circunstancias.

Una noche de sábado María Sucel se arreglaba frente al espejo con el cuidado que exige una invitación especial. La emoción la embargaba plenamente. Había un cierto misterio en su salida, pues hacía muchos años que no pensaba en divertirse por dedicarse a trabajar para sacar a sus hijos del pozo donde habían caído. Se había mandado a hacer para la ocasión un vestido negro elegante, pero nada costoso, con tela que compró en un almacén de remates y una señora que conoció en el trabajo pasó a maquillarla. Quedó radiante.

Sus labios se pintaron de pasión y en sus ojos las pestañas se agrandaron haciendo notar sus ojos picarones y coquetos. Las hijas, entusiastas, le ayudaban a ponerse las medias veladas, a subirse la cremallera del vestido y le limpiaron los zapatos de cuero y tacón alto que la hacían lucir altiva y garbosa.

—¡Llegó, llegó! —gritó alguien con emoción. María Sucel, como la llamó ese día Tomás en vez de decirle "mamá", debido a que no se parecía a una mamá de ocho sino a una joven y atractiva mujer del vecindario, se miró una vez más al espejo, besó a cada uno de los pequeños y salió. Allí estaba Tomás, esperándola para una fiesta, en el salón cultural de El Parroquial, que sería amenizada por una orquesta que contrataba el colegio. Era una de esas fiestas de recolección de fondos. Con respeto y cortesía, Tomás le abrió la puerta trasera del taxi, haciendo una venia caballerosa que la hizo sentir bien. Ingresó alegre y confiada y desde adentro les envió un beso con sus manos a todos los testigos de su salida. En El Parroquial encontraron que una multitud esperaba para entrar al salón, mientras de lejos se escuchaba la orquesta afinando sus acordes. Feliz, pero tímida, María Sucel disfrutó el momento como una adolescente. Bajo el umbral lo observó todo antes de entrar. La alegría de gente le enviaba mensajes mágicos, pero la falta de costumbre la apocaba y no se despegaba del brazo de Tomás. Él se sintió muy orgulloso de ella y la paseó por el salón hasta alcanzar un sitio exclusivo. Se sentaron en una gran mesa ubicada en el mejor punto, junto a la orquesta. Allí estaban los alumnos internos junto a Cuacazo, el rector, y su mujer, la señora Lulú. Los muchachos se pararon de las sillas al verlos llegar, al igual que el rector. María Sucel se sonrojó al verse tan respetada y extendió su mano derecha para saludar a cada uno. Lulú salió a su rescate.

—Siéntese junto a mí para que charlemos. —le dijo—

—Gracias señora Lulú, es usted muy gentil. Luego dirigió su mirada a Cuacazo y le expresó sus agradecimientos por invitarla. Le dijo orgullosa que esa era la primera vez que salía con Tomás, convertido en un hombre.

—Es con mucho gusto doña María. Pero no se fije en esos detalles. Es hora de disfrutar. Por favor pásela bien. A propósito, ¿qué desea tomar?

—Solo una gaseosa, gracias.

—¿Una gaseosa? —Exclamo asombrado—

—Una gaseosa, señor, no acostumbro a tomar otras bebidas que me hagan hacer pucheros en la cara. El trago es para los señores.

—Estoy de acuerdo —acotó la señora Lulú— ellos solo piensan en que tomando es como la pasan bien. Yo también prefiero la música con gaseosa.

—Entonces fúmese un *President* si es que no toma licor —propuso Cuacazo amablemente—.

—Lo siento señor Cuacazo. Tampoco fumo, me da mucha tos.

—En fin, por lo menos bailará, la orquesta es excelente. Ensayó mucho y siempre nos ha amenizado los pachangones —replicó el rector—.

—Si les contara que no sé bailar ustedes se reirían, pero eso es una realidad. — Confesó ella—

—No se preocupe mamá que yo le enseño —contestó Tomás alborozado—. Quien no sepa bailar viviendo entre costeños está verdaderamente jodido…, perdón, quise decir perdido. Con estos costeños he aprendido a mover el cuerpo de la rodilla para abajo o mejor desde la cintura para abajo sin brincar porque según estos guajiros, brincar es bailado de cachaco y aunque cachacos somos, a mí me gusta la idea de bailar costeño.

—Vallenato. ¿Le gusta el vallenato? —preguntó Cuacazo con orgullo regional—.

—No sé qué es vallenato, ¿pudiera usted explicarme? — propuso María Sucel—

—La música de Juancho Polo Valencia. No ha escuchado uno que dice…«Sí, sí, sí vivo paseando en Santa Marta. Sí, sí, sí, la capital del Magdalena»…

—Pues qué pena me da, le cuento que no la he escuchado, pero seguro que Tomás me enseñará un poco. —replicó animosa—

—Le pediré a la orquesta que toque un vallenato suave como para que usted entre en calor.

—Son ustedes encantadores. Pero, por favor, bailen, que de pronto yo viéndolos desde aquí pueda aprender un poco.

—Anímese madre. Bailemos. No importa como salga —propuso Tomás—, tomándola de la mano, pero ella se negó avergonzada una y otra vez. La fiesta se animó y por fin María Sucel aceptó salir a la pista al percatarse de que todos los conocidos bailaban en medio de la multitud. Se desinhibió gozando la dedicación que su hijo le prestaba y sin mayores reparos se convirtió en una bailarina sin sonrojos. En menos de dos horas bailaba torpe, pero alegre recordando las fiestas de jovencita en su Armenia. Los amigos de su hijo la eligieron continuamente para bailar en medio de chistes, algarabías y trencitos que no faltaron. Un par de rones con gaseosa estaban dentro de su sangre haciéndola sentir muy bien. Fue una noche como ninguna. Nunca se había divertido tanto desde cuando en Armenia celebraron el bautizo de su hijo Cesariano con una fiesta hasta el amanecer. Llegadas las tres de la madrugada su hijo le propuso salir a conversar a uno de los jardines del colegio, donde muchos asistentes habían salido a hacer tertulia. La noche era fría pero soportable.

—He traído este traguito de ron suave para que lo compartamos afuera mientras nos refrescamos —le dijo—.

—Qué buena idea, pero…, yo no sabía que usted ya tomaba licor. ¡Usted está pipiolo todavía! —agregó un tanto acuciosa—. Tomás le sonrió, meas no dio crédito a lo escuchado. Ya había decidido ser grande y tomar sus propias decisiones. Caminaron entre la gente, conversando.

—Estoy orgulloso de tenerla fuera de la casa, compartiendo un rato alegre, como los que compartíamos cuando se hablaba con mi papá.

—Yo también añoraba estos momentos, aunque los veía imposibles, la vida es así.

—¿Siente que extraña algo en un momento como este?

—No me pregunte eso, mijo. No quiero dañar esta noche tan bonita. Es mejor dejar los santos quietos —dijo la joven madre después de quedarse callada unos momentos.

—Madre, la vida cambiará, seremos grandes y ayudaremos a empujarla entre todos. Tal vez así usted y mi papá logren recomponer el futuro…

—Él debería estar aquí, bailando conmigo, tomándose un trago y divirtiéndose, pero prefirió consumirse en la miseria de su fracaso y evadirse en Kardec, en el llano, así como lo hizo cuando huyo con nosotros a Bogotá, él se exila cada vez, se avade más lejos siempre, no resuelve nada, solo lucha por traer comida y se va quedando corto, él no lucha por recomponer el destino. —dijo María Sucel—, continuó mirando la luna bogotana y terminó bajando su mirada.

— ¿Lo perdonaría algún día, mamá? —preguntó

Tomás—.

—Perdonar no produce felicidad, es algo que solo hace la gente decente, sin embargo, perdonar no garantiza poder olvidar. Sería como buscar calor en silencio bajo la lluvia de las madrugadas de esta ciudad del asfalto, no bajo el sol de las tierras del café.

—¿Qué va a pasar con los vestigios de juventud que aún les quedan? —preguntó su hijo reflexivo —

—Se irán al ritmo de la vida, Dios proveerá. Pero hablemos de otra cosa menos trascendental. Esta es una noche mágica y en las noches mágicas no deben aparecer los sustos de la vida.

—Si en manos nuestras estuviera una reconciliación, lucharíamos por ella, —insistió Tomás sin querer abandonar el tema—.

—Estamos separados, usted lo sabe. Separados del todo, solo que seguimos frecuentando un mismo lugar donde viven los hijos, porque, aunque estemos separados del todo, no lo estamos de los hijos, a quienes amamos profundamente.

—¿Quiere decir que ustedes sostienen esta situación absurda por nosotros?

— El amor por los hijos es más grande que otras clases de amor.

—¿Y mi papá piensa lo mismo que usted? ¿Él también vive esto por amor a nosotros?

—No lo sé. Pregúntele usted que sabe más de él que yo.

—¿Hay rencor a estas alturas de la vida?

—Parece que usted fuera un hombre grande pues solo pregunta cosas de grandes. Mejor vayámonos a bailar bien rico. Lo miró con ternura de mamá, sin olvidar que era su madre de verdad, esa noche en la que parecía su novia.

—Algún día seremos solo historia y lo transcendental nada aportará —le dijo ella—. El pasado es más poderoso que el presente, pero este día parece posible dejarlo atrás. Miremos hacia el mañana. Por su viejo siento cosas raras. No lo llamaría rencor sino tristeza. Eso es, tristeza. Creo que es la palabra que mejor ha reemplazado la frustración. Quiéranlo mucho porque ustedes son su única razón de existir.

—Otros lo quieren mucho, por ejemplo, los pacientes que lo visitan por lo del espiritismo. Si hasta le dicen Hermano Gilberto.

—Valiente gracia —dijo— y sonrió con cierto sarcasmo.

Tomás respiró profundo y la abrazó. Regresaron y bailaron como dos enamorados celebrando los afectos. La alborada arrebató el encanto de la noche y mágica acompañó sus dos sombras por la calle ese domingo en la mañana. Al llegar a casa todos dormían. María Sucel, antes de acostarse rendida, calentó un café y fue a ofrecerle a su muchacho, aunque, demasiado tarde, él dormía con la profundidad de un pozo sin fondo.

Los adioses de los viejos

... 1977

En el autobús, de la flota interdepartamental, partió María Sucel rumbo a Armenia; eran las seis de la mañana. A las dos de la tarde llegó solitaria y con una dirección anotada en un papel. Caminó recordando las calles y algunos establecimientos que reconocía. Algunas personas la saludaban. A otras, que lograba recordar, no se atrevía a saludarlas por temor a haber sido olvidada. Tenía entusiasmo de llegar. La dirección indicaba que los Baroja habitaban en Corbones, pero nunca se imaginó que las señas la conducirían a un risco inaccesible, de tierra blanda. Un muchacho la ayudó a ubicar el tugurio donde debería llegar, pues eran las únicas opciones disponibles en esa zona. Triste, comprendió la realidad de la pobreza en la que los viejos también habían caído durante los últimos años. Como pudo llegó hasta el risco y en una casucha de bahareque con cuartos oscuros, sentado en el portal divisó a Gabriel, convertido en un hombre, aunque en su semblante dejaba notar la dejadez y un aspecto raro y displicente. Se le acercó y lo saludó con entusiasmo.

—Hola, Gabriel, ¡¿cómo está de cambiado?! ¡Qué gusto me da verle de nuevo!, lo abrazó fuertemente pese a que él se mantuvo tenso, reflejando una desconcertante timidez.

—Hola, tía, ¿cómo está? —respondió escueto—

—Bien, bien ¿y cómo está mi papá?

—Bien —dijo— ya usted verá. Siga, está adentro junto a mamita Isabelina. A ella le dio remordimiento y un presagio que le hizo sentir frío. Al ingresar vio una Isabelina envejecida, con el manto terciado en la cabeza. Estaba junto a Elías que permanecía gélido, acompañado por la luz de un cirio. A Elías lo cogió la muerte en medio de la más absoluta pobreza, sin derecho a una funeraria. María Sucel caminó lentamente y le habló en voz baja:

—Mamá. Isabelina giró y al verle se le acercó, recibió un beso en su mejilla y exclamó mísera:

—Se cansó de esperarla mija, dizque para despedirse y no aguantó más. Pero le dejó saludos y la bendición para Marujita. La hija no logró espantar el pesar de su cara y conteniéndose para no explotar, volvió la mirada esa pálida figura, suspendida en el tiempo, recordando, cuando correteaba a Elías hasta el cansancio y él, vigoroso, la cargaba a sus llegadas para que pudiera besuquearlo. Lo imaginó triste y frustrado porque temía quedarse solo cuando viejo y se sintió culpable. No pudo evitar pensar en el jolgorio que le produjo cuando sucumbió su aprehensión por su marido y dio gracias a Dios por no haberlo enterado de su estrepitoso fracaso. Sus ojos no se separaron del viejo que se había llevado consigo situaciones que nunca comentó. Se le arrimó con profundo pesar, tomó sus manos y las besó contadas veces; besó su frente y rezó un Padrenuestro. Resignada, Isabelina continuaba en medio de la soledad y el silencio. El llanto afloró por largos minutos y luego María Sucel se encargó de alistar el funeral. Fue necesaria la ayuda de vecinos y unas sogas para que el ataúd fuese bajado de la loma y conducido en una procesión de unas quince personas hasta el cementerio. Bertha, ya había aparecido. No faltó la flor arrojada por María Sucel tal y como se lo pidió su padre el día que lo vio por última vez, antes de salir a su destierro en la capital. Pero no fue la única flor, fue una de algunas arrojadas por manos de los escasos dolientes. En la noche se inició el novenario y por los próximos días la familia estuvo reunida en aquel risco ingrato, hasta replegarse nuevamente. Isabelina fue convencida de marcharse con Bertha por unos días a Manizales y Gabriel se quedó a la merced de su adicción a la marihuana que ya invadía sus días y sus noches. De Gabriel nunca se volvió a saber. Ese mismo año la vida tomó cuentas a Eliseo y dejó a Bertha viuda y con una familia bastante estable. Parecía como si Eliseo se hubiese ido a acompañar a Elías. María Sucel mandó un sufragio por correo y llamó de una casilla de teléfonos oficiales, donde el servicio de larga distancia estaba disponible, y pudo reconfortarlos con su voz y palabras de aliento. Les prometió ir a misa para rezar por su alma. Pasados unos meses de aquel año fúnebre, esta vez en Bogotá, volvió la muerte. Esta vez los profundamente afectados fueron Gilberto, sus hermanos y sus hijos. Velaron a doña Sara, la misma que le dio la muenda, cuando sus veinte, y que sucumbió al enfisema que le afloró luego de plácidas o acosadas fumadas.

Quien cree en ti Señor, no morirá para siempre… Cantaba el coro de la iglesia de La Granja un jueves, cuando según sus cuentas, los difuntos coincidían en fechas de partida. María Sucel había pagado unos cuantos pesos al padre Jaime para que rezara en la misa de aquel día por el alma de los que habían decidido marcharse, en especial por Elías, que la mantenía con un remordimiento sempiterno. Días después,

María Sucel logró afianzarse en un puesto más fijo, aunque limpiando inodoros en las oficinas de la proveeduría de una importante compañía de financiamiento. Trabajaba desde un sótano a donde debía ingresar todas las madrugadas a las cinco y, luego limpiar todas las oficinas, preparar una ración de tintos y aguas aromáticas para todo un ejército de trabajadores, emulando la historia de Isabelina en el ocaso de los años treinta, cuando a su haber estaba servir a muchos en el campamento. Limpiar y servir se convertía en una bandera de sobrevivencia y en un paliativo para superar la adversidad. Su delicada manera de ser, adhería a su presencia la simpatía de aquellos que la veían trabajar, aunque simplemente era una empleada de limpieza. Todos quienes la conocían la llamaban doña María, o en algunas veces misiá María. Antonio, que contaba ya con dieciocho y que en ese entonces trabajaba limpiando sobre andamios las ventanas de los rascacielos, logró hacerse al turno de la noche en una emisora capitalina de baja sintonía. Por ese entonces, solo se sintonizaba esa emisora esperando a que el locutor de turno mencionara el nombre de Antonio como el ingeniero de las perillas o, en otras palabras, la persona que se encargaba de poner los acetatos musicales durante toda la noche de acuerdo con una lista que le entregaban al recibir el turno.

Un día gris, de esos que solían aparecer en Bogotá, comenzaba nuevamente acompañado por la esperanza de un renacer para Gilberto. Los zapatos negros de cuero estaban aporreados por el día anterior y una bayetilla mojada trataba de darles lustre, brillaron donde no había hendijas en los troquelados, pero aún se les podía notar lo rucio de la polvareda y las manchas del barro reseco que desde hacía algunos días se les aferraba. Una camisa que había sido secada en un gancho de ropa extendido en el baño y que había lavado en el mismo lavamanos por la ausencia de un lavadero en la habitación, permanecía tiesa por el frío que la hacía parecer húmeda. Sin embargo, se resignó a meter los brazos en ella y poner en contacto su piel con el frío. Superado este ritual abandonó la habitación al filo de las siete a buscar café y a pensar antes de regresar a recoger el coche. Al entrar a un vecindario llamado La Clarita se detuvo frente a una de esas casas urbanas que aún conservaban pequeños jardines frontales con rosales dispersos y tupidos de pasto que se confundían con la hierba mala. Miró a todos lados y al saberse ignorado se arrimó a uno de ellos y con premura desgajó una tersa y enrojecida rosa. Luego, tomó una manotada de tierra húmeda y le cubrió el tallo donde lo cortó. Camufló lo robado dentro de la mercancía, cuidando que la belleza innata de la flor no se estropeara. Continuó su camino como si nada, repitiendo en su memoria pasajes de su vida. Hizo un par de ventas, asegurándose un efectivo suficiente para salvar el día y, contagiado de alegría, arribó a casa. Saludó a quienes ya habían llegado y buscó en la cocina una botella vacía de esas donde venía envasado el aceite de cocina y la lavó con agua y jabón. La llenó con agua hasta la mitad, tomó con cuidado la rosa y la dejó allí reposando coqueta. Por último, decidió llevarla hasta la habitación de María Sucel y la acomodó limpiando toda la superficie. La rosa permaneció firme por algunos días hasta que se consumió. Gilberto pasó muchas veces la mirada por aquel frasco siendo testigo de la indiferencia que a falta de manifestaciones le colmó de vacío. A la semana siguiente, otra rosa volvió a aparecer en el mismo lugar y al igual sucumbió ante la prepotencia del tiempo. Cada semana, sin embargo, las rosas llegaban silentes y doblaban su cuello hasta amoratarse y despedir pétalos en la superficie de madera. De vez en cuando, alguna de las hijas expresaba algún cumplido de cariño que él asumía como manifestaciones espontáneas ante la belleza de las flores, pero no como muestras de cariño hacia quien las traía periódicamente. Una sola vez notó a Piedad experimentar su aroma. Las rosas se hicieron cada vez más notorias, tanto que la misma María Sucel, que había estado haciéndose la desentendida, ya había cuestionado el origen de estas. Una de las niñas decía que el papá se había vuelto ladrón de jardines mientras la otra decía que alguna enamorada se las daba. María Sucel restaba importancia a cualquier estimado y solo reía poniendo al descubierto alguna paz interior. Gilberto había aprendido a no darle importancia a la falta de manifestaciones de todos. Se había convertido en una persona que poco opinaba pese a que flotaba en el ambiente de la familia y que en las tardes se dejaba absorber por quienes le buscaban para despojos y rezos. Las rosas seguían siendo una terca presencia en la habitación, esta vez en un solitario de vidrio transparente que él compró en una de esas idas por mercancía a la Plaza España. Sin embargo, el silencio daba a entender los ánimos hacia las rosas intransigentes. A escasos meses de aquellos días, la paz se daba la mano con la indiferencia dentro del hogar y lo extraordinario continuaba siendo el crecimiento de los hijos. Sus triunfos escolares eran un estímulo para todos. La mamá tenía buenas amigas de trabajo y la familia respiraba otros aires, aunque siempre aferrada a vecindarios en el noroccidente, donde era vieja conocida de las calles y las familias. Gilberto había dejado de lado las consultas espiritistas de una manera temporal, pese a que cada día más personas llegaban a pedirle ayuda con sus penurias y calamidades. Se había propuesto resarcir la pérdida de su casa de El Paraíso, aunque muchos años después y en una tierra hostil. Todos los días de los últimos dos meses se trasladaba hasta el puro sur de la capital a horas de distancia en bus urbano y en medio de un lote fangoso cavaba las bases de una casucha que armaba con la ayuda de Cesariano que, con sus trece años, se había convertido en el más incondicional y lo seguía por las calles en una bicicleta pequeña o ayudándole a empujar el coche. Pasados algunos meses pensó estar preparado para que los Cervantes se mudaran a una casa propia en Bogotá. Planeó hacerle saber a su esposa que la casa humilde sería de todos y que los quería invitar a mudarse al mes siguiente. Un domingo en la tarde, cuando todos estaban en casa, Cesariano se acercó a su madre.

—Mamá, mi papá quiere darnos una sorpresa, pero es importante que usted lo escuche. Le manda decir que por favor le permita solo unos minutos para comentarle lo de la casa que ya casi está lista. María Sucel lo pensó, le dio vergüenza que uno de sus hijos le estuviese pidiendo permiso para que su padre le hablara. Se sintió comprometida bajo la mirada de todos, a quienes observó pidiéndoles consentimiento con sus expresiones. Sara rompió el silencio.

—Por favor, madre, unos minutos no les hará ningún daño. Es tan noble su gesto que ignorarlo sería injusto. No es digno quedarse muda ante tanto esfuerzo — replicó Cesarino—

—Díganle que ya voy —contestó con decisión cuando vio cómo los ojos de sus hijos brillaban esperanzados— Cesariano dibujó una sonrisa y les hizo a todos miradas picaronas. La mamá fue al baño mientras Cesariano acudía a la habitación del fondo, donde Gilberto escuchaba la radio. Al verle entrar se incorporó sin apartar el cigarrillo de su boca.

—Ya viene papá. Cesariano salió al tiempo que entraba María Sucel adoptando una postura seria, pero serena. El esposo se levantó de la cama y la invitó a sentarse. Ella lo hizo mirándolo de manera esquiva, esperando no tener que retener su mirada.

—¿Qué se le ofrece? —preguntó escueta—.

—Hace unos años, cuando perdí los ahorros, comprendí que los días más duros estaban por llegar. Me propuse recuperar un trozo de dignidad por mis hijos y de centavo en centavo he logrado conseguir un pequeño lote de tierra en el sur. He aportado unos dineros y esto me ha dado el derecho a construir algo. Es al sur, lejos de aquí, pero en esta misma ciudad. He trabajado allí picando la tierra con la ayuda de Cesariano y algunas veces con Acasio Elías y Juan de Dios. Hemos sentado bases para construir una pequeñita vivienda que será nuestra a partir de ahora. Es humilde como todo lo que nos rodea. Es fría como aquella habitación a la que los traje el primer día que llegamos de Armenia. Es extraña porque, aunque está dentro de Bogotá, se encuentra en una zona aún más popular que todos los barrios donde hemos vivido. Es solitaria porque no tenemos vecinos, pero en ella mi sudor y el de los tres pequeños corre por cada pared. Antes de morir quisiera resarcirles un poquito el destino que les dañé —el hombre llenó sus pulmones, arrimó una butaca y quedó frente a todos sereno. María Sucel se conmovió y con sus manos arrugó su mejilla derecha y se transportó al pasado con la inmediatez de sus pensamientos.

—No es el palacio que usted se merece pues ese solo existió en El Paraíso —expresó con tristeza—. En esa casucha fría, que será nuestra también, podría haber flores como las mismas que flotan en su memoria. Seguiré luchando hasta que el aliento desfallezca. Ella conservó la calma y permaneció con la mirada baja. Sin embargo, cuando Gilberto hizo silencio levantó el rostro y lo miró. Por un instante fugaz se percató que el gris de sus ojos vivaces se había vuelto triste y melancólico. Se esforzó para no dejarse ver conmovida al recordar que por más de una década no había mirado aquellos ojos pese a compartir el mismo techo.

—Hablaré con los muchachos, pues todo lo que usted quiera compartir es de ellos. Ellos ya están grandes y apreciarán mucho su esfuerzo —dijo ruborizada—. Se puso de pie y abandonó la habitación. El esposo encendió un cigarrillo y volvió a poner el oído en la emisora de siempre, en la que Olimpo Cárdenas lo transportaba con su música a los cafés de la galería en Armenia.

Y lo intentaron, partieron en un camión de estacas lleno de chécheres y aparejos, aprovechando las vacaciones de estudio de la mayoría de los muchachos.

La nueva casa era fría y solitaria, sus noches gélidas. El vecindario inhóspito y lleno de miedos. Mudarse a ese lugar, fue quizá, el esfuerzo familiar más temerario, fue un espaldarazo al esfuerzo que Gilberto había hecho para disipar la angustia del rompimiento total. Vivieron allí por unos días sorteando toda clase de inconvenientes. Debían levantarse a las cuatro de la madrugada para llegar a tiempo a los sitios de trabajo y de estudio. Unos meses bastaron para que sucumbiera la idea de echar raíces en el sur y la prueba mayor fue el susto que pasó la familia porque las muchachas estaban muy expuestas al peligro. La presencia de drogas y alcohol galopaba por el vecindario. Así paso por la vida de todos, esta iniciativa de Gilberto. Para esos días, y en vista de que ya los dos mayores tenían buenos trabajos se le propuso a Gilberto, sin afán, vender la casa y mudarse, otra vez, pagando renta, en otro lugar menos peligroso y más cálido. La familia, encabezada por María Sucel, incluido el mismo Gilberto y los mayores, se dispusieron, de común acuerdo, a buscar una casa en el noroccidente, con más cuartos, donde cupieran todos. Gilberto por fin regresaría al hogar, sin importar que las cosas del corazón quedaran refugiadas en los recuerdos del ayer.

—Tendrá usted una pieza para dormir tranquilo papá, ¡qué alegría!, mi mamá está de acuerdo, ella nunca le dijo a usted que se fuera, usted lo hizo por voluntad, estaremos la familia unida, ustedes dos y nosotros ocho. Tendremos también espacio para su mercancía, su bicicleta y su coche de vender, habrá también espacio para poner a José Gregorio Hernández y el altar de rezos —le propusieron entusiasmados—.

—Quisiera pensarlo un poco —contestó—, Se dirigió a la calle y abordó un bus urbano que lo llevaría al noroeste. Un bus casi vacío que solo cubría ruta en horas poco congestionadas. El viaje le tomaría largos minutos, suficientes para pensar. Estaba optimista, pues le parecía milagroso el acercamiento que venía teniendo con María Sucel y las muestras de cariño que le daban sus hijos. Se bajó del bus en el barrio Boyacá y recorrió las calles que bien conocía arrastrando el coche de la mercancía. Visitó varias casas para la renta y las ojeó incluso en compañía de sus dueños. De todas escogió las tres mejores, henchido de dicha. Regresó en la noche al sur a esperar que su mujer regresara del trabajo. A su llegada, le preguntó con discreción si contaba con algunos minutos para hablar, antes de acostarse. Ella aceptó.

—Encontré tres casas amplias en el Boyacá y en Palo Blanco, los propietarios nos esperan para que las miremos juntos, ¿cuándo cree que podemos ir?

—Mañana en la tarde, sí, pediré permiso y nos encontraremos a eso de la una, ¿está bien? —preguntó—, de inmediato, ingresó a la habitación donde dormiría junto a las muchachas, que amontonadas, pasaban la noche con incomodidad. Él, por su lado, también se refugió en la otra pieza donde todos los muchachos, dormían en medio de un plácido desorden. Esos días de dificultades eran quizás el presagio de nuevas cercanías, de nuevos aires. Para Gilberto, el perseverar, persiguiendo una ilusión mágica que a la postre le premiara con que María Sucel lo aceptara de nuevo, era un dulce trofeo. Hacía ya mucho tiempo que no cumplía una cita con María Sucel, tan solo había ocurrido en algunos encuentros ocasionales, en celebraciones de final de año en las escuelas, o en algunos cumpleaños donde coincidían o en la Navidad. La cita era importante, pues en ella habría alguna clase de diálogo, aunque escéptico. Los cincuenta y siete años de Gilberto le habían llegado acompañados por una excesiva discreción, incluso con sus hijos que apenas empezaban a vislumbrar sus expectativas de vida. Ya adultos sus hijos fueron sus amigos y ya no había vergüenzas que esconder y aún hablaban con cierta frivolidad. Cuando llegó la hora de la cita él fue el primero en presentarse. Se sentía como cuando, luego de atisbar las chapoleras en los cafetales, había logrado sacarles una cita en algún matorral. La diferencia era que esta vez en su cabeza no había brillantina ni su piel estaba tan rozagante como antes. La sensación que experimentaba Gilberto en esos momentos era similar, a cuando, por fin Elías lo dejó entrar a su casa a pretender a María Sucel. Y por fin ella llegó a la cita, Gilberto, que ya estaba en el lugar pactado, la vio y, cuando ella se bajaba del bus, pensó con nostalgia en la mujer tan hermosa que había tenido por siempre, a aquella que desperdició y que perdió, a aquella que le dio ocho hijos.

—Hola, Gilberto, ¿cómo está? —dijo ella cuando lo vio—.

—Bien, gracias, ¿y usted? ¿Le fue fácil pedir permiso?

—Sí, un poco, y…, ¿en dónde están ubicadas las casas?

—Hay una bonita en Palo Blanco cerca del jardín Botánico, es grande y hasta se parece en su interior a la casa de El Paraíso —respondió entusiasmado.

—Ve… qué bueno…

—Pero ¿qué le parece si almorzamos antes de ir? ¿cómo está de tiempo? —Preguntó caballeroso—

—No tengo mayores reparos, pedí permiso por el resto del día y no tendré que regresar.

—Ajá, conozco un lugar donde voy con los tres niños cuando les pido que me acompañen a vender. ¡Preparan un sancocho de gallina delicioso! ¿Le gustaría acompañarme? — propuso entusiasta—

— ¿Por qué no? Gilberto tomó la delantera a manera de guía, ella lo siguió observándolo, lo vio mal vestido y sudoroso, sin embargo, se hizo la desentendida. Ella, por el contrario, estaba rozagante, en la plenitud de sus apenas cuarenta, bien vestida, pulcra y dueña de una flacura corporal que la hacía ver femenina. Su marido, ahora parecía su padre y no su esposo, de alguna manera ese rol continuaba siendo puro surrealismo. Caminaron unos cincuenta pasos hasta el lugar e ingresaron.

—Escoja la mesa que más le guste. —dijo él—

—Esa esquinera está bien, ¿le parece?

—Sí, por supuesto. Ella sonrió con naturalidad. El encuentro parecía más uno de negocios que de marido y mujer. Gilberto estaba contento en su interior asumiendo que se le estaba concediendo un milagro. María Sucel, sin embargo, quería conservar alguna arrogancia gentil que le permitiera mantener distancia prudente de cualquier acto que le inmiscuyera con algo del pasado.

—¿Qué le apetece comer? —preguntó él—, hay sancocho, bandeja paisa, en fin todo es bueno.

—Una bandeja paisa como para calmar las ganas que le tengo desde hace unos días —respondió canjeando su seriedad por un manifiesto nerviosismo—. Comieron callados, mirando el plato, aunque en todo momento se apreciaron con el rabo del ojo. Cada uno, mentalmente, sacaba conclusiones de lo venidero a partir de ese momento, de vez en cuando sus miradas se cruzaron inquietas.

—¿Quiénes son los dueños de la casa? —pregunto ella rompiendo el hielo—.

—Es un ingeniero simpático que tiene varias casas grandes en el sector. Inclusive hace construcciones en lotes que compra y luego vende construidos.

—¿Y cómo llegó hasta ellos?

—He venido recomendando a varios clientes, que, si saben de una casa con sala, buena cocina y unos cinco cuartos, me digan. Pienso que sería bueno tener la mercancía en la habitación donde dormiré. Las otras serán para usted y los muchachos. Tendremos una buena sala para que ellos puedan recibir visitas de sus amigos. Frente a la casa hay un parque donde los muchachos del barrio juegan fútbol —agregó animado—.

Llegaron con sus cosas una vez más. Seguro en el camión de un chofer que ya los conocía, pues más de veinte veces se habían trasteado en más de una década. Esta vez la mudanza estaba precedida por la alegría de los que retornaban a sus raíces en el noroccidente. Todos estaban presentes en el camión de estacas, acomodados entre colchones, armarios y trastos de cocina. Los padres acompañaban al chofer en la cabina. Ya, en la nueva casa, María Sucel puso a sonar el tocadiscos a todo volumen y lo sintonizó en la misma emisora donde trabajaba su Antonio. La música alegró el espíritu de todos que en medio de trebejos empezaban a organizar lo que sería la morada de los Cervantes Baroja a finales de los años setenta. Allí, anidaron nuevas alegrías y el espíritu de progreso se dejó sentir. La universidad recibió Tomás, mientras en los colegios de la zona se hacían bachilleres los otros. Parecía que Bogotá por fin dejaba una brecha al desasosiego y que el entusiasmo rodeaba la esperanza de todos en un hogar enmudecido pero ávido. Fuera del hogar, la ciudad gritaba la muerte del millonario Rockefeller, paralela a un nuevo y certero golpe de la guerrilla que esta vez robaba armas a los propios militares en su recinto, mientras se anunciaban avances del Pacto Andino en un esfuerzo por desatascar comercialmente a la región. Las emisoras destacaban al Papa Wojtyla, que defendía la verdad y la familia con un discurso tan verdadero como la misma historia de los Cervantes. Palo Blanco fue testigo de la llegada de la adolescencia de las niñas y el coqueteo de los muchachos que pululaban cerca de aquella casa, donde tres lindas mujeres asomaban sus rostros por la ventana para atisbar galanes. En Palo Blanco también se vio llegar un destartalado vehículo, manejado por Tomás, y en el que salían a pasear como ricos y famosos. Sin embargo, para Gilberto y para María Sucel nada había cambiado. Los años eran testigos de su lejanía y de su presencia inerme. A él se le habían encanecido las sienes y el sol le había oscurecido tanto la piel que para quienes no le conocieron blanco este había nacido con la tez carmelita. Sus zapatos estaban cada vez más roídos y solo en los días del padre eran cambiados por cortesía de alguno de los hijos. Ya no hacía falta nada para comer, ni para vestir.

Agua yerta

... 1983

Descansaba arropado hasta el cuello para espantarse el frío del sereno. Su alma no se había acostumbrado a no afligirse. Al menos los vestigios de dolor se habían rezagado con el correr de los años y reposaban en el olvido por lapsos más largos. En el cuartillo lleno de mercancías, Gilberto se acompañaba de tinieblas y en su boca y como un cocuyo ardiente se movía el cigarro confidente. Solo le subía la moral el hecho de haber vuelto a cruzar palabras con su mujer. Sin embargo, el sonido en las cuatro paredes continuaba siendo el mismo, perturbado tan solo por el que emanaba su pequeño radio: una canción de Toña la Negra o algún avance noticioso que aseguraba que había disminuido el riesgo de una hecatombe nuclear porque al parecer Carter y Brezhnev ya se coqueteaban con tratados, o que a la madre Teresa de Calcuta le habían dado el Nobel de Paz o simplemente que habían liberado a Hubert Matos de las cárceles cubanas. Ninguna de estas noticias aliviaba un poco la lobreguez de su corazón. Eran noches largas y desprovistas de cariño. Noches de ilusiones y pensamientos evocadores del pasado alegre y luego turbio, de desdén.

En Palo Blanco reinó la paz y la prudencia. El progreso se enconó en algunos a tiempo que las novias de los mayores se aparecían de vez en cuando engrosando la familia. La normalidad de vivir en un lugar donde los padres no se agredían con la indiferencia, se había convertido en un logro que garantizaba la armonía y el entusiasmo. Sucedidos ya dieciocho meses en Palo Blanco, cuando el sol aún no se asomaba, el frío obligaba a María Sucel a colar café en una olleta vieja antes de pringarse las costillas con agua yerta que llovía de la ducha. Tiritando, secaba su cuerpo despojado de la suciedad del ayer y salía del baño en medio de la alborada. Al intentar entrar a la cocina, contigua a la habitación de Gilberto, sintió un gemido extraño que la paralizó. Creyó haberlo escuchado salir por su puerta, pero negó tal impresión al pensar que provenía del otro lado de la tapia que lindaba con la calle. Se quedó quieta esperando a que se repitiera, pero al comprobar que todo estaba en calma, decidió servirse un café para luego ir a la habitación y prepararse para la partida matutina.

Al salir del trabajo, una noche congestionada, María Sucel caminó por la calle en pleno centro de la capital tratando de alcanzar la vía principal donde las gentes se agolpaban tratando de agarrarse, como racimos humanos colgantes, de las puertas de los buses de servicio público. Esto era pan de todos los días en un intento por llegar a cualquier sitio de la ciudad por donde el bus pasara. La preocupación de ella, además de no dejarse atropellar por ninguno de estos vehículos, era no dejarse timar por algún gamín de los tantos que se la pasaban aprovechando la distracción de los transeúntes para raparles sus pertenencias en presencia de todos y sin que nadie se inmutara. Respetaba el peligro a que se veía abocada en su peregrinar tardío. Su único consuelo era que la exclusividad de esta situación la compartía con miles de personas que, con humildad y abnegación, trabajaban y le brindaban una indiferente compañía. Al llegar a la carrera décima caminó sobre ella en dirección contraria a la de los buses con el fin de visualizar los letreros de las rutas y no quedarse estática donde fuera presa fácil de algún raponero que quisiera arrebatarle la cartera. Caminó entre la gente a pocos centímetros de los autobuses de colores que pasaban amenazantes y que se entrelazaban para dejar o recibir pasajeros, respirando el humo que despedían por los mofles hasta hacerla lloriquear. Al caminar una cuadra y asegurarse de que quienes la rodeaban no representaban preocupación alguna, decidió quedarse parada, atenta. Pasados unos segundos una mujer vestida con harapos, que se hacía acompañar de un niño, se le acercó a ofrecerle billetes de lotería con espontaneidad y optimismo.

— Vecina, ¡cómprese un quintico de la Lotería de Bogotá!, le tengo el tres y el ocho, cómprela sumercé que hoy es su día de suerte. María Sucel respondió negativamente con la cabeza y apartó la mirada, avanzó un paso hacia adelante para alejarse, pero la mujer insistió.

— Vecina, ¡quién quita que se la gane!, unos pesitos no estarían de más, luego sonrió. La vendedora se congeló al sentir que María Sucel fijaba sus ojos en ella y en el pequeño que la acompañaba. Se creó una cápsula entre las dos que las aisló del bullicio de bocinas y la mujer bajó la mirada triste, luego de unos instantes ínfimos, atrajo a su hijo hasta ponerlo en contacto con su cuerpo, como si buscara crearle un escudo que lo protegiera de la mirada compasiva de María Sucel, que, sin proponérselo, se la clavaba en lo más hondo de su alma. María Sucel vio en el niño un gesto que la conmovió. La mujer tomó al niño por la mano y se lo llevó de prisa, sin volver la mirada. Perpleja, María Sucel los vio alejarse. Los siguió con la vista sin perderles detalle y sus manos rodearon sus mejillas contraídas por la desesperanza y el pesar. Al cabo de unos segundos, cuando la vendedora de lotería ya no estaba al alcance de sus ojos, un pequeño bus atiborrado de pasajeros paró ante su señal y logró colgarse en la puerta de entrada. El bus emprendió la marcha, más no lo hizo, en su pensamiento, la imagen de aquella mujer y la mirada humilde de su crío. Como pudo, María Sucel se acomodó dentro del bus luego de pagar el pasaje y en medio del sobrecupo sofocante no pudo más, algunas lágrimas encharcaron sus ojos. Alguien, algún atento pasajero, se compadeció al verla, se levantó del asiento que ocupaba y se lo ofreció con cortesía. Ella lo agradeció con una sonrisa. La tristeza que le embargaba era más grande y poderosa que el decir de los que allí viajaban. El viaje a casa duró poco menos de una hora, tiempo suficiente para pensar. Al llegar a casa se despojó de los zapatos, de los aretes de fantasía y guardó la cartera. Piedad era la encargada esa semana de preparar alimentos y al verla llegar le sirvió. María Sucel se percató de que la mayoría de sus hijos estaban en casa y los saludó acusando un cansancio que todos comprendieron. Gilberto se encontraba ese día dentro de su habitación, de donde poco salía, pese a que había una sala espaciosa con mullidos muebles. A la mesa ya se habían sumado Maru y Sara contando diferentes anécdotas de ese día.

—Quiero compartir con ustedes un fragmento de vida que Dios me enseñó hoy —les dijo—. Cuando salí del trabajo sucedió algo tan especial que no he logrado disipar mi asombro, no sabría si fue pesar lo que experimenté o desesperanza. Evocando los pormenores de aquel encuentro, nuevamente lloró…, las muchachas la rodearon, Maru le secó los lagrimones con la mano y ella continuó.

—Iba caminando por la Carrera Décima cuando salí del trabajo y en una de esas una mujer acompañada de un niño de unos once añitos me abordó para ofrecerme lotería. La ignoré pues la vi harapienta, ustedes saben…, dan miedo los forasteros cuando se acercan en plena Décima. Pese a que su acento era casi rolo, su matiz me pareció familiar. Me pareció paisa, como la gente de Armenia. Yo no quería dar motivo para que ella me siguiera ofreciendo lotería pues no me dio confianza, pero ella insistió. Di un paso para evadirla, pero ella insistió de nuevo y se puso frente a mí. El niño que la acompañaba me miró con unos ojitos picarones de color gris como los de su papá y al mirar a la vendedora de lotería pude ver en ella a la mujer que desmigajó mis ilusiones con su terquedad y ambición. La vi allí, sumida en la más profunda miseria humana, envejecida y con un gesto en su frente que expresaba puro sufrimiento.

— ¿Quién era ella, mamá? —preguntó Piedad—.

— ¿Seguro era la puta de Ofir? ¡Esa desgraciada!, —respondió Sara iracunda—.

— ¿Es eso cierto, mamá? ¿Era ella? —preguntó intrigada Maru.

—Así es —contestó—, la misma que luchó contra mí cuando yo ni siquiera sabía que estaba en medio de una gran pelea que todos perdimos.

— ¿Y por qué llorar madre? —preguntó Maru— debería estar muerta de la risa por verla así.

—Me ha embargado una tristeza tan enorme que no me cabe en el cuerpo. Se imagina mija que hace más de doce años no tengo un marido que me acompañe. Me entristece la vida que a algunos nos ha tocado vivir. Su papá está solo en esa pieza anhelando mi compañía y ya ustedes ven... todo el afecto se paralizó para siempre. Cuando un perro lucha por cuidar dos huesos es seguro que nunca se come un hueso entero.

—¿Mi papá sabrá de ella? —preguntó Sara—.

—Le preguntaré yo misma —contestó Piedad— lo haré mañana, casi siempre hablamos de cómo le fue o de sus clientes o de sus pacientes, aprovecharé y le preguntaré con candidez, seguramente me contará.

—Prefiero que no lo haga —dijo María Sucel— podría ser doloroso acordarse de que por su culpa vive en la soledad. No le pregunte nada por favor. Es la vida que nos ha tocado vivir.

—¿Ha pensado algún día perdonar al viejo y acercarse nuevamente a él? —preguntó Sara—.

—Creo que sí... no lo sé, cuando yo era solo una niña guardaba la ilusión de tenerlo toda la vida. Llegaron tantas flores, esas flores que un día le pedí en un pequeño acróstico me enamoraron tanto que llegué a sentirme navegando por muchos años en una nube de algodón. Pero cuando comprobé que el protagonista de mis ilusiones, a quien le había dado ya un racimo de hijos vivía una vida paralela a mi hogar, caí de la nube, no caí de sopetón, en un segundo, ni en un minuto, ni en una hora, ni en un día, he seguido cayendo por todos estos años y no me he podido levantar porque aún he seguido cayendo. Es posible que cuando por fin logre tocar el piso sienta un duro golpe que me haga reaccionar —dijo mordiéndose el labio—.

Hablaron mucho más, las muchachas buscando, con preguntas, la manera de acercar dos almas vecinas y María Sucel desahogando sus más internos lamentos para justificar el desgano de emprender un acercamiento.

La noche profundizó su soberanía, María Sucel, apagó la última luz de la casa y se acostó a pensar, a pensar una vez más. Pensó en Gilberto y por primera vez se conmovió por sentirlo solo en la habitación, rezó un Padre Nuestro y le pidió a Dios un poco más de fortaleza. Al día siguiente cuando colaba el café, previo a su baño mañanero, volvió a escuchar una copia intacta del gemido del día anterior y sintió miedo. Intuyó que se trataba de Gilberto y se atrevió a comprobarlo. En silencio, se acercó a la puerta de su habitación y puso en ella la oreja derecha. Sintió por encima del sonido del radio un nuevo gemido, aunque de menor intensidad. Se asustó al intuir que pudiera estar quejándose de algún dolor y sintió pena por él. Golpeó con los nudillos la puerta con delicadeza y esperó que le contestara, solo el silencio se hizo presente. Volvió a golpear y del interior de la habitación salió la voz de Gilberto.

—¿Quién es?

—Soy yo Maruja, ¿puedo entrar?

—Siga. —dijo él— ella, empuñó la cerradura y la hizo girar, al comprender que su seguro estaba libre empujó con cuidado y entró sigilosa, sintió un apabullante olor a cigarrillo, caminó a su interior y notó cómo él se paraba de la cama apoyándose maltrecho, solo con la mano derecha.

—¿Qué pasa Maruja?, ¿alguno de los muchachos amaneció enfermo?

—No, no es eso, estoy aquí porque he escuchado unos quejidos desde hace algún tiempo y ahora comprobé que salen de esta pieza, cuénteme, ¿se siente enfermo? ¿tiene algún dolor?, esos quejidos son extraños.

—Estoy bien, bueno, yo diría que mejor que asustado por la sorpresa de esta visita tan tempranera. Gracias por preocuparse, ¿ya se va a trabajar? —le preguntó—

—Sí, ya casi me voy..., ¿pero... está seguro de que se encuentra bien?, me preocupa esa forma de quejarse.

—No se fije en los ruidos que hago, ya soy un viejo y como tal me comporto, ¿qué viejo a estas alturas no se inventa quejidos?, no se preocupe por nada y le agradezco mucho —contestó procurando tranquilizarla—.

—Bueno, si usted lo dice, entonces me voy. A propósito, el tintico está caliente ¿quiere que le traiga una tacita? —preguntó sin perder la preocupación—.

—Todas las mañanas, a esta misma hora, siento el olor que sale de la olleta cuando hierve el café, hoy parece que además de sentirlo lo disfrutaré. Ya me levantaré a servirlo, muchas gracias.

—No, por favor, yo se lo traeré. Siga descansando que hace frío, ella salió y se dirigió a la cocina experimentando alguna clase de paz al ofrecerle los tragos a Gilberto, de la misma manera que en los tiempos aquellos, cuando, los cerros del Quindío atestiguaban armoniosos afectos. Sintió una vez más ansias de brindarle la misma esmerada atención del pasado, buscó un plato y un pocillo con el mismo decorado y sirvió un café, le adhirió la misma porción de azúcar que le ponía quince años atrás y luego lo revolvió. Se dirigió animada al cuarto y acomodó en la mesita de noche la taza humeante. Gilberto la observó comprensivo y atónito sonrió complacido.

—Gracias, que tenga un buen día.

—Lo mismo para usted.

Gilberto se levantó y salió al baño donde se juagó la boca y lavó su cuerpo como de costumbre, el agua no estaba menos yerta que todos los días. Cargó su máquina con una nueva cuchilla y se afeitó cuidadosamente. Tembloroso, salió con la toalla amarrada a la cintura, se puso el mismo pantalón que había usado el día anterior y una camisa que alguna de las muchachas había planchado y que pendía de un gancho de alambre, se sentó en el borde de la cama y sacó de debajo un par de zapatos, buscó entre el rebujo del armario un par de medias y a falta de luz debió abrir la cortina pesada que le daba oscuridad, tiró la manotada de medias sobre la cama, cerca de la luz que se colaba por la ventana y distinguió dos de color café con las que enfundó sus pies, con las medias del día anterior limpió un poco el rucio polvo de los zapatos y se dispuso a arreglar los atados que llevaría en la parrilla de la bicicleta negra. Un par de cobijas de lana, unos cobertores bien amarrados y un juego de ollas de aluminio empacadas en una caja sellada de fábrica crearon una torre de medio metro de alto. Se arrimó a la imagen del hermano José Gregorio Hernández, tomó un crucifijo que allí permanecía sobre sus libros y con el mismo se santiguó. Invocó algunos santos y salió de la pieza sosteniendo la bicicleta con las dos manos. La llevó por el corredor que bordeaba el patio y salió de la casa. Ya en la calle, hizo un movimiento circular con el brazo izquierdo a tiempo que se masajeaba el hombro con la mano derecha. Emprendió la marcha por las vías internas de los barrios donde la congestión de tránsito fuese mínima. En el bolsillo derecho del saco llevaba las tarjetas de control de cobros y del bolsillo de la camisa le pendían lapiceros baratos de color negro, azul y rojo con los que marcaba y hacía notas de cada cliente. La misión del día era cobrar en vez de vender empujando el pesado coche con ruedas de metal. A cinco minutos de haber emprendido el pedaleo comenzó a manejar la bicicleta solo con la mano derecha a riesgo de perder el equilibrio, mientras pedaleaba movía el brazo izquierdo a manera de péndulo, sentía una incomodidad interna que se manifestaba con un ardor intenso, pero prefirió pensar que se trataba de una bursitis crónica y le echó la culpa al haber digerido tanta carne roja, por lo menos, eso era lo que rezaban los libros de botánica que leía continuamente y lo asumía como un diagnóstico sabio que nunca le había fallado cuando trataba a los pacientes que lo visitaban, el dolor se acentuaba con el correr de los kilómetros y no le permitía soportar el cuerpo contra el manubrio, paró repetidas veces apoyándose en el andén sin bajarse de la bicicleta y nuevamente masajeaba su hombro, aprovechó una de esas pausas obligadas y extrajo la cajetilla de cigarrillos que cargaba en el bolsillo izquierdo del saco, encendió uno, lo dejó puesto en la boca de manera permanente para aspirarlo hasta que se extinguiera y retomó el camino, por lapsos de cinco minutos paraba, recomponía la incomodidad del hombro con algunos ejercicios espontáneos y reanudaba la marcha. El día culminó con el bolsillo lleno de efectivo, la parrilla de la bicicleta vacía de mercancía y amarrada a ella un par de rosas silentes envueltas en un cartucho de papel periódico que en algún lugar de la travesía había sido recogido para protegerlas de la vibración que producían en la bicicleta las calles llenas de imperfecciones. Al llegar a casa, entró la bicicleta y se desplomó en la cama, masajeó nuevamente su hombro, se incorporó y zafó con cuidado el par de rosas, a las que desprendió una a una las espinas amenazantes, quitó algunas hojas que no le gustaban hasta que consideró que lucían bien, las llevó a la sala donde otras rosas envejecidas esperaban un relevo, tomó el pequeño solitario con la mano izquierda y caminó hacia la cocina, puso las rosas nuevas a un lado y en la basura las rosas vencidas, juagó el jarroncillo de vidrio, colocó las rosas nuevas, les agregó cuatro pulgadas de agua y las llevó hasta la sala donde permanecerían, al igual que otras, que durante largos años se hacían presentes y luego sucumbían entre la angustiosa caída de los días, contempló por unos segundos la expresión de las rosas y regresó al cuarto, tomó el libro de Kardec y el crucifijo y caminó hasta la cama donde amontonó varias almohadas, se desabotonó la camisa, masajeó nuevamente el hombro, posó el crucifijo sobre él y comenzó a leer, pasados los minutos el libro quedó a un lado sobre la cama, cerró los ojos y apretó el cristo contra el hombro, allí se quedó, en profunda meditación por espacio de media hora cuando Maru le interrumpió.

—Papá… papá… el almuerzo está servido.

—Gracias mija, ya voy.

Maru se retiró, él se abotonó la camisa y se dirigió a la mesa de comedor, se sentó solo, pues era el único que faltaba por almorzar, nuevamente, con su mano derecha, masajeaba el hombro izquierdo tratando de menguar la incomodidad.

— ¿Cómo estuvo el día papá? —preguntó Maru al llegar al comedor—.

—Bien, mija. Algo movido, qué más que regresé con la parrilla vacía.

—Y con unas rosas muy bonitas. ¿Quién se las regala?

—Nadie, mija. Las tomo de varios lugares donde a nadie les interesa, las he venido hurtando con mucho cariño desde hace algunos años, en esta tierra las rosas pululan y se mueren, entonces…, ¿por qué no tomar algunas para regalarle belleza a nuestra sala?

—Tiene razón papá, ¿pero usted se las roba?…, qué vergüenza si lo llegan a pillar, ¿cómo hace para robárselas?

—Conozco unas cuarenta casas donde hay rosas en el jardín del frente —contestó picarón— en una ciudad como esta, lo único que se nota cuando florece es el concreto y los ladrillos. Las rosas poco valor tienen para muchos. Yo aprendí a tomarles cariño cuando las compraba cada ocho días para enviárselas a su madre, hace unos veinticinco años.

—¿Y estas rosas son también para ella?

—Siempre serán para ella, pero también son para todos, en fin, de nada vale que sean para ella —expresó melancólico— ya no las valora, digamos que son para usted mija, que las ve maravillosas. Digamos que son para Piedad cuando siente su aroma, si algún día su madre las tomara y apreciara su belleza, entonces las flores serían para ella.

—Papá, hemos comentado con mi madre algunas veces acerca de las flores que usted trae. Ella nos contó la bella historia de su romance cuando ella era una quinceañera y el abuelo Elías los molestaba dizque porque usted estaba viejo para ella. Tanto mi mamá como nosotras estábamos convencidas de que alguna amiga suya se las regalaba.

—Solo Dios sabe mija el valor que yo le doy a estas flores, seguirán llegando a esta casa hasta que Dios me lo permita. Es mi flaco aporte a la felicidad del hogar. Puedo notar que ni su mamá ni ustedes conocen mi realidad. Ella, porque no conoce mi vida durante mis últimos años y ustedes porque solo me conocen aislado. Lo siento por ustedes, por mí, por ella, pero está bien, la vida me ha hecho viejo y la vejez me ha llegado untada de resignación, lo más importante es que los quiero mucho a todos. A propósito, el sancochito le quedó muy bueno, muchas gracias mija —terminó diciendo—.

Pasaron los días y una madrugada de mayo posterior a un día de la madre que todos celebraron en la sala, un lamento surcó el silencio de la casa de Palo Blanco. Esta vez María Sucel ya reaccionó con pánico. Se tiró de la cama envolviendo su cuerpo en una de las cobijas y corrió en busca de Gilberto. Sabía que se trataba de él. Caminando por el corredor vio cómo la puerta de la habitación de los dos mayores también se abría y dejaba salir el destello de luz. Antonio y Tomás salieron preocupados mientras los lamentos continuaban ofuscando la serenidad de la madrugada. Al entrar a la habitación encontraron a Gilberto sentado en la cama con el dorso desnudo y dándose azotes en su hombro con ortiga. Buscaba con dolor espantar el ardor que se le había vuelto inseparable y le carcomía las entrañas. El cuadro era desolador y más aún su lacónica mirada. Entrada en pánico, María Sucel se abalanzó a socorrerlo con la ayuda Antonio y Tomás. Gilberto los miró triste y agobiado. Su jadeo apenas le permitía sostenerse sentado. Continuó pegándose débilmente las pelusas urticantes que segregaban líquido urente lacerándole la espalda. María Sucel le quitó la ortiga y con sobrado fervor le dio un abrazo muy profundo. Quedó mermado después de la muenda que se infringió. Nada le calmó el dolor y se desvaneció invadido por el cansancio.

    Sentados, en la sala de espera de un hospital, estaban los Cervantes en su totalidad. María Sucel era la única que lo acompañaba en la tomada de exámenes de todo tipo. Pasaron seis horas largas hasta cuando salió agobiada por la desesperanza. Se acercó y conmovida les contó que le habían dado calmantes para el dolo, pero el desconcierto se quedó plasmado en su rostro. Agachó la cabeza y la descansó en el hombro de Sara que se encontraba cerca y lloró desconsoladamente. Antonio la abrazó y todos se imaginaron lo peor.

    —¿Qué tiene el viejo mamá?— preguntó Tomás—.

—Cáncer, tiene cáncer en los pulmones, en el estómago, en el hígado y hasta en el brazo izquierdo. Se nos está muriendo.

Crearon un racimo de gente triste, un puñado de derrotados con la garganta llena de angustia e impotencia. Gilberto estuvo unas horas más en el recinto y fue remitido a casa con unas citas puntuales que indicaban el inicio de la esperanzadora quimioterapia. Con el pasar de los días los cuidados se acentuaron. Cada uno trató al máximo de compartir momentos que en el pasado nunca habían aprovechado. Sin embargo, la influencia del Demerol en su cuerpo lo mantenía por largas horas, ausente de la realidad. El amor afloró y la lucha por hacerse útiles fue intensa. Abatida, pero con ahínco, María Sucel le expresaba cariño con cuidado y dedicación. La quimioterapia poco podía hacer en su cuerpo debido a que la metástasis galopaba irrefrenable. El Demerol lo acompañó por angustiosos cinco meses hasta que una larga noche de septiembre, luego de luchar contra la asfixia sintió que era el momento de despedirse. Ya no tenía fuerzas para ocultar verdades ni para decir mentiras, estaba moribundo, pero le quedaba un poco de consciencia para explicar cosas, cosas que nunca sus hijos se atrevieron a preguntar, habló por iniciativa propia, por necesidad, por culpa de esa angustia que le producía tener que morir sin dar justificaciones, no quería llevarse las culpas sin antes pedir perdón. Habló sin que se lo pidiesen, pues a Gilberto, sus hijos nunca lo censuraron, por más ardidos que estuvieran, por más conscientes, por más evidentes que fuesen las cosas, por más que vieran a María Sucel sufrir y sufrir. Tan solo y en vida, la mamá Sara se atrevió a corregirlo ese día lejano cuando a palos lo botó de la casa. Gilberto les dijo que nunca fue capaz de hacer cambiar las cosas durante ningún momento en su vida, les hablaba mientras le mojaban sus labios con vinagre como les lo había recomendado alguien, dizque para que no muriera con sed, les dijo que todo lo bueno que le pasó se lo construyó María Sucel y que le pesaba en el alma no haber luchado por ella como se lo merecía, que le pesaba no haber valorado la esencia de las cosas y haberse conformado con que el destino lo condujera confiado hacia la amargura, que él nunca vivió con sufrimiento hasta que se le presentó en los rostros de quien amó, que su vida fue fácil porque siempre evadió las cosas difíciles, les dijo también que amaba profundamente a todos quienes sufrieron por él y les pidió que aprendieran a vivir como vive toda la gente, no como vivió él, porque él nunca aprendió a vivir como debe ser, les pidió que aprendieran de los errores, ya que él nunca aprendió porque nadie lo castigó por cometerlos. Desvariando, se quejó de que todo el mundo le hubiera alcahueteado todo: Nélida sacándolo del ejército, Elías callando su infidelidad, María Sucel permitiéndole quedarse cuando ya todo estaba consumado, Ofir aceptándole llegar tan lejos, las chapoleras… Les dijo que la vida lo dejó hacer de todo, porque la vida permite todo, pero que él nunca escogió bien lo que podía hacer.

—Les pido perdón —dijo antes de morir lanzándole una mirada desesperada a María Sucel y sucumbió en brazos de Tomás—.

Eran las seis y diez de la mañana cuando su cuerpo se desgonzó en presencia de todos, María Sucel se arrodilló y posó su rostro en sus pies inermes y se los besó, todos lloraron mirándose entre sí, se trataba del primero de Los Cervantes Baroja que partía. Se entrelazaron en abrazos, los menores lloraron protegidos por los grandes que les daban aliento. Tomás levantó su cuerpo derrotado y lo condujo hasta una cama forrada con sábanas en pulcro blanco, que habían sido alistadas para el suceso, allí lo posaron desolados. María Sucel lo envolvió en otra sábana y le anudó una pañoleta blanca para que su boca no quedara abierta. Luego contempló por última vez el gris de sus ojos y los cerró para siempre. Las muchachas trajeron cirios votivos, como los que él compró él una vez en Armenia para pedirle a la Virgen que le prestara a María Sucel, y los encendieron, dejándolo en cámara ardiente hasta cuando se hicieron presentes los servicios funerales, que, con antelación, Tomás había contratado. Pasados los minutos cada uno de los Cervantes Baroja vestía de negro.

Tres días después una multitud se agolpaba para despedir al hermano Gilberto. Los Cervantes Baroja jamás se imaginaron tanta grandeza en él. Los testimonios de su bondad afloraban de las bocas de aquellos que llegaban a despedirlo. Acudió gente de toda clase, sencilla y arrogante, adultos y jóvenes, mujeres y niños que le decían tiernos adioses. Al bajar el féretro, María Sucel tomó un puñado de tierra y se lo lanzó. Luego extrajo de la cartera el herbario roído por los años y abrió algunas páginas tomando los pétalos secos que él le había regalado en Armenia y los depositó encima. Después, de otra de las páginas desenfundó una hoja con un poema que él le escribió un día antes de salir en busca de nuevos horizontes a la capital y sacando fortaleza de lo más profundo de su alma, leyó la primera estrofa:

Si me ve pensando ausente

y en mi frente no ve paz
no se aflija, no se afane,
solo pienso, nada más…

Luego besó el poema con fervor y lo apretó contra su corazón. Observó apoyada en brazos de Antonio y en los de Tomás, cómo la tierra desaparecía su presencia de este mundo.

A las seis de la mañana de otro día cualquiera, otras semanas después, la actividad en la estación de buses intermunicipales era por demás dinámica y acosada. Unos porque de ellos dependía el viaje y otros porque ansiaban la partida. Sentada en la primera silla de pasajeros de un bus, María Sucel sorbía un humeante café que Acasio Elías le había comprado en la misma cafetería de la estación de buses. Juan de Dios permanecía a su lado derecho, meditabundo y sereno, y de vez en cuando cruzaba miradas con ella que le sonreía con cariño. Los viajeros más molestos eran aquellos que no encontraban espacio para sus maletas por haber llegado tarde. Acasio Elías fue quien acomodó las valijas en los compartimientos superiores del bus que mantenía el motor encendido desde hacía más de media hora. Todo estaba listo para emprender un viaje al pasado, pensando que regresar, aunque fuera por unos días, a tierras cafeteras, aliviaría el desconcierto que dejaron las partidas del viejo Elías y de Gilberto. En la mente de todos aparecía la desdicha de no haber disfrutado a plenitud la presencia de Gilberto en vida, por tal razón emprendieron ese viaje a Armenia, buscando en el pequeño terruño donde se gestó la casi totalidad de la familia un consuelo mayor a sus corazones. El viaje fue bonito por su significado, la brisa fresca que descendía de los riscos que bordeaban la carretera se colaba por las ventanas entreabiertas del bus y el ruido incesante del motor ya se había hecho costumbre. La gente leía el periódico del día y en el ambiente solo se hablaba de un secuestro como la más importante cosa acaecida en el país. Era el secuestro del hermano del presidente. Según las noticias en los periódicos, este sonado secuestro contaba, irónicamente, con el repudio del mismísimo Fidel Castro, pese a que este apoyaba a las izquierdas que los cometían. Por otra parte, se hablaba de que uno de los pocos jets jumbo que había en Colombia se había desplomado cerca de Madrid llevándose consigo la vida de ciento setenta y tres personas dentro de las cuales se contaba una que otra celebridad. El rumor de esta noticia acobardó a Acasio Elías, que poco estaba acostumbrado a viajar y creó en su mente analogías dantescas. Sin embargo, el viaje fue tranquilo y con tan solo una parada para aquellos que quisieran acudir al baño o a comer algún refrigerio. Nadie habló mucho, ni Acasio Elías, ni Juan de Dios, ni María Sucel, más bien miraban por las ventanas el pasar de las formas de la cordillera. María Sucel, no obstante, siempre mantuvo la cabeza recostada al vidrio de la ventana y por momentos limpiaba sus mejillas cuando se le mojaban por el llanto. Juan de Dios sabía que lloraba de tristeza y por eso no le decía nada. Prefería que desahogara la angustia de la pérdida. Pero pese a comprenderla, también sentía que la amargura tocaba su joven corazón. No lloraba con lágrimas, sino frunciendo el entrecejo y mirando los abismos que mostraba el avance del bus. Acasio Elías permanecía más bien alejado de la situación y de vez en cuando hacía comentarios que los hacían reír. Por largos trechos hablaron y por otros callaron. Después de pasar por el alto más importante de la cordillera, en el Quindío, llamado La Línea, el bus emprendió el descenso hacia Armenia. El entusiasmo por la llegada creció y la angustia de la madre mutó hacia la ilusión de contemplar los lugares donde su niñez floreció llena de felicidad y armonía. Juan de Dios y Acasio Elías se enfrascaron en comentar detalles de la geografía del lugar.

—Pienso que el mayor orgullo de Gilberto fue saber que Antonio estuvo formando parte de los que transmiten la Vuelta a Colombia en Bicicleta. Lo digo porque por aquí pasaron pedaleando —comentó Acasio Elías—.

—Un día lo encontré llorando emocionado, escuchando la transmisión de la Vuelta a Colombia y cuando supo que yo estaba viéndolo, se limpió los ojos haciéndose el tonto. Sentí vergüenza por él, pues era un macho valiente y callado, ese día lo encaré con ternura y le pregunté: "¿Qué pasa papá?", y me contestó más bien sonriente, algo orgulloso y nostálgico: "Ahh… mijo, es que me dio mucha ilusión escuchar que su hermano mayor está pasando por las carreteras y cuando los locutores mencionan su nombre, Antonio Cervantes Baroja, me lleno de orgullo…", luego se quedó pensando con el cigarrillo en la boca, yo también lo hice, me quedé callado, luego me contó que, a veces no podía evitar un sentimiento tan profundo, que se sentía muy orgulloso de Antonio y también de todos nosotros. Le dije que a mí también se me erizaban los pelos por la emoción y que en mi colegio todos mis amigos saben que él es nuestro hermano. El viejo era especial. Creo que ahora lo quiero más que siempre, no sé por qué la vida me lo quitó tan rápido. Juan de Dios apretó la boca y la mirada para no dejarse conmover.

—Me contó Cesariano que unas personas que lo saludaron en el funeral le dijeron que a nuestro padre le crearían un monumento en un pueblito del llano donde él curó y ayudó espiritualmente a muchísima gente. Es increíble que haya sido tan generoso —comentó Acasio Elías—.

—De qué pueblito se trata para ir a visitarlo —preguntó Juan de Dios—.

—No sabemos cuál, ni quienes son las personas, tenemos que averiguar, la gente que fue a su funeral realmente lo amaba y nosotros que lo teníamos tan cerca apenas si lo saludábamos. Es triste, pero es verdad —contestó Acasio Elías—.

—Dios permitió que ustedes compartieran con él mucho —dijo María Sucel— eso es maravilloso..., salir a caminar en su compañía con el coche de ruedas de metal visitando clientes en el noroeste fue una bendición que ustedes llevan en su corazón. ¿Cómo era él con la gente?, cuéntenme un poco para alimentar mi alma con la imaginación —dijo—, reconociendo que el desengaño había alimentado el silencio y el abandono, entonces trató de evocar solo momentos de felicidad compartidos con él para no dejarse embargar por la tristeza. Las flores que nunca dejaron de llegar, inclusive las rosas bogotanas que nunca hizo suyas desfilaban como sonrisas adornando los momentos de felicidad en cada uno de los partos de sus hijos.

—Cuéntenme un poco más, repitió, dirigiéndose a Acasio Elías—.

—Eso hará que usted se ponga aún más triste.

—Esta tristeza será dulce pues me enseñará a conocer a mi marido en sus últimos catorce años, los años que tiene Juan de Dios hoy, ¡cuénteme!, sus anécdotas me enseñarán cosas de las que me perdí por un absurdo de la vida. Acasio Elías miró a Juan de Dios y levantando los hombros comenzó el comprometido relato.

—Está bien…. Una vez, de esas tantas veces en las que él me llevaba para que lo acompañara a trabajar arrastrando el pesado coche de hierro, cuando pasábamos por el barrio Santa Rosita, una señora salió de una casa humilde dando gritos de desesperación porque su hijito, de tres añitos, se había vaciado una olleta de agua hirviendo en el cuerpo, mi papá entró como empujado por Dios hasta donde estaba el niño tirado en el suelo y lleno de ampollas en la piel, desesperado por el ardor. Se puso el dedo pulgar en la frente y se concentró ante la mirada atónita de la señora, luego, casi de inmediato, le pidió que le trajese aceite de cocina y la maleta de los útiles escolares de los otros niños, cuando la señora salió a conseguir los encargos, la gente ya se había agolpado en la casa y cuando ella retornó con el aceite, mi papá lo vació en el cuerpo del niño, arrojó al suelo los útiles de la maleta y de uno de los cuadernos que rodó por el piso quitó el forro de plástico suave que cubría las portadas, recuerdo que era un forro de plástico rojo. Entonces, pidió a la mamá del niño que le cortara otros forros de otros cuadernos mientras él lavaba el rojo con agua y jabón. Lo secó con una toalla nueva que llevaba en el coche para un encargo y empezó a poner el plástico suavemente sobre la piel aceitada del pequeño. La gente observaba sin modular palabra y solo el llanto del niño se escuchaba mientras sus ojitos miraban a propios y extraños en busca de consuelo. Al cabo de los minutos las ampollas producidas por la quemadura empezaron a desvanecerse, el niño seguía llorando y papá terminó de cubrirle todo el cuerpecito con plásticos. Después le colocó el dedo en su frente y volvió a rezar con los ojos cerrados, el niño se calmó en pocos minutos y todo quedó en silencio. La gente vio a mi padre como a un salvador. La mamá del niño se arrojó a sus pies y luego le besó la mano. Él le dijo que no lo hiciera y le ayudó a levantarse, les pidió esperar una hora antes de llevarlo a un hospital, también le recomendó darle mucho líquido y nada de grasas para que las quemaduras no se irritaran, finalmente les sugirió que no le quitaran el plástico por lo menos hasta el día siguiente. Cuando nos fuimos del lugar me sentí orgulloso de tenerlo como padre y hasta le pregunté el porqué del plástico. Él me contestó que. porque de esa manera la piel perdida se regeneraría sin cicatrices, me pareció lógico. Luego seguimos caminando.

—Era un hombre maravilloso —comentó conmovida María Sucel—.

La puerta se abrió

... 1994

Debajo del descanso de una de las escaleras que comunicaban con el segundo piso, existía un pequeño cuartillo que le servía de fortín a María Sucel, la ahora ascendida a supervisora de aseo. La verdad era que, por tantos años de servir a don Rafael, este le había autorizado, de palabra, unos pesos de más, que desde hacía unos meses no le había pagado por más que se lo recordase. Sin embargo, ya le había encomendado la responsabilidad de coordinar a empleadas que, como ella, en el pasado, se partían el alma por mantener la universidad limpia. Al llegar al cuartillo, un par de ellas estaban esperándola y la saludaron con respeto. María Sucel le entregó a cada una un balde y dentro les puso detergente y esponjas para la limpieza. Balde en mano, tomaron escobas y trapeadores y, sin preguntar qué hacer, salieron a batallar. Más y más mujeres llegaron en la próxima media hora y al igual se marchaban. Luego preparó café con leche y, aunque esto era prohibido por la universidad, ella se las arreglaba con complicidad de algunas interesadas, para que, una a una, pudieran calentar su aliento y llevar los primeros tragos al estómago. Una tarde cuando pasaba revista en los diferentes pisos del edificio se le apareció Antonio por la espalda y la sorprendió tapándole sus ojos.

—¿Quién es? —preguntó intrigada pero sonriente—.

—La vieja Inés —contestó Antonio— impostando voz de vieja.

— ¿Quién es? —volvió a preguntar—, esta vez con ansiedad.

—Adivine y le cuento —dijo Antonio— a la vez que le destapaba los ojos.

— ¡Mijo! ¿Qué hace por aquí tan temprano? Usted debería estar en la emisora. ¿Pasó algo?

—No mamá. Pedí al jefe el resto de la tarde para invitarla a comer a un restaurante bonito que conocí. Salieron y caminaron hasta llegar a la encumbrada Carrera Séptima. Al ingresar a un establecimiento, Antonio pidió una mesa para dos.

—Mijo, le agradezco mucho esta invitación —dijo halagada, conmovida y sonriente—. Le comentó a Antonio que su invitación le hacía recordar el día en que Tomás la recogió en un taxi para llevarla a la fiesta de El Parroquial.

—Es la vida —respondió Antonio— lo más importante es que estamos juntos y somos felices. Del viejo quedan grandes recuerdos. A propósito, ¿recordemos mamá cuando él trabajó durante meses junto a Cesariano, Acasio y Juan de Dios en aquella casa del barrio Rubí, donde Tomás no quiso vivir ni nosotros tampoco?

—Cómo no recordarlo, si por ese motivo volvimos a cruzar palabra después de una década.

—Bueno, lo importante es que supo que lo queríamos y que su esfuerzo por darnos un techo todos lo apreciamos con cariño. Fue entonces cuando nos fuimos para Palo

Blanco, donde nos dejó para siempre. —Comentó él—. Luego llamó al camarero con una seña de manos. Le pidió que les dejara el menú, no sin antes sugerirle traer un par de vinos y que les llamara a los cantantes merenderos.

—Que preparen las mejores canciones, que afinen guitarras y tiples porque tengo una buena propina para ellos —expresó—. María Sucel lo observaba asombrada. Pensaba que algo estaba tramando. Sin embargo, contagiada por el entusiasmo, se dejó llevar por la magia del momento. El vino llegó a la mesa y con él los merenderos que empezaron a tocar bambucos y torbellinos. Antonio, animado por el ambiente que él mismo propiciaba, levantó la copa y brindó ante la mirada expectante de ella.

—Brindo por quien ha entregado toda su vida para hacernos tan felices —se incorporó y la besó en la mejilla—. Brindo por el viejo, que abnegado sucumbió a la muerte, dejándonos el orgullo de ser Cervantes, levantó la copa y miró hacia arriba emulando ver el firmamento. En nombre de mi padre le entrego las llaves de su casa propia, aquellas llaves que por algunos años usted mantuvo firmes en El Paraíso de Armenia. Antonio puso unas llaves en la mesa, frente a su madre, que sin entender trataba de hallarle sentido al brindis. Levantó la copa de vino y desconcertada la chocó con la de Antonio. Su entrecejo permanecía estriado y no paraba de sonreír.

—Brindemos mijo, brindemos por su padre y por ustedes. Pero por favor explíqueme ¿qué quieren decir este brindis y estas llaves?

—Madre, he comprado esta casa para usted. Para que dejemos Palo Blanco y para que vivamos integrados en una casa que simbolice el esfuerzo de toda esta familia. Donde recordaremos con alegría a Gilberto Cervantes-Cervantes.

Es una casa nueva, en un sitio tranquilo de esta Bogotá que nos ha visto sufrir. Allí podremos dormir tranquilos. Es su casa mamá. Quiero que la disfrute por el resto de su vida y que viva en ella con la dignidad con la que vivía en su casa de El Paraíso.

—Pero asegúreme que esto es verdad, mijo. Estoy conmovida por esta noticia maravillosa. ¿Los muchachos lo saben ya…? ¿Quién aparte de mí lo sabe? Es algo que jamás me imaginé…, que Dios se lo pague, mijo.

—No importa quién lo sabe. Será usted la primera en entrar. Se deleitaron con ricos platos, hasta postre de natas y unos cuantos vinos de los más recomendados por el lugar. Salieron embriagados de felicidad. Un taxi los llevó hasta un lugar cercano a Palo Blanco. Una casa bonita con grandes ventanales y nuevos acabados, de tamaño discreto para toda la patota que esperaba llevar. Sin embargo, digna y acogedora, dueña de una generosa cocina integral y un baño con agua caliente como para hacerle el quite al frío mañanero y aumentar el baño corporal a todos los días. María Sucel la paseó varias veces y soñó con arreglarla a su manera. Se paró frente a un ventanal amplio y miró hacia la calle. Imaginó a Gilberto caminando hacia ella a una cuadra de distancia con un manojo de flores rojas que le mostraba mientras se le acercaba. Levantó la mano para saludarle inmersa en su fantasía, pero comprendió que no era verdad y reaccionó buscando a Antonio con afán, descubriendo que él ya le miraba.

— ¿Qué extrañas cosas está pensando madre? — dijo—, y se acercó para abrazarla con ternura.

—Veía cómo su papá se acercaba desde esa esquina y me mostraba un ramo de rosas mientras sonreía feliz. Por momentos pensé que era real. Siento que lo extraño profundamente. — replicó ella—

—Es la vida, pero usted está demasiado joven, no se preocupe. No hay mal que dure cien años. Y la abrazó fuertemente.

—Ni cuerpo que lo resista — respondió ella— aún asida a su cuerpo. Al cabo de una semana los Cervantes regalaban a vecinos sus chécheres. Empezando por las ollas que sumidas por los golpes de los años todavía calentaban los alimentos, acosadas por el calor de los reverberos. Una nueva vida comenzó y renovados planes invadían las conciencias. El viejo Gilberto ya no estaba, eso era una realidad que día a día se superaba y se dejaba en un lugar distante, pues cada uno de los Cervantes ya tenía tareas para el futuro. Antonio habría de casarse con una muchacha que conoció en su trabajo, pese a que otra jovencita de unos dieciséis, que frecuentó en uno de los inquilinatos, donde habían vivido años antes, le resultó embarazada y tenía una niña de la cual pocos sabían, incluso su prometida. Parecía que la historia de los amoríos de Gilberto en vida, embarazando chapoleras en los cafetales del viejo Caldas, se repetía a mediados de los ochenta y algunos de sus hijos seguían su ejemplo. Tomás, por su parte, había resuelto emigrar al exterior cansado de esperar un ascenso que nunca le habían adjudicado dizque por no ser un profesional graduado de la Universidad de los Andes, sino de otra de esas universidades capitalinas. La verdad era que no contaba con bastiones, dentro del aparato burocrático de esa empresa, que le ayudaran a estar en el umbral de los escogidos por la corporación. Piedad y Sara lograron terminar el bachillerato, pero a Maru no la había alcanzado el éxito pues resultó enredada en fumadas de marihuana que la fueron mermando y agigantaron una de las más grandes frustraciones de María Sucel. Este nuevo tormento invadía sus días y noches y poco o nada habría de arreglarlo.

Una noche, cuando María Sucel salió a buscar a Maru a un burdel de mala calaña frecuentado por drogadictos, ella la amenazó con darle puñaladas si no la dejaba en paz. La frustración creció y nuevamente la familia se sumió en un problema mayor. El mismo Tomás preparó una maleta con las cosas de Maru y la puso en la puerta de la casa pese a la angustia de todos. Debía marcharse de casa por orden del consenso familiar que solo buscaba alejar el sufrimiento de María Sucel como única medida para que no se desmoronara. Era un sacrificio en el que el egoísmo triunfaba y la improvisación garantizaba paz en todo nuevamente. Maru se marchó sin resistencia, ya había pensado en hacerlo y pocos días de la semana regresaba a dormir al hogar forzando al desvelo a todos. María Sucel había contraído males estomacales que el médico atribuía al sistema nervioso que reaccionaba ante la angustia. *La negra*, como todos le decían a Maru, se marchó irónica y triunfalista odiando a todos los Cervantes y argumentando el poco amor que se le había dado. Dijo antes de marcharse algunas palabras que calaron en cada uno de quienes la miraban incluida la aterrorizada madre.

—En esta casa no quepo pues soy más grande que todo este espacio. Ustedes son pequeños y mi mundo es tan grande como la tierra misma. Nunca me he sentido una Cervantes Baroja, pues los Cervantes solo han vivido desilusiones que me han acostumbrado a ser infeliz. Nunca tuve hermanos en mi casa, más bien eran conocidos a quienes les cocinaba alimentos y les lavaba los harapos. A mi padre algunas veces le hablé, pues casi nunca dialogamos y a mi mamá simplemente le obedecía cuando algo tenía que hacer. Fuimos unos conocidos que vivimos mendigando la vida de inquilinato en inquilinato, pero en cada inquilinato lo único constante fueron las paredes frías y la displicencia entre mamá y papá. No me importa esta casa bonita pues en las casas feas donde anidábamos, nadie se enteró de que fui violada no solo una vez, sino varias. Nadie se enteró de que empecé a fumar marihuana cuando apenas era una culicagada y cuando los niños recogían chatarra. Fumo cannabis desde hace tiempo y frecuento a mis amigos de hoy, a todos esos maricones y putas de Bogotá que tanto los escandalizan. Ellos, me quieren y no me importa que con ellos tengamos que robar o matar para vivir. No me considero una Cervantes, entonces no tengo por qué vivir aquí. No necesito su compasión porque nunca me acostumbré a ella. Sigan luchando por ser importantes en la vida, a mí no me interesa subirme a ese bus. Y tomó la maleta, dio la vuelta y Maru se marchó de la misma manera como lo hizo Elías un día de mil novecientos sesenta y seis, es decir, sin mirar atrás. Fue ese día en el que María Sucel se despidió de él cuando dejó Armenia para partir hacia Bogotá para siempre. Igual, lo hacía ahora Maru, sin mirar a atrás porque ella ya había decidido marcharse. Ese mismo día evocador en que salió dejando a Isabelina mirándole al otro lado del cristal del bus cuando emigró a Bogotá. María Sucel comprendió con amargura que las despedidas migran de padres a hijos como una mutación sobrenatural y lo único que pudo hacer fue rezar por ella, pues, pese a las circunstancias, se trataba de su hija a quien amaba con la dedicación de una madre. La vio partir y la bendijo pidiendo a Dios su protección y esperando que algún día regresara convertida en una niña decente. La depresión creció tanto en ella que su semblante se comenzó a desencajar y el cansancio que le producía la vida se le empezó a manifestar en la frente. Su entrecejo asumió un gesto de sufrimiento que se empezó a perpetuar y la angustia se anidó en su pecho haciéndola sentir culpable de su desgracia. Pasados los meses Tomás se fue del país con la experiencia de diez años de trabajo, un título debajo del brazo y la promesa de regresar por ella para encaminarla hacia horizontes menos agrestes. Para que respirara un aire diferente al del asfalto. Algo parecido a lo que le prometió Gilberto en el año sesenta y seis cuando partió a Bogotá, dizque huyendo del robo en su casa de El Paraíso. Como un dominó, donde las fichas se caen unas contra otras, la familia se fragmentó y cada uno empezó a hacer su vida. Piedad se casó con un tal Ignacio que la embarazó dos veces para luego dejarla abandonada a merced de mi madre, que a estas alturas coleccionaba nietos. De los pequeños, Acasio Elías vivía con una compañera de trabajo, la cual le dio un hijo y luego con otra y luego con otra, a la usanza.

Una tarde, el cartero hizo sonar el silbato en Bogotá y los nudillos de sus manos se empecinaron contra la puerta. Sara pensó que era carta de Tomás y que su madre se pondría feliz. La carta le anunció que se sufrían los embates de un exilio buscado, los bríos eran buenos y que la estabilidad rondaba por tierras lejanas. Le comentó que pensaba casarse, pero que de todas maneras los anhelos de traerla a vivir con él eran cada vez más grandes. Le contó que ya había sido lavador de platos en un restaurante de judíos y que también había trapeado en una tienda por departamentos en horas de la madrugada. Le dijo, que, aunque lo había hecho por necesidad, se sentía muy digno sin el remordimiento de no ser ese mismo oficinista encorbatado de Bogotá al que cualquiera en la calle le decía doctor. También le dijo que en los Estados Unidos ella no sería discriminada por ser una aseadora de edificios ni por servirle tintos a otros. Le expresó que lavar platos le había dignificado en honor a su vida misma. Pero también le dijo, que hasta gente de buenas familias lavaban platos sin avergonzarse, pues, a diferencia de nuestro país, en otros lugares lavar platos y hacer aseo produce dinero, dignidad y felicidad. Le contó que lo de los platos estaba superado y que ahora trabajaba en una pequeña oficina donde producía lo suficiente como para compartirlo con ella. Le prometió también ayudar a los hermanos y que hasta le compraría un carro cuando ella llegara a vivir con él. Prometió enviarle dinero para que tramitara su pasaporte y para que se pusiera en manos de un buen médico que le chequeara su salud antes de partir. María Sucel se ilusionó una vez más. Arrendaría la casa que Antonio le compró o la dejaría allí para que Juan de Dios se la cuidara. La suerte estaba echada una vez más. Ella quería dejarlo todo y partir hacia su segundo hijo, que conocía tan bien su historia, la historia de su vida. Tenía ya cincuenta y dos años y muchos hijos y nietos. Pero seguía siendo dueña de una soledad espantosa que la arrastraba hacia la vejez.

    María Sucel partió, esta vez para Manizales ante el llamado de la familia lejana. El medio luto la hacía ver resignada, madura y poseedora de una tranquilidad pasmosa. Fueron más de ocho horas de camandulear, mover los dedos, lagrimear y mirar la inmensidad de las cordilleras andinas. Viajaba en un autobús de vivaces colores amarillo, azul y rojo y de mullidos asientos, televisión con películas mexicanas y periódicos con noticias frescas para que los pasajeros se distrajeran. Nada logró captar su atención, porque iba triste a visitar lo fatídico, a cumplir una cita con el destino irremediable. Al llegar al estacionamiento en

Manizales, unas señoras contemporáneas a su edad se le acercaron curiosas queriendo identificar rasgos familiares. Vestían también medio luto y llevaban chal negro de cachemir para ahuyentar el frío que se deslizaba desde lo alto del Nevado del Ruiz. Al bajar del bus, cargando una maleta de lona, miró entre la gente con inseguridad pues no sabía cómo lucirían quienes la esperaban. Con dificultad las reconoció, pero no estaba segura de quiénes eran o qué tan simpáticas serían. Una sonrisa generosa las juntó.

— ¿Es usted Angelina?—preguntó María Sucel—.

—Si tía, soy… y ella es Estelita. Qué alegría nos da verla. Lástima que sea para esto y se apresuró a acercarse. Se abrazaron con mucho cariño. Era la primera vez que se veían después de décadas. Tal vez solo se habían visto una o dos veces en toda la vida, pero aún se parecían a las fotografías de color sepia que conservaban. Se trataba de sus sobrinas, las hijas de Bertha y de Eliseo el dinamitero que acompañó a Elías cuando era capataz. Habían llegado a la flota para llevarla hasta su casa donde desde el día anterior velaban el cuerpo de Isabelina quien se murió de vieja con la cadera fracturada por culpa de la osteoporosis. Al llegar, un beso en la mejilla de Bertha fue el prólogo de un sentido abrazo al ataúd donde la madre parecía dormir inmersa en la eternidad. El silencio no pudo ser interrumpido. Las horas se encargaron de fomentar diálogos cargados de anécdotas agradables. La vida de Isabelina fue bonita, fascinante y se la recordaría con gratitud y orgullo. Bertha le contó a María Sucel que en los últimos años Isabelina había dejado de rezar tanto, pero que siempre preguntaba dónde quedaba Bogotá para enviar sus bendiciones a ese lugar. También le contaron que se había vuelto pedigüeña y que llegaba a la tienda de la esquina a pedir limosnas. Según Bertha, eran defectos que llegaban con la vejez. Sin embargo, comentó que como todos los del vecindario la conocían, hasta le daban monedas para que ella les diera bendiciones.

—Fue una santa —dijo al final Bertha—.

—Lo es, diría yo —contestó María Sucel— ¡era admirable!, recuerdo el día que mi papá la acosaba casi hasta enloquecerla por las pastillas para el dolor de cabeza y ella una vez le dio a tomar un botón de la camisa y al viejito se le quitó el dolor.

—Dios la tenga en su santo seno. Fue un sepelio sencillo, en un día fresco. María Sucel retornó a Bogotá con abnegados pensamientos. Recordó sus viajes anteriores y a Gilberto en su juventud. Pensó mucho en Maru, en Piedad y en Sara. Pensó en ellas con pesar porque les tocó ser mujeres y como tal sufrirían el doble. Estaba segura de que siempre había vivido en una sociedad machista, en la que el trabajo duro era pagado con indiferencia y unas cuantas monedas de menos. De regreso a la capital, experimentó que pocas cosas la ataban su pasado. Ni Elías, ni Isabelina, ni Gilberto. Todos habían desfilado hacia el recuerdo infinito. Pensaba en ellos con amor y con ternura. Recordaba en toda su dimensión los errores de su esposo, el engaño, pero sentía que la clase de vida que a él le había tocado lo mantenía amnistiado. Sus reflexiones de todas maneras evadían cualquier desventura, reconociendo que ellos fueron todo en su vida. Ahora solo le quedaba el contacto con los hijos a quienes amaba con dedicación y de quienes comprendía que solo apreciarían la vida cuando estuvieran más viejos, tal vez de su misma edad, y para eso faltaban años. No regresó triste de enterrar a la madre, llegó comprendiendo aún más lo insignificante que era el trasegar por la vida, comprendió que su rol en este mundo se circunscribía a cargar en su cuerpo, por unas décadas, una vida que alguien le había prestado. Estaba decidida a aprovechar lo que le quedaba de vida prestada haciendo algo diferente, dejando que fueran las circunstancias las que forzaran sus días, reconocía que se sentía cansada de trapear los pasillos de las corporaciones o de las universidades y lamentaba no continuar siendo la muchacha alegre de Salamina, Calarcá o Armenia. Pensó regresar a vivir al lugar de donde salió un día, pero notó que nadie le quedaba para frecuentar. Ya no estaba su amiga Rubí y, por lo que supo, en la casa de El Paraíso habían puesto un despachadero de buses, total, qué importaba, estar allí solo le traería el recuerdo de Ofir. Al cabo de los días María Sucel salió de la oficina de pasaportes con la libretilla verde entre las manos y la ilusión de mostrarla en los consulados del mundo con el título de colombiana impreso. Sabía que ese pasaporte sería vapuleado en los registros de extranjería del país a donde partiría, pero no le importaba porque Tomás le había hecho entender que era algo que se superaba con dignidad. Eso poco importaba. Ya le habían comentado que por el hecho de ser colombiana tendría la misión de demostrar que no era mala gente ni mucho menos narcotraficante, ni guerrillera y que podía ser altiva como cualquier francesa, americana o británica.

—Sí, mijo, me entregaron el pasaporte, ya puede enviarme el pasaje. ¡Estoy feliz! —le dijo por teléfono—. Estas dos últimas semanas estaré yendo al médico y al odontólogo. Es mejor salir bien aliviada para no ponerle pereque. Lo quiero mucho, mijo.

Lejos de Bogotá, surcando el mar Caribe al norte, donde no se habla español y donde el sueño de ser grande se encuba, descansaba Tomás la fatiga acumulada por el trabajo del día. Dejó sonar el teléfono varias veces antes de levantarse del asiento. Tomó un poco de agua. El teléfono sonó una vez más.

—Aló…—contestó Tomás—, le hablaban de Bogotá, era Sara, su hermana.

—Hola, Sarita. ¿Cómo se encuentra?. La escuchó en silencio y no volvió a articular palabra, se quedó frío, frustrado, miró a su esposa que se acercaba para ofrecerle un café con leche y, halándose los pelos, le prometió a Sarita salir en el primer vuelo para Bogotá. El avión despegó de Miami a las cuatro de la tarde y llegó a Bogotá entradas las ocho de la noche. Juan de Dios lo esperaba en el aeropuerto y sin perder tiempo lo llevó en un taxi hasta una clínica en Chapinero localizada a solo cuadras del lugar donde María Sucel limpiaba todos los días. Decían que era una clínica buena porque allí habían operado al presidente Betancur dizque de apendicitis y que había quedado bien porque siguió gobernando por unos años más.

Como parte de los preparativos para viajar, un médico de apellido Ríos le había ordenado a María Sucel un examen de nombre raro: una esófagogastroduodenoscopía. Este médico se la practicó como un examen de rutina. Le introdujo una cámara por el esófago para ver cómo tenía sus entrañas con la condición de que no debía preocuparse pues era una técnica revolucionaria que mostraría todo como el Tarot y solo duraría unas horas. Se pensaba que ella regresaría en la tarde. Según uno de los amigos de Antonio, con los que él estudió el bachillerato y que se había graduado de médico, quien le practicó el examen era más bien un aprendiz de médico que no supo pellizcarle donde era sino que le perforó el páncreas. Tomás apenas alcanzó a saludarla y rogarle que se recuperase para que se fueran del todo de esos lugares donde tanto la hicieron sufrir, para que descansara, para que conociera a su nuera que ya le iba a dar un nieto, para que caminaran sobre la arena del mar con los pies descalzos y para muchas cosas más. Los tubos y las sondas que adornaban su hinchado cuerpo, y que salían de su boca saturada por la reacción de una pancreatitis aguda, no le dejaron responder. Solo abrió los ojos con gran dificultad y los volvió a cerrar.

En la funeraria reina el silencio. La puerta se abre y el destello de luz molesta la vista de quienes volteamos a mirar. Es un mensajero con una corona de nardos que alguien ha ordenado.

—¡Flores para María Sucel!

FIN

Also from
William Castano-Bedoya

WILLIAM CASTAÑO-BEDOYA

LOS MENDIGOS DE LA LUZ DE MERCURIO: WE THE OTHER PEOPLE
(2023 · Disponible en Inglés y Español)

Los mendigos de la luz de mercurio -We the other people- hace su debut como novela social dentro de la literatura norteamericana. Narra la fusión del poder político y la pobreza invisible en medio de la crisis de los valores conservadores de la sociedad, la injusticia social, los excesos de los extremismos y la politización del sufrimiento como herramienta de poder.

La historia se enfoca en una familia, los Newman, caídos en una desgracia económica que sume a su patriarca en estado depresivo en los años previos a la crisis de salud global, que, a la postre, termina siendo el telón de fondo de la novela. Steve Newman representa al patriarca que lucha por superarse, creando juegos imaginarios en los que mezcla vivencias y ficciones como terapia para espantar la depresión. De su desventura y agobio sin embargo, surge la resiliencia que lo rescata de los demonios que lo persiguen y termina convirtiéndolo en un conmiserado social. Steve sobrelleva su nueva vida conociendo de primera mano el abandono de los invisibles sociales desde la pobreza y no desde el trono de la opulencia como solía percibirla antes de su fracaso. La novela de Castaño-Bedoya recrea la vida de quienes sobrellevan su existencia bajo el desamparo de la Constitución y de quienes claman por su derecho universal a vivir sin miedo.

NOS VEMOS EN ESTOCOLMO (2024 · Disponible en Inglés y Español)

En el vibrante escenario del bohemio Barrio Francés de Nueva Orleans, seis escritores independientes se reúnen en La Tertulia, un santuario para las mentes creativas que anhelan alcanzar el reconocimiento literario. Unidos por la pasión por la escritura, comparten una antigua casa donde enfrentan las duras realidades de una industria editorial en constante transformación. En este entorno de camaradería y competencia, las aspiraciones literarias se entrelazan con las complejidades de las relaciones humanas.

La novela "Nos Vemos en Estocolmo" es un tributo a estos valientes escritores que luchan por ser escuchados en un mundo que a menudo es indiferente a sus talentos. El título, cargado de sarcasmo, refleja la lejana aspiración de ganar el codiciado Premio Nobel de Literatura. Para estos escritores, Estocolmo representa tanto una utopía irónica como un símbolo del espíritu inquebrantable de La Tertulia.

"LOS MONÓLOGOS DE LUDOVICO"
(2006/2013/2021 & 2022 · Disponible en Inglés y Español).

Los monólogos de Ludovico es la segunda novela con que nos sorprende William Castaño-Bedoya. En esta obra, el autor de la también conmovedora Flores para María Sucel, reafirma sus dotes de recreador de la profundidad humana. Poco a poco, Castaño-Bedoya nos va llevando por el mundo de Ludovico. En un comienzo el lector podrá pensar que se trata de un personaje que se propone mostrarnos su limitado y aburrido mundo, pero en la medida en que el relato avanza, vamos descubriendo un orbe primario y elemental al que no le faltan sus interpretaciones, sus sentimientos, su compasión y sus pasiones. No obstante, la grande y dolorosa paradoja de esta novela es que el lector enfrenta el drama que Ludovico padece y le cuenta de manera inconsciente. El drama de su vida, restringida por su escasa comprensión, por su visión desobediente y su oído torpe, que lo condenan a un entendimiento fraccionado que él trata de llenar con su fantasía. El drama de quien lleva adentro una insospechada ironía y cuya simpleza nos lleva de forma inesperada a las fronteras de la risa y el llanto. Ludovico vive, como un velo invisible, la doble carencia de expresar su mundo y de entender el de afuera.

El GALPON (2023 · Disponible en Inglés y Español)

Cuando la condición humana es la que induce directamente el éxito o el fracaso del quehacer del ser humano, quien no evoluciona retrocede... Así mismo, aunque la frivolidad es en la actualidad la que rige los mercados, sus resultados son finalmente consecuencia del influjo del hombre. Esa es la esencia del mundo corporativo según lo plantea William Castaño-Bedoya en esta novela, que nos narra la existencia de HansennBox, una empresa que posee el potencial suficiente para ser una de las más importantes del mundo.

Ethan, su gerente vitalicio, y Oliver, un asesor externo, protagonizan ese microcosmos en un rincón del sureste de los Estados Unidos. Los dos se desempeñan bajo el mando de un empresario de talante sombrío, que los sumerge en episodios de desconfianza mutua, egocentrismo e inseguridad. La vida de los personajes se ve afectada sistemáticamente por el peso de ideologías extremistas y por la omnipresencia de una solapada doble moral. HansennBox surfea al paso de las circunstancias que le impone el destino en una época histórica en la que el comercio electrónico emprende un avance aplastante y sin retorno.

www.ingramcontent.com/pod-product-compliance
Lightning Source LLC
Chambersburg PA
CBHW020902080526
44589CB00011B/404